RAZÃO ONÍRICA, RAZÃO LÚDICA

Blucher

RAZÃO ONÍRICA, RAZÃO LÚDICA

Perspectivas do brincar em Freud, Klein e Winnicott

Marília Velano

Razão onírica, razão lúdica: perspectivas do brincar em Freud, Klein e Winnicott

Editora Edgard Blücher Ltda.

SÉRIE PSICANÁLISE CONTEMPORÂNEA
Coordenador da série Flávio Ferraz
Publisher Edgard Blücher
Editor Eduardo Blücher
Coordenação editorial Jonatas Eliakim
Produção editorial Luana Negraes
Preparação de texto Maurício Katayama
Revisão de texto MPMB
Capa Leandro Cunha
Imagem de capa iStockphoto

Blucher

Rua Pedroso Alvarenga, 1245, 4º andar
04531-934 – São Paulo – SP – Brasil
Tel.: 55 11 3078-5366
contato@blucher.com.br
www.blucher.com.br

Segundo o Novo Acordo Ortográfico, conforme 6. ed. do *Vocabulário Ortográfico da Língua Portuguesa*, Academia Brasileira de Letras, julho de 2021.

Dados Internacionais de Catalogação na Publicação (CIP)
Angélica Ilacqua CRB-8/7057

Velano, Marília

Razão onírica, razão lúdica: perspectivas do brincar em Freud, Klein e Winnicott / Marília Velano. – São Paulo : Blucher, 2023.

340 p. (Série Psicanálise Contemporânea)

Bibliografia

ISBN 978-65-5506-800-9

1. Psicanálise 2. Brincadeiras – Psicanálise 3. Sonho e psicanálise I. Título. II. Série.

23-0504 CDD 150.195

Índice para catálogo sistemático:
1. Psicanálise

Eu agradeço à bola.
Diego Maradona (2020)

Para Dinah e Wanderley, meus pais, pela sustentação decisiva de alguns dos meus gestos espontâneos.

Conteúdo

Introdução

Mas quero crer que ao leitor benevolente não escapará onde, também neste trabalho, começa o domínio do princípio da realidade.

Freud (1911a/2010)

Desvendar os enigmas de uma tragédia conhecida foi um dos objetivos da infância do método psicanalítico e, eu acrescentaria, da infância de todos os indivíduos. Mas nem só de recordar, repetir e elaborar vive o indivíduo e a psicanálise. De uma hora para outra, um bebê lança a mão em direção ao móbile e cria uma experiência e um móbile inéditos. De tempos em tempos, grandes analistas partem em direção a novos modos de ser e de sofrer dos indivíduos e criam psicanálise e indivíduos inéditos. A criação exige do infante e da psicanálise uma ação no mundo que é, por natureza e princípio, diferente da tragédia conhecida pela tradição. Uma psicanálise que esteja à altura da criação deve poder, assim como a criança, desfuncionalizar os seus objetos, não os saturar de significados, subvertê-los à condição bruta e informe da matéria, como uma massinha de modelar, um rabisco – e continuar, depois disso, existindo.

O gesto corajoso de brincar com a teoria e estendê-la à teoria do brincar foi um legado de muitos analistas que aqui ficam condensados em torno de Freud, Klein e Winnicott. Foram analistas que se aproximaram do brincar inscrevendo-o, em um primeiro momento, na racionalidade clínica, como modalidade diagnóstica e terapêutica, para depois devolvê-lo à cultura como o modelo da sua forma embrionária.

Brincar não é uma experiência que se aprenda ou que possa ser ensinada. Do mesmo modo que não se instrui uma pessoa sobre o que fazer, por exemplo, na praia. A resistência lúdica da areia, o vai e vem das ondas, o sol. Todos os seres sabem o que fazer com isso e cada um o faz a sua maneira. Por essa razão, conferir um estatuto teórico ao brincar e demonstrá-lo na forma de um argumento acadêmico pode ser uma antibrincadeira. E Freud já dizia que o contrário do brincar não é o que é sério, mas aquilo que é real. O real de onde este trabalho parte é o uso do brincar no contexto clínico nos seus mais variados enquadres. Estive brincando, apoiada na tradição da clínica psicanalítica, na École de Bonneuil, no Centro de Atenção Psicossocial Infantojuvenil (Caps IJ), no Instituto da Criança do Hospital das Clínicas da FMUSP e em meu consultório. Brinquei com crianças, adultos, bebês, que viviam em suas casas, em hospitais, em abrigos, ocupações e em situação de rua.

Brincava, quando criança, de "familinha", de professora e também de jornalista da minha própria vida em um diário íntimo. Essas três condições teriam certamente um sentido antropológico de me preparar para a vida adulta, mas intimamente correspondiam a uma ordem de razões muito particulares que promoveram a abertura definitiva para quem eu sou hoje. É esse respeito pelo fundamento ontológico do brincar que moveu meu interesse até aqui. Estive fascinada pela ilusão, promovida pelo brincar, de que só nele e mediada por ele eu teria um acesso, paradoxalmente, ao disco rígido da realidade. Nunca soube explicar por que, de repente, o mundo se tornava mais real, e menos ameaçador ao mesmo tempo, depois de brincar.

Ao longo do meu percurso acadêmico[1] e clínico,[2] confrontei-me com a questão do fundamento teórico para o uso da ação de brincar como técnica e modelo do cuidado. A incorporação da ação de brincar às técnicas psicoterápicas deu-se a partir da psicanálise, estando desde muito cedo presente nos interesses de Freud. Convém lembrar, no entanto, que, ao longo da história da psicanálise, as teorias sobre o brincar apresentaram disparidades que não confluem em torno da síntese de um mesmo fenômeno, assumindo diferentes acepções e lugares de importância ao longo da sua trajetória teórico-clínica. Minha pesquisa de doutorado consistiu em explicitar os diferentes modelos do brincar na história da psicanálise a partir de Freud, Klein e Winnicott. A ideia é compreender o problema empírico que motivou seu desenvolvimento e

1 Minha atividade de pesquisa, em desenvolvimento desde 2006, foca as questões da infância em sua articulação com a saúde mental. Em um primeiro momento desenvolvi minha dissertação de mestrado sobre *A identificação na criança autista: percurso e extensão do conceito dentro da teoria pós-kleiniana* na Université Paris VII Denis Diderot, na linha de pesquisa sobre a psicose e os estados limites, com orientação do professor J.B Chapelier. C.f. "L'identification chez l'enfant autiste: parcours et extension du concept dans la théorie post-kleinienne" . In *Bébés et Parents en difficulté* (Revue Topique 135, 2016/2; pp. 119-133). Paris: L'esprit du temp, 2016.

2 Minha prática clínica com crianças, adolescentes e adultos ocorreu em diferentes dispositivos terapêuticos: como psicóloga do Centro de Atenção Psicossocial (CAPS), do Instituto da Criança do Hospital da Faculdade de Medicina da Universidade de São Paulo (HC-FMUSP) e na Clínica Psicológica do Instituto Sedes Sapientiae, em que faço parte do Grupo Acesso – Estudos, Intervenções e Pesquisa em Adoção.

transformação, bem como as consequências técnicas e teóricas que derivam daí. Justifica-se, portanto, pelo fato de explorar um ponto de vista ainda pouco difundido na literatura psicanalítica que compreenda o brincar em sua historicidade, identificando, além dos novos modelos propostos, a sua relação com os problemas clínicos e as modalidades da experiência subjetiva a que estão referidos.

O brincar foi objeto de estudo da psicanálise antes mesmo que a criança fosse tomada em análise. Isso porque, partindo, como é próprio da metodologia psicanalítica, da investigação do infantil a partir do adulto, a teorização sobre a brincadeira antecedeu em alguns anos a possibilidade de se acolher uma criança em análise. Identifica-se uma referência direta à criança como paciente, e sua brincadeira, no caso Hans (Freud, 1909/1969) e na observação que Freud fez do próprio neto no artigo *Além do princípio do prazer* (1920/2010), que não se referiam a uma psicanálise da brincadeira ou da criança propriamente dita, mas a uma aplicação das técnicas e teorias da psicanálise de adultos ao universo infantil. Apesar de não formalizar uma teoria sobre o brincar, Freud, no entanto, não lhe foi indiferente, apresentando-o de forma mais ou menos explícita ao longo de toda a sua obra. De forma periférica, o brincar apresenta-se também em outros textos que tratavam de questões distintas como a criatividade, a compulsão à repetição e a angústia. Podemos afirmar que a passagem da sua posição periférica ao centro, como um método psicanalítico em si mesmo e, posteriormente, matriz da experiência psíquica, deu-se a partir de grandes saltos e rupturas que ficaram ao encargo dos psicanalistas que o sucederam. Vimos que a dificuldade que bordeja uma perspectiva da historiografia genética do brincar na psicanálise – razão pela qual, inclusive, talvez não tenhamos ainda uma produção teórica que dê conta de um trabalho dessa envergadura – está relacionada com o próprio desenvolvimento das escolas e seus pontos de inflexão e continuidade em relação ao pensamento freudiano. Adotamos uma perspectiva que, embora não trate especificamente da historiografia genética do brincar na psicanálise, pretende compreendê-lo em uma historicidade marcada, justamente, por essas continuidades e rupturas. E, como é próprio do seu objeto, essa pesquisa o apresenta ora como expansão da teoria dos sonhos, ora como técnica, ora como modelo da experiência psíquica. Por esse motivo, propomos a discriminação de uma nova racionalidade que surge quando o brincar toma o centro da pesquisa psicanalítica – a razão lúdica – que será desenvolvido a partir de coordenadas que se ampliam da racionalidade onírica, a saber, as questões da materialidade e da espacialidade, por um lado, e do predomínio da intervenção, do manejo como técnicas complementares à interpretação. Tradicionalmente citamos Melanie Klein como a responsável por sua elevação à categoria de técnica e, posteriormente, Winnicott como um autor que vai fornecer uma nova conceituação a partir da qual o brincar surge como um modelo para o tratamento psicanalítico. Além desses autores, atribui-se a Hug-Hellmuth (1871-1924) o desenvolvimento de uma psicanálise da criança em que a ação de brincar é citada como um dos instrumentos para realização da análise e que pode ser considerada sua primeira inserção técnica e metodológica na história do pensamento psicanalítico.

Ao longo da sua obra, Freud apresentou duas formulações sobre o brincar. A primeira delas aparece em dois artigos: "Escritores criativos e devaneios" (1908a/1969) e "Personagens psicopáticos no palco", publicado postumamente, e pode ser sintetizada pela passagem em que Freud contrapõe o brincar à realidade: "a antítese do brincar não é o que é sério, mas o que é real" (Freud, 1908a/1969, p. 135).

A compreensão e o interesse de Freud pelo brincar, nesse primeiro momento, são desenvolvidos a partir da teoria geral dos sonhos – do sonho como realização de desejo, ficando à disposição da criança os mesmos recursos dos quais dispõe o sonhador para tratar a realidade e ajustá-la em certa medida ao desejo. Trata-se, como sabemos, de uma teoria em que o desejo produz um sentido anunciado no sonho e por meio da sua interpretação seria possível explicitar os mecanismos e instâncias que envolvem o psiquismo humano. Freud, tomando o brincar tal qual um sonho acordado, apresenta uma criança que constrói um mundo próprio e reajusta os elementos do seu mundo da forma que lhe agrada. Esse sonho acordado e encenado da infância dará lugar às fantasias e devaneios do mundo dos adultos que continuam, por assim dizer, cumprindo a mesma função de um sonho desejante. Denominamos razão onírica o conjunto das formulações teóricas e técnicas da psicanálise que tem o sonho como exemplar, o referente que molda tanto a sessão clínica como o modelo da experiência psíquica. A razão onírica está organizada em referência às coordenadas do tempo – a ideia de um aparelho psíquico como aparelho de memória – e da figurabilidade/representatividade, ao lado da técnica da interpretação.

Embora o caso Hans ilustre um primeiro caso de criança escrito por Freud – apesar de, como sabemos, não ter sido atendido por ele, e tratar-se de um esforço clínico que utiliza parte da técnica da análise de adultos aplicada à criança –, devemos considerar que o brincar faz parte do campo fenomenológico das suas observações porque Hans, sobretudo, brinca. Mais do que isso, o caso Hans é a primeira inscrição do brincar na racionalidade médica. Veremos, no primeiro capítulo, como as cenas de brincadeiras aparecem na descrição do caso e em que medida elas se diluem em uma compreensão do brincar como uma expansão do sonho – ou seja, correspondendo às mesmas modalidades de produção de sentido inconsciente e sob o mesmo objetivo terapêutico: tornar consciente o inconsciente. Chamaremos a atenção, no entanto, a partir do estudo do caso Hans, para alguns aspectos da construção do objeto fóbico como um duplo simbólico do brincar – a brincadeira de um objeto só. Além disso, veremos como a função fóbica pode ser compreendida como uma estrutura originária do pensamento, invariável no desenvolvimento infantil e da cultura, como Freud (1912/2012) nos ensina em *Totem e tabu*. Somam-se a essas considerações a importância da fobia, e a questão da ambivalência que lhe é correspondente, para o equilíbrio entre o eu-prazer e o eu-realidade e o reconhecimento da alteridade. Outro ponto relevante, ainda dentro do estudo do caso Hans, é o esclarecimento sexual da criança como critério de saúde e método contrafóbico, perspectiva que fundamentará o campo incipiente da psicanálise com crianças.

Ainda nesse primeiro momento da perspectiva freudiana do brincar – referente aos trabalhos anteriores a 1920 –, o brincar assume uma posição incerta em relação à teoria da sexualidade infantil. Freud vai se preocupar com as origens indiretas da pulsão, que não estão relacionadas à sexualidade: o desejo de ver, de mostrar, a crueldade e o desejo de saber. Ele descreve para tanto um aparelho de apoderamento que estaria relacionado à musculatura e à motricidade como uma fonte sensorial que se desenvolverá em simbolismo sexual. Defendemos a ideia de que o brincar, nessa perspectiva, estaria na fronteira entre o apoderamento e a satisfação, podendo corresponder às duas funções simultaneamente: como apoderamento do objeto, apoiado pela musculatura e motricidade como experiência sensorial e controle do objeto; e como satisfação da pulsão quando passa a representar o objeto.

A segunda perspectiva de Freud (1920/2010) sobre o brincar surge a partir de uma reformulação teórica da psicanálise, de um modo geral, e da teoria dos sonhos como realização de desejo, em particular. Freud passa a defender a ideia de que na brincadeira não se trata só de ajustar a realidade àquilo que a criança quer, mas também de transformar algumas experiências em brincadeira. Interessa a Freud, principalmente, saber por que a criança brinca com as experiências desprazerosas.

O *fort-da* foi a brincadeira observada por Freud em seu próprio neto, de 1 ano e meio, diante da ausência, por um curto período, da mãe da criança. A partir de 1920, em *Além do princípio do prazer*, o brincar surge ao lado do irrepresentável, dos sonhos traumáticos e das neuroses de guerra. A conclusão de Freud é de que a criança brinca com o desaparecimento das coisas, representando a ausência em um trabalho de simbolização. Segundo Ab'Saber (2005), o grande passo interpretativo de Freud na apresentação do *fort-da* está em revelar o sentido da brincadeira como expressão de marcas psíquicas estruturantes, ou seja, encenar o desaparição e a reaparição do objeto de amor, a própria mãe. O ponto de partida do texto freudiano, é importante destacar, são os fenômenos da repetição dos sonhos traumáticos que trazem grande desprazer ao sonhador e que não poderiam ser compreendidos dentro do território do sonho como realização de desejo.

Diferentemente do que se observou em "Escritores criativos e devaneios", a brincadeira é aqui entendida como o modelo de um trabalho psíquico que advém da ausência ou da perda do objeto. Nesse sentido, a brincadeira estaria diretamente relacionada à atividade simbólica e ancorada nas questões da representatividade do objeto.

Com o advento desse modelo do sonho que não mais está articulado à realização de desejo, mas que repete experiências traumáticas e desprazerosas, a brincadeira vai assumir sua nova definição como uma tentativa da criança de buscar elaboração e integração psíquica. O texto de 1920 implica uma reviravolta na teoria do sonhos e no cerne de toda a metapsicologia e sua relação com a teoria do recalcado. Trata-se de sonhos que não estão mais na lógica de uma anunciação do recalcado, mas sim de uma repetição do que ainda não pode ser elaborado, ou sequer vivido, e que busca uma representação para sobreviver psiquicamente.

No segundo capítulo, vemos como Melanie Klein introduziu novas proposições clínicas e estratégias terapêuticas a partir do atendimento não só de crianças como também de psicóticos, transformando todo o campo da clínica psicanalítica. No que concerne à psicanálise da criança, sua grande contribuição foi sem dúvida a adoção da brincadeira como técnica de acesso ao inconsciente compreendendo-o, junto com os desenhos, as histórias e suas falas, como uma associação livre. Para desenvolver esse trabalho, contrapôs-se às ideias predominantes na época, sobretudo as de Anna Freud, em que a prática terapêutica era sustentada em um viés pedagógico e normativo.

Existem diversas discussões a respeito das continuidades e rupturas das propostas de Melanie Klein em relação ao pensamento freudiano. Fulgencio (2008a) defende a ideia – adotada neste trabalho – de que Klein reitera as principais características do pensamento freudiano, em especial a consideração do Édipo precoce como um problema básico e estruturante do psiquismo, bem como a concepção de que a ação de brincar, para ela, era uma forma de expressão do mundo interno da criança, uma ação sobre a qual incidiria a interpretação dos conteúdos das fantasias inconscientes, que, por sua vez, eram, pois, expressos pela brincadeira, tornando possível aceder, a partir do seu simbolismo, a seus conteúdos.

Melanie Klein expandiu claramente a posição de Freud, fazendo da ação de brincar a associação livre da criança, regra fundamental do tratamento psicanalítico. Para ambos, essa ação tem a mesma função e natureza, e, ainda que tenham posições diferentes, não destoam no que diz respeito ao arcabouço teórico que sustenta a prática clínica e dá sentido a essa atividade.

A teoria kleiniana do simbolismo, fortemente marcada pelo trabalho de Sándor Ferenczi, teve início a partir dos trabalhos sobre a inibição intelectual e se desenvolveu mais profundamente nos textos que vão de 1926 até 1931, como "A importância da formação dos símbolos no desenvolvimento do ego" (1930/1996) e "Uma contribuição à teoria da inibição intelectual" de 1931. A autora reafirma o interesse já mencionado por Sándor Ferenczi e Ernest Jones, das crianças pelo próprio corpo e as investigações sobre o corpo materno como origem da capacidade de fazer símbolos que nascem da necessidade de estabelecer relações entre partes do corpo e aspectos do ambiente. Segundo Cintra e Figueiredo (2004), trata-se, ao mesmo tempo, de um trabalho de imaginação, como construção do mundo interno a partir dessa rede de equivalências que costuram as primeiras ligações simbólicas para a trama da fantasia, e de um princípio de objeto interno que será um conceito essencial para o pensamento kleiniano. Melanie Klein via na brincadeira a expressão do mundo interno da criança e a extrojeção das fantasias inconscientes. Por meio do simbolismo presente na brincadeira era possível interpretar as fantasias inconscientes expressas e com isso interpretar os conteúdos que geravam a ansiedade a elas associadas.

A psicanalista enfatiza a análise de crianças a partir da análise da angústia e da culpa segundo a tese de que a situação analítica com crianças deve ser equivalente à de análise com adultos. Nos "Princípios psicológicos da análise de crianças", Klein (1926/1996) explicita sua proposta:

> *Ao brincar as crianças representam simbolicamente suas fantasias, desejos e experiências. Elas empregam*

> *então a mesma linguagem, o mesmo modo de expressão arcaico, filogeneticamente adquirido, que já conhecemos dos sonhos. Ela só pode ser entendida por completo se for estudada com o mesmo método que Freud desenvolveu para desvendar os sonhos. O simbolismo é apenas parte dessa linguagem; se quisermos entender corretamente a brincadeira da criança em conexão com o resto de seu comportamento durante a sessão analítica, temos que levar em consideração não só o simbolismo que aparece com clareza nos jogos, mas também todos os meios de representação e os mecanismos empregados no trabalho do sonho. (p. 159)*

No texto "Personificação no brincar das crianças", Melanie Klein (1929/1996) reitera a ideia de que o conteúdo especifico da brincadeira seria idêntico ao conteúdo das fantasias inconscientes e que uma das funções principais da brincadeira da criança é a de oferecer descarga para essas fantasias, fazendo uma analogia entre o simbolismo no sonhos e na brincadeira. Neste trabalho, a autora examina o papel da personificação na brincadeira em relação à realização de desejo. Ela chega à conclusão que a presença dessas figuras boas e más representa o estágio intermediário entre o superego ameaçador, dissociado da realidade, e as identificações que se aproximam do real. Estão presentes no método clínico a decomposição dessas diferentes identificações do superego, sua projeção nos diversos personagens e a aposta que o conflito intrapsíquico se torna menos violento ao poder ser descolado para o mundo externo de onde também decorre o prazer de brincar.

No exemplo a seguir é possível reconhecer a importância do brincar no seu método de trabalho e como ele é utilizado dentro de uma compreensão das fantasias como expressão dos conflitos sexuais dentro de uma dinâmica edípica:

> *Desta vez, arrisquei-me e disse a Ruth que as bolas dentro do copo, as moedas dentro do moedeiro e os conteúdos da bolsa, tudo isso significava crianças dentro da mãe e o desejo de mantê-las trancadas com toda a segurança para que não viesse a ter mais nenhum irmão. O efeito de minha interpretação foi assombroso. Pela primeira vez, Ruth voltou sua atenção para mim e começou a brincar de maneira diferente, menos tolhida. (Klein, 1926/1996, pp. 46-47)*

A vinheta em questão apresenta-nos de forma condensada a teoria e a técnica do pensamento kleiniano que fundamentaram a análise de crianças: a construção da fantasia, expressa na brincadeira "bolas dentro do copo", como um equivalente simbólico das investigações sobre o corpo da mãe dentro de um contexto sexual e edípico que termina por produzir como técnica a interpretação da angústia que move a brincadeira: o possível ódio que Ruth sentia diante da chegada do irmão.

Klein vai desenvolver uma teoria da técnica do brincar na qual a relação de objeto passa a ser central na constituição psíquica e altera com isso o modo como a transferência passa a ser pensada. Além da consolidação das relações de objeto como a gênese da constituição psíquica e motor da transferência, a técnica do brincar produziu uma outra formulação teórica decisiva na psicanálise kleiniana ao conferir ao sadismo a centralidade na constituição superegoica. A centralidade do sadismo é, a nosso ver, uma descoberta principal da técnica do brincar, que, como vimos, até então, só havia podido ser pensada em sua forma figurada pela fobia e expressões arcaicas da sexualidade pré-genital. As relações agressivas surgem teoricamente condensadas em torno da noção de identificação projetiva.

Como veremos, o brincar como técnica possibilitou toda a teorização do campo kleiniano no que diz respeito aos funcionamentos psíquicos primitivos – o reconhecimento da precocidade do complexo de Édipo e do superego primitivo, o destaque e, depois, a autonomia da questão da destrutividade, do ódio na gênese e funcionamento do aparelho psíquico – que farão, por sua vez, dois deslocamentos fundamentais do campo de preocupações da teoria kleiniana: o primeiro diz respeito às pesquisas sobre as superfícies de contato, reafirmando a importância do objeto externo, com suas qualidades psíquicas dinâmicas, para a incorporação do objeto bom e a estabilidade do eu; e o segundo está relacionado à capacidade de pensar, complementando a preocupação inicial de Melanie Klein com a relação entre o sadismo e a inibição intelectual.

A brincadeira na prática psicanalítica com crianças ganhou uma nova compreensão a partir da obra de Donald Winnicott. Diferentemente de Melanie Klein, que considerava o brincar somente como uma forma para expressar os conteúdos instintuais, a brincadeira deve ser considerada nela mesma.

Winnicott introduz uma consideração do brincar em si mesmo que é complementar, mas não se reduz à expressão dos conteúdos internos, além de, como explicitaremos mais à frente, preocupar-se tanto com a forma quanto com as suas condições de possibilidade.

Winnicott vai definir o processo a partir do qual o bebê começa a estabelecer uma relação com a realidade a partir de três modos de ser, estar no mundo, e se relacionar: subjetivo, transicional e objetivo. A definição desses três modos de relacionamento com a realidade é também corolário do estabelecimento de três tipos de objetos: o objeto subjetivo, objetivo e transicional (Fulgencio, 2016b; Dias, 2003).

Esse capítulo será estruturado a partir do que Winnicott denominou como sendo as "lições de objeto" que consolidam sua forma paradigmática no jogo da espátula: o período de hesitação, pegar e levar à boca, jogar no chão. A atividade de brincar é apresentada por Winnicott como associada essencialmente ao surgimento dos fenômenos e objetos transicionais, momento no qual a criança já conquistou uma série de integrações e pode começar a estabelecer relações nas quais há, ao mesmo tempo e de forma paradoxal, uma diferenciação entre ela e os objetos do mundo (entre elas, especialmente a mãe). A fase da transicionalidade é assim caracterizada porque corresponde à passagem entre um modo de ser e estar no mundo em que o bebê está indiferenciado da mãe e um modo de ser e estar no mundo em que a criança atingiu uma integração que a diferencia do mundo e, portanto, lhe possibilita estabelecer relações com os objetos do mundo (que podem, então, ser amados, odiados, sofrer projeções, identificações etc).

No que diz respeito ao modo de relação subjetivo, segundo Winnicott, trata-se de um estar no mundo amalgamado à mãe, um modo fusional no qual o bebê ainda não estabeleceu distinções entre o dentro e o fora, o interno e o externo, não considerando a realidade. É um modo de estar no mundo que depende absolutamente de um ambiente que dê sustentação para a experiência de ser e continuar sendo do bebê. Fulgencio (2016b) descreve como se constitui esse momento em termos das relações com o objeto que estão em jogo:

> *Do ponto de vista do bebê, de sua necessidade gerou-se o objeto de que precisava ou, noutros termos, o bebê criou o objeto de sua necessidade; mas, do ponto de vista do observador, o seio foi oferecido ou, noutros termos, o bebê encontrou o seio. Assim, este seio foi criado e encontrado, mas com a característica, marcante deste momento do desenvolvimento, de que tão logo a necessidade seja atendida, ou seja, tão logo a necessidade*

> *desaparece, pouco a pouco, o seio também, como objeto, se desvanece e também desaparece. Podemos, pois, afirmar que o objeto subjetivo, paradoxalmente criado e encontrado, não tem permanência existencial para além do tempo em que existe a sua necessidade. (p. 43)*

Dessa situação de amálgama inicial decorre a experiência e capacidade de experimentar os objetos que estão intimamente ligadas à subjetividade no sentido em que o bebê cria o objeto que encontra. A criatividade primária coloca-se aqui como um motor ao estabelecimento de relações da criança com a realidade. A conquista dessa capacidade, para Winnicott, parte de uma necessidade de ser e continuar sendo. Fulgencio chama a atenção para o fato de que não se trata, para o bebê, de representar suas experiências, mas sim de dar valores e importâncias díspares a elas. Além disso, por ocorrerem repetindo-se no tempo e no espaço, inscrevem o bebê em um tempo e espaço subjetivos. As experiências dessa fase são caracterizadas pelo que foi denominado como ilusão de onipotência, que é a forma pela qual Winnicott descreve o paradoxo em que a criança acredita que o seio e a experiência de satisfação foram criados por ela. A ilusão consiste em criar o seio ao mesmo tempo que o encontra na realidade externa, reforçando a crença de que ele está sob o seu controle mágico onipotente. A mãe coloca o seio exatamente no lugar e no momento que o bebê está prestes a criá-lo. Essa experiência ocorreria, segundo Winnicott, em uma área intermediaria à qual contribuem simultaneamente a realidade interior e a vida exterior, uma área que se situaria entre o subjetivo e o objetivamente percebido. Essa sobreposição entre o que a mãe oferece e aquilo que a criança cria garante as condições para o estabelecimento da ilusão para a criança de que uma realidade exterior existe e que corresponde à sua própria capacidade de criá-la.

Segundo essa perspectiva teórica do desenvolvimento emocional, o objeto com o qual o bebê se relaciona nesse momento pode ser considerado um objeto subjetivo, que não é interno nem externo. Trata-se, por fim, de um bebê que ainda vive em seu mundo subjetivo habitando uma área de ilusão e sustentado pelo ambiente. Os processos de estabelecimento das relações temporais e causais serão colocados em marcha a partir da desilusão necessária que com o tempo atravessa a vida do bebê, nos cuidados de um ambiente suficientemente bom.

Com essas condições iniciais estabelecidas, o objeto agora, diferentemente do objeto subjetivo, terá uma permanência existencial que não mais estará relacionada com a necessidade. Segundo Fulgencio (2016b), o objeto transicional se desvanece com o fim da necessidade, apresentando-se como algo que existe sem ser interno, tampouco externo, tanto fora como dentro do indivíduo. A transicionalidade atesta não só uma forma de relação com o objeto, mas com a própria realidade. Isso quer dizer que o bebê deixa de estar fundido à mãe para colocar- se em uma relação com ela e, no caso de sua ausência, que ela possa estar representada por esses objetos. O objeto transicional pode estar colocado no lugar da mãe desde que ela tenha estado de fato lá. Trata-se, nesse sentido, de um símbolo criado na presença. Os objetos transicionais portam qualidades sensoriais específicas, como a cor, o som, a maciez, além do investimento afetivo da criança. O brincar em Winnicott não diz respeito exclusivamente à criança, mas está presente na vida dos adultos como uma expansão dos fenômenos da transicionalidade. O brincar e a brincadeira do adulto dizem respeito a uma determinada relação com o mundo, com o seu trabalho, que corresponde à área da experiência na qual o brincar se apresenta e que futuramente corresponderá ao espaço da arte, da religião, do trabalho e da vida social. Trata-se, por fim, de uma teoria da cultura que está baseada na expansão do brincar.

A elaboração dessa área intermediária fez com que a psicanálise passasse a operar em outro plano da experiência, para além da realidade material e psíquica sobre a qual tradicionalmente estavam colocados os seus problemas. Esse terceiro plano configura um campo que seria a região psicanalítica por excelência, porque estrutura o espaço de ilusão e a condição para a sua criação. O trabalho do analista estaria então pressuposto no (re)estabelecimento da capacidade de brincar e não se refere somente à criança.

No artigo "O brincar como modelo do método de tratamento psicanalítico", Fulgencio (2008a) especifica a passagem na obra de Winnicott em que o brincar passa a ser considerado como uma metodologia clínica. Para Winnicott, o brincar corresponde muito mais a essa área compartilhada do que uma atitude em que o terapeuta ou analista se preocuparia apenas com o mundo interno do paciente mostrando, pela interpretação da brincadeira, os conflitos inconscientes. A "comunicação a um nível profundo" se dá em um ambiente facilitador onde o "brincar juntos", a confiabilidade e o compartilhamento das experiências são condições necessárias para o terapêutico. Longe de se constituir como uma técnica aplicada, o brincar, nessa matriz paradigmática, refere-se à experiência do encontro com o si mesmo e do cruzamento da realidade subjetiva e objetivamente percebida que é vivido e repetido na situação analítica. Concluímos com isso que a teoria winicottianna, ao introduzir a noção da terceira área da experiência, opera com isso uma mudança na teoria do brincar, tal como foi concebida por Freud e Klein, que trará importantes consequências clínicas. Veremos essas ideias em operação a partir do jogo do rabisco e do caso Piggle.

A importância de se caracterizar essas diferentes matrizes, na tentativa de escrever uma história da ação de brincar nas práticas psicoterápicas psicanalíticas, consiste em compreender quais são as proposições teóricas que sustentam a prática clínica com crianças.

Trata-se, a rigor, de concepções teóricas que respondem a problemas clínicos muito distintos e direcionam a técnica também, cada qual à sua maneira. Dessas distinções decorrem questões e perguntas sobre o tratamento psicoterápico de crianças na presença da brincadeira: diante da escuta de uma criança, o analista vai interpretar, intervir ou brincar junto?

As transformações da teoria do brincar na história da psicanálise implicam em diversas consequências para a prática clínica, dentre as quais gostaríamos de extrair duas delas para um trabalho mais aprofundado. A primeira, mais específica, diz respeito à compreensão dessas transformações a partir das teorias do símbolo e da simbolização que cada um desses modelos veicula. A segunda, mais ampla, abrange a teoria da ação e intervenção terapêutica que surge com o brincar enquanto um modelo de cuidado.

A concepção do que é a ação de brincar, como uma ação que veicula um conteúdo subjetivo, interno, ou ainda padrões de relacionamentos objetais arcaicos, foi durante muitos anos a sustentação teórica para o seu uso em psicoterapias psicanalíticas. Isso quer dizer que ele foi concebido dentro de um paradigma que tem o sonho como matriz da experiência psíquica. É interessante sublinhar o fato de que a interpretação, por excelência, surge nesse modelo como a principal intervenção terapêutica. Com Winnicott, no entanto, passou-se a valorizar mais a ação de brincar em si mesma, ou a conquista da sua condição de possibilidade, como sendo por si mesma uma ação terapêutica, mais do que o seu conteúdo, destacando a forma como o sujeito realiza essa ação para efetivar uma experiência de *self* e para comunicar-se.

As transformações no modelo do sonho fundamentaram a teoria do brincar em Freud e, posteriormente, em Melanie Klein, tendo sido revista e reformulada, por Winnicott, passando a ocupar um lugar análogo ao que Freud deu à teoria dos sonhos, quando fundou a psicanálise e promoveu, ao mesmo tempo, um deslocamento das coordenadas da razão onírica – tempo e figurabilidade – para uma razão lúdica – espaço e materialidade.

1. O brincar em Freud: um sonho expandido

Razão onírica, razão lúdica

> *No trabalho científico, quando a solução de um problema apresenta dificuldades, é muitas vezes vantajoso acrescentar um segundo problema, assim como é mais fácil quebrar duas nozes juntas do que separadamente.*
>
> Sigmund Freud (1900/2019)

A teoria do sonho ocupa um lugar singular na tradição psicanalítica. Seu reconhecimento, ao lado do inconsciente e do complexo de Édipo, foi considerado um sinal distintivo de adesão ou exclusão ao campo da psicanálise. Para Freud, esses seriam os fundamentos diante dos quais o psicanalista não poderia retroceder e a partir de onde ele sustentaria a sua prática clínica e de pesquisa.[1] Extensamente retomada pelas gerações de psicanalistas que o sucederam, a teoria do sonho corresponde a uma matriz do pensamento psicanalítico do qual emerge o modelo do aparelho psíquico freudiano, sua metapsicologia e as razões que orientam a sua técnica: transferência, associação livre e interpretação. Constitui, dessa maneira, o modelo tanto do funcionamento psíquico quanto da atuação clínica, guardando o benefício de ser o exemplo que provém de um fenômeno da normalidade. Vindo dos estudos sobre as formações psicopatológicas – histeria, fobia, ideia obsessiva, Freud pretende demonstrar como a inteligibilidade do sonho é correspondente àquela do sintoma e passa a aplicar-lhe o mesmo procedimento de investigação, consolidando uma estrutura homóloga entre as formações do inconsciente.

A arqueologia da racionalidade onírica descoberta por Freud contém ainda um vínculo importante com a cultura por ter sido um fenômeno do campo do misticismo e da crença popular. Freud chamava a atenção para o notório saber popular que se debruça sobre os sonhos como premonição do futuro.[2] Ele se distancia da

---

1 Fulgencio (2008b) explicitou que o termo *Shibboleth*, usado por Freud, corresponde a uma palavra usada no Velho Testamento para diferenciar aqueles que podiam pronunciá-la corretamente (judeus) dos que não podiam (não judeus). Trata-se de uma prova de pertinência ao grupo que resulta numa questão de vida ou de morte. Traduzido para o português como senha, o *Shibboleth* designa na linguística moderna o traço de pronúncia que permite identificar o pertencimento a um grupo. Freud usou o termo em três momentos: para caracterizar o inconsciente como o primeiro *Shibboleth* da psicanálise (Freud, 1923, p. 258), a teoria dos sonhos como um *Shibboleth* (Freud, 1933/2010, p. 87), e o complexo de Édipo como o *Shibboleth* da psicanálise (Freud, 1905/2016).

2 "Tive de reconhecer que temos aqui um daqueles casos, nada raros, em que uma crença popular muito antiga e teimosamente persistente parece mais próxima da verdade das coisas do que o juízo da ciência moderna. Preciso insistir que o sonho realmente tem um significado e que um procedimento científico da interpretação dos sonhos é possível" (Freud, 1900/2019, p. 131).

cultura popular, no entanto, quando estabelece a direção do desvendamento do sentido no passado e aproxima-se dela novamente ao manter o vínculo do sonho como uma modalidade de função terapêutica. Este vai e vem da cultura para a clínica, do popular para o erudito, do individual para o compartilhado, do intrapsíquico para o intersubjetivo, marcou de tal maneira – graças à teoria dos sonhos – o processo histórico da psicanálise que superou a própria teoria da qual deriva, tornando-se uma expansão teórica, técnica, clínica e até mesmo ética que estamos nomeando aqui como razão onírica.

No derradeiro capítulo da obra *A interpretação dos sonhos*, depois de muitas reedições, vemos Freud se interrogar, retoricamente, como era habitual, sobre qual seria o valor do sonho para o conhecimento futuro. Ao dizer "Isso está fora de questão", ele mesmo se responde:

> *Deveríamos falar, em vez disso, do seu valor para o conhecimento passado. Pois do passado é que provém o sonho em todo sentido. É verdade que a antiga crença de que o sonho nos mostra o futuro não é inteiramente desprovida de verdade. Ao representar um desejo como realizado, o sonho está nos levando para o futuro, de fato; mas esse futuro que o sonhador toma como presente é modelado, pelo desejo indestrutível à imagem e semelhança do passado. (Freud, 1900/2019, p. 675)*[3]

Do futuro, então, trazemos as confirmações premonitórias de Freud sobre o inquestionável valor dessa teoria com alguns ajustes e rupturas que a história não deixou passar em branco. O trabalho

---

3 Freud será citado segundo a classificação estabelecida por Tyson e Strachey (1956).

da sessão analítica parte do modelo do sonho como seu exemplar em que estarão presentes para a figura do analista, por meio do deslocamento, para a figura do analista, o desejo infantil confundido em sua temporalidade.

Este capítulo tem como ponto de partida os fundamentos dessa razão onírica, tentando compreender sua articulação mais ampla com o tema do brincar. A teoria dos sonhos é a perspectiva de maior envergadura que atravessa as aparições pontuais do brincar em Freud. Por esse motivo, compreender seus fundamentos é compreender o modo como ele abordou o brincar, uma vez que, insistiremos ao longo do texto, o brincar em Freud pode ser considerado uma expansão do sonho.

Insistiremos também no fato de que não se trata, no entanto, de uma expansão que não guardaria suas especificidades. Veremos com Fédida (1978) como a relação do trabalho do brincar é equivalente ao trabalho do sonho, com a diferença de que o brincar desfuncionaliza os objetos da realidade, enquanto o sonho transfigura os restos diurnos, colocando-os à disposição da figurabilidade psíquica. Partindo dessa consideração, veremos como, ainda que tratadas em sua complementariedade, a razão onírica e a razão lúdica são estruturadas a partir de diferentes coordenadas. O tempo e a figurabilidade como coordenadas da razão onírica, o espaço e a materialidade como coordenadas da razão lúdica.

Tempo e figurabilidade: coordenadas para uma razão onírica

Freud evoca desde o começo da sua obra uma tradição do desvendamento de um sentido oculto, via interpretação, tratando o trabalho do sonho de maneira similar a um texto, que cumpriria a função de realização alucinatória de desejo infantil. O sonho, ele nos diz, é um "enigma pictórico" (Freud, 1900/2019, p. 319) diante do qual se deve procurar substituir cada imagem por uma sílaba ou uma palavra representada de alguma forma pela imagem: "as palavras que assim se formam deixam de ser sem sentido e podem resultar numa bela significativa frase poética" (p. 319). Ele se serve de uma leitura criptográfica que se daria *en détail*, contrapondo-se ao método popular que o toma *en masse*, que interpreta o simbolismo do sonho integral. A característica da sua leitura criptográfica, segundo ele, ao contrário da popular, não utiliza uma chave fixa para traduzir determinado conteúdo de um sonho, podendo o mesmo conteúdo onírico estar referido a sentidos diferentes.

A capacidade de expressão do sonho se dá, então, somente mediante o trabalho da interpretação. Pontalis (1977) chama a atenção para a relação indissociável em *Die Traumdeutung* que condensa em um só termo o sonho e sua interpretação, na medida em que Freud os concebe como uma única atividade, prestando pouca atenção à experiência do sonhar em si mesmo. Para o psicanalista francês, "o desejo de se constituir um mestre dos sonhos conduziu Freud a analisar sua produção, a maneira como eles são fabricados, mais do que a procurar as condições da sua criação e do poder criador que eles testemunham" (Pontalis, 1977, p. 22), seu interesse é pelo trabalho do sonho. O risco que se corre ao ler a interpretação dos sonhos inadvertidamente é o de confundir o objeto-sonho com a teoria e o método psicanalítico, embora nos lembre Pontalis que essas questões não estejam completamente desarticuladas.

Nosso ponto de partida é o trabalho do sonho nos moldes como foi pensado desde Freud, em sua articulação lógica com a linguagem, e veremos adiante como essa passagem do sonho-texto para o sonhar em si mesmo, que é realizada sobretudo na teoria winnicottiana, introduz uma nova lógica na qual o brincar passa a ocupar um lugar fundamental para a compreensão da clínica e da teoria psicanalítica.

A falta de conexão lógica dos pensamentos oníricos é correspondente, para o jovem inventor da psicanálise, ao que se vê também nas artes plásticas, na pintura e na escultura em comparação à poesia, por conta da própria natureza do material elaborativo de cada uma. A poesia, segundo ele, por recorrer à fala, estaria mais propensa à significação e à coesão lógica das palavras do que o sonho e as outras artes plásticas. A comparação é interessante não só porque reafirma o parentesco da forma do sonho como um texto, mas também porque, como veremos posteriormente, a produção de sentido vai sendo constituída por elementos que estão cada vez mais aquém do domínio discursivo, com possibilidades reduzidas de representação pela palavra, razão que estará inclusive no centro da grande transformação da sua primeira teoria dos sonhos como realização de desejo e, depois, em 1920, com a postulação da pulsão de morte. O sonho aqui, ao lado das artes plásticas e literárias, como um agente transformador da matéria.

O trabalho do sonho como metáfora do texto ganha novo fôlego na argumentação sobre o modo como o sonho estabelece as suas relações lógicas e causais. As relações lógicas são, segundo ele, estabelecidas por simultaneidade, ou seja, sempre dois elementos próximos um do outro correspondem no pensamento onírico a uma íntima relação entre eles: "É como no nosso sistema de escrita: ab significa que as duas letras devem ser expressas como sílaba; se a e b são separadas por uma lacuna, a deve ser vista como a última letra de uma palavra e b como a primeira da palavra seguinte" (Freud, 1900/2019, p. 316).

A representação das relações causais, por sua vez, consistiria em "introduzir a oração subordinada como sonho preliminar e depois acrescentar a oração principal como sonho principal", ou então "substituir ou transformar algum elemento do sonho em outra coisa" (Freud, 1900/2019). A causalidade estaria desse modo representada pela sucessão: a sucessão do sonho ou pela transformação de uma imagem em outra. Freud utiliza as operações de linguagem para representar o sonho como metáfora do texto e introduz o tempo, por meio das noções de simultaneidade e sucessão, como um importante elemento ordenador das relações lógicas.

O modo como os sonhos lidam com as sentenças alternativas excludentes, ou...ou, e ainda com a categoria da oposição e contradição, também não escapou à análise minuciosa do pesquisador. No primeiro caso, os sonhos incluem os dois termos como igualmente válidos e, no segundo, omite deliberadamente qualquer contradição. Em nota acrescentada em 1911 por Freud, vemos a seguinte consideração:

> *Descobri o fato surpreendente, confirmado por outros linguistas, de que nesse ponto aslínguas mais antigas se comportam deforma bem semelhante ao sonho. No início possuem apenas uma palavra para as duas oposições nos extremos de uma série de qualidades ou atividades ("fortefraco", "velhojovem", "distantepróximo", "ligarseparar") e apenas secundariamente formam designações específicas para os dois opostos, mediante pequenas alterações na palavra primordial comum. (Freud, 1900/2019, p. 360)*

As relações lógicas de semelhança, concordância, aproximação, posse de atributos comuns são consideradas os primeiros pontos de apoio para a formação do sonho que consiste, em grande parte, em ampliar essas relações de paralelo. São as identificações que são usadas para representar pessoas e formações mistas quando envolvem a representação de coisas e pessoas ao mesmo tempo, como o exemplo das localidades que representam pessoas. A esse respeito, Freud nos adverte para o fato de que são as formações mistas que fornecem ao sonho sua aparência fantástica e exemplifica com um sonho contado por Ferenczi em que surge uma figura mista composta da pessoa de um médico e um cavalo que veste camisola.[4]

O trabalho do intérprete dos sonhos, tal como aquele do hieróglifo, não se limita a uma decifração por meio de uma chave fixa, como vimos, e tampouco ao uso do símbolo que pode ser encontrado no "folclore, nos mitos, lendas, provérbios, expressões idiomáticas e chistes de um povo, mais do que nos sonhos" (Freud, 1900/2019, p. 394). Se a relação entre o símbolo do sonho e aquilo que ele representa é óbvia em alguns casos, em outros, permanece oculta. Apesar de não se preocupar com a gênese do símbolo, especificamente, porque acredita que "para fazer justiça ao símbolo a psicanálise deveria abordar outros problemas" (p. 395), Freud traça um percurso da sua natureza genética em que estabelece uma relação por identidade conceitual e linguística, como um resíduo e uma marca da identidade antiga. Anos depois, acrescenta em nota o trabalho de Hans Sperber (Freud, 1912/2012) para apoiar sua teoria genética do símbolo por meio do seu significado sexual. Trata-se de uma teoria em que as palavras originais designavam coisas sexuais, perdendo seu significado ao passarem para outras coisas e atividades. Vemos essas relações ganharem força, como no sonho, pela sua figuração no capítulo sobre *o trabalho do sonho* em que

4 Freud relaciona esses três elementos a partir da análise da paciente quando a camisola foi reconhecida como uma alusão ao pai da sonhadora numa cena da infância. "Tratava-se, em todos os três casos, de objetos de sua curiosidade sexual. Quando ela era criança, sua babá a levava com frequência para o haras militar, onde ela tece oportunidade de satisfazer plenamente sua curiosidade, ainda não inibida na época" (Freud, 1900/2019, p. 368). Ora, ainda que os sinais não sejam interpretados por uma chave fixa, como ele nos ensinou, podemos observar que essa é uma formação híbrida fantástica muito semelhante à que veremos na formação do objeto fóbico e nas brincadeiras infantis em que a composição fantástica é corriqueira.

representam: 1) o chapéu como símbolo do homem, dos genitais masculinos; 2) o " pequeno", como órgão genital, ser atropelado como símbolo do ato sexual; 3) representação dos genitais por prédios, escadas, poças; 4) órgão genital masculino simbolizado por pessoas e feminino por paisagem; 5) sonhos de castração em crianças; 6) simbolismo da urina, entre outros. Ora, esse repertório simbólico, como veremos, estará transposto de maneira similar na significação de alguns psicanalistas pós-freudianos diante da brincadeira infantil, norteando a interpretação.

É interessante notar como a presença do conteúdo sexual na formação dos símbolos oblitera uma importante dimensão do repertório da destrutividade também constituinte da formação onírica. Embora os exemplos de sonhos apresentem com clareza essa dimensão, a questão sexual parece fagocitar e dominar os interesses da pesquisa freudiana naquele momento que, de fato, estava às voltas com a confirmação da etiologia sexual das neuroses, a descoberta do complexo de Édipo e via no sonho um caminho de ratificação das suas teorias. A certa altura, Freud (1900/2019) nos diz que

> *apenas a introdução dessas forças sexuais pode preencher as lacunas ainda existentes na teoria da repressão. Se os fatores sexual e infantil são um requisito também na teoria do sonho é algo que deixarei em aberto; deixo essa teoria incompleta nesse ponto, pois já fui além do que pode ser provado ao supor que o desejo no sonho tem origem no inconsciente. (p. 660)*

Seguindo nessa direção, pretendemos demonstrar como, por meio da técnica do brincar, a destrutividade, de algum modo já presente no estudo sobre a interpretação dos sonhos, fica evidente e muitas vezes embaralhada ao sexual, e veremos como esse campo fenomênico será objeto de importantes expansões teóricas desde Klein.

A função realizadora do desejo infantil no sonho parte do modelo da amamentação como cena paradigmática: o bebê mamando na mãe. A "mamada teórica" descreve uma excitação trazida pela necessidade, a fome, diante da qual o bebê depende absolutamente "de uma ajuda vinda de fora", uma mudança que anula o estímulo interior a partir da vivência de satisfação e que ele realiza, em um segundo momento, quando novamente for confrontado com a necessidade, pelo reinvestimento da percepção que se originou dessa experiência:

> *Um elemento essencial dessa vivência é o aparecimento de certa percepção (do alimento, nesse exemplo), cuja imagem mnêmica, a partir de então, fica associada ao traço mnêmico da excitação criada pela necessidade. Tão logo essa necessidade volta a se manifestar, ocorre, graças ao vínculo estabelecido, um impulso psíquico que procura investir novamente a imagem mnêmica da percepção e suscitar de novo a própria percepção, ou seja, reproduzir a situação da primeira satisfação. Um impulso desse tipo é o que chamamos de desejo; o reaparecimento da percepção é a realização do desejo, e o pleno investimento da percepção, a partir da excitação devida à necessidade, é o caminho mais curto para a realização de desejo. (Freud, 1900/2019, p. 618)*

Se insistimos na apresentação minuciosa desse modelo consagrado do sonho, é porque a dissecação dessa anatomia do desejo infantil descreve ainda uma operação fundamental no trabalho do sonho esclarecedora da sua aparência absurda e fantástica: a consideração pela figurabilidade ou pela representabilidade.[10] Trata-se de um outro tipo de deslocamento que substitui uma expressão abstrata por uma concreta e figurativa e tem a vantagem de ter um alcance de representabilidade maior para o sonho, driblar melhor a censura e favorecer os interesses da condensação:

> *Apenas quando o pensamento onírico, inutilizável em sua expressão abstrata, é transformado numa linguagem figurativa, estabelecem-se mais facilmente entre essa nova expressão e o material onírico restante os pontos de contato e identidades de que o trabalho do sonho necessita, e que cria onde não existem, pois em todas as línguas os termos concretos possuem, devido à sua evolução, maior riqueza de relações devido aos termos conceituais. (Freud, 1900/2019, p. 383)*

Para Freud, o trabalho da figurabilidade se articula a uma importante relação conciliatória entre instâncias psíquicas conflitantes, fazendo o empréstimo da imagem sensorial cedida pelo sistema *PCs* à energia proveniente do sistema *Ics* que está à procura de representação. Essa perspectiva é o que vai formalizar do ponto de vista topológico, temporal e formal o aspecto regressivo da experiência onírica, que nos remete imediatamente às formas como Freud vai desenvolver as relações entre o tempo e o espaço no seu modelo de aparelho psíquico. Do ponto de vista topológico, a figurabilidade/representatividade implica no trânsito entre as instâncias psíquicas *Pré-consciente e Ics*; do ponto de vista temporal, temos o retorno da excitação à forma sensorial, portanto alucinatória, condicionada a um desejo infantil e às formas mais primitivas do pensamento, no seu aspecto formal.

Extraindo as consequências desse modelo, vemos como a figurabilidade/representabilidade é responsável pelo processo de temporalização necessário para que o trabalho de simbolização do sonho aconteça. Temos, de um lado, o sistema inconsciente marcado pela atemporalidade e, de outro, como polo oposto, o sistema perceptivo, ligado à consciência e ao pré-consciente, que reanima o resíduo diurno e outras marcas sensoriais para a confecção do sonho. A articulação entre essas instâncias é o que promove o efeito temporal do sonho que é experimentado com a atualidade sensorial do agora, sob efeito da alucinação. Para Freud (1900/2019), a transformação de pensamento em imagens visuais é, em parte, consequência de uma atração que a lembrança representada visualmente, que busca ser reavivada, exerce sobre o pensamento excluído da consciência que busca se expressar (p. 597). Nesse modelo proposto, a formação do sonho é derivada da sucessão das imagens sensoriais como uma conversão de moedas estrangeiras para a passagem da fronteira do inconsciente ao pré-consciente até chegar à consciência. Freud, alguns anos depois,buscará distinguir também as modalidades de representação de coisa – essencialmente visual –, que estariam referidas ao inconsciente, da representação de palavra – essencialmente acústica. O sistema pré-consciente seria caracterizado pela ligação entre a representação de coisa e a representação de palavra:

> *Os pensamentos são transpostos em imagens – predominantemente visuais –, as representações de palavras são reconduzidas às representações de coisas que lhe correspondem, como se no todo, o processo fosse governado por considerações atinentes à figurabilidade... Apenas quando as representações de palavras acham nos restos diurnos vestígios frescos, reais, de percepções, e não expressão de pensamentos, é que são tratadas*

> *como representações de coisas e submetidas às influências da condensação e do deslocamento. (Freud, 1917/1969, p. 159)*

Esse percurso introduz na direção regressiva do sonho tanto a questão da temporalidade quanto da espacialidade, próprias ao sistema pré-consciente. A temporalidade estando referida à representação de coisa e a espacialidade presente pela composição dos signos de percepção ou identidade perceptiva. A percepção, como polo intermediário entre a realidade externa e a realidade psíquica, é a função responsável pela articulação concreta entre o psiquismo e a realidade, formalizando uma dicotomia sujeito-objeto, realidade interna-realidade externa que estrutura o pensamento freudiano.[5]

Em resumo, o percurso teórico dedicado ao trabalho do sonho, como transformação da matéria psíquica, passa pelo deslocamento das intensidades psíquicas, pela reprodução predominante de traços mnésicos visuais e acústicos, por meio da consideração pela

5 Joel Birman (2012), partindo de uma leitura sociopolítica da clínica, estuda a deterioração do sonho como experiência privilegiada de modalidade de subjetivação na tradição do ocidente. Essa perda do potencial de simbolização da sociedade contemporânea, diante dos seus evidentes empobrecedores recursos simbólicos, leva à perda da potência de revelação do sujeito garantida pelo sonho. Ele utiliza as relações entre as categorias do espaço e do tempo, na estruturação da experiência do sujeito, como a direção interpretativa das questões da contemporaneidade: "A espacialização da experiência toma efetivamente a dianteira desse processo de transformação em pauta, pelo qual a temporalidade progressivamente se apaga e, no limite, quase se suprime". A interpretação dos sonhos assumiu um lugar fundamental no pensamento freudiano e na cultura, como o método do tratamento e modelo da experiência psíquica resultando no paradigma estético surrealista. Não foi preciso muitos anos para que o seu declínio, como dispositivo simbolizante privilegiado, fosse anunciado, no contexto dos egressos da guerra, seus sonhos traumáticos e das crianças que despertam aterrorizadas.

figurabilidade ou representatividade e a condensação, como operações lógicas formais que se assemelham às relações de linguagem.

Pontalis (1977), para quem "toda conquista se paga com o exílio e toda possessão, com uma perda" (p. 20), insiste no fato de que a conversão do sonho-imagem em sonho-texto, realizada pelo trabalho de interpretação, é uma ação em que alguma coisa fica perdida. O sonho em si mesmo, como objeto da criação humana, é o que ficou perdido no trabalho da interpretação. A passagem do sonho-texto para o que seria o "*objeto-sonho*" (sua dimensão real de espaço, tempo e experiência) vai ser um aspecto fundamental da pesquisa psicanalítica posterior e uma importante perspectiva que altera profundamente a concepção do brincar, como veremos. Essa retomada, a nosso ver, atende à advertência do próprio Freud sobre o cuidado que o psicanalista deve ter em não confundir o andaime com o próprio edifício:

> *o reconhecimento da importância do sonho não basta para se identificar o autêntico psicanalista. Pois o que conta na teoria do sonho – a partir do status da interpretação na psicanálise, da significação que a atividade associativa toma na fala durante o tratamento, do trabalho do sonho – é a capacidade que ela tem de pensar outros fenômenos e engendrar sua metapsicologia.*

Do mesmo modo, pensamos que, ao conceber o brincar como uma expansão do sonho, alguma coisa da ordem da materialidade e seu papel na experiência psíquica fica perdida. O deslocamento do problema do sonho para o problema do brincar exige uma consideração maior em relação ao lugar não só da materialidade como do espaço na história da psicanálise, caminho realizado por alguns analistas contemporâneos, como veremos.

Espaço e materialidade: coordenadas para uma razão lúdica

O apoio do sentido na matéria é realizado de diferentes modos dentro da teorização freudiana. Vimos como a psicanálise, sob o paradigma do sonho, apresenta uma concepção de homem fundamentalmente marcado pela necessidade de prazer e pela capacidade de falar, de representar, de se articular em relação ao discurso e à narratividade. A materialidade da experiência ficou, no entanto, em um segundo plano na compreensão freudiana, podendo ser presumida por meio do rastreamento da noção de objeto e seus diferentes estatutos, do papel do corpo em sua relação concreta com o psiquismo e também pelo do papel do *setting*, como disposição do tempo e do espaço e da presença psicossomática do analista. Fédida alerta-nos sobre o fato de que o conceito de espaço voltou a ser pautado para teorizar a situação analítica da intimidade transferencial em sobreposição à insistente interrogação sobre a relação da fala com suas imagens e "mais precisamente – sobre o invisível dispositivo ótico que cria a condição da fala e de sua escuta" (Fédida, 1991).

Freud, para quem o dispositivo analítico deveria ser considerado, sobretudo, em sua relação simbólica com o analista, estabeleceu, no entanto, algumas variáveis independentes, além do analista, que deveriam assegurar o êxito do tratamento: o espaço; o tempo; o dinheiro; a regra fundamental; a atenção flutuante. O espaço, em referência às condições materiais que asseguram a regra fundamental e a atenção flutuante (o silêncio, o divã), não foi um objeto de preocupação explícita do inventor da psicanálise, embora saibamos que ele não foi indiferente à forma e ao lugar onde escutava seus pacientes.

Topograficamente, o gabinete do dr. Freud[6] era cercado por estatuetas, quadros, livros e esculturas que imprimiam sua subjetividade na materialidade do espaço e que em nada se aproximavam de um ambiente asséptico onde a neutralidade e a abstinência do analista estariam em jogo. O método topográfico é aquele que privilegia a descrição do aparelho psíquico em termos de espaço e localização. Freud nos adverte que esse modelo espacial não foi utilizado por um desejo de precisão, mas pela vantagem de assim poder demonstrar uma ideia em relação à outra. Podemos nos servir desse mesmo método para inferir algo mais a respeito do papel dos objetos na construção do *setting*, incluindo o próprio corpo do analista. Essa analogia tem o objetivo de antecipar o papel que o brinquedo, o espaço e a presença psicossomática do analista vão assumir na psicanálise com crianças e a vantagem de radicar a materialidade na situação psicanalítica desde o seu primórdio.

A noção de objeto em Freud assumiu diferentes estatutos ao longo da sua obra. A questão sobre sua referência ao objeto externo real ou a um objeto psíquico ou aos dois encontrou diferentes respostas nas pesquisas psicanalíticas posteriores. Coelho (2001) destaca algumas posições fundamentais do estatuto do objeto na obra freudiana. A primeira, em que o objeto é considerado secundário, como objeto da pulsão, em referência à primazia das pulsões na constituição subjetiva. É, portanto, de caráter contingente e essencialmente atravessado pela fantasia. A segunda, em que o objeto é objeto de amor, próprio das modalidades de escolhas amorosas e, por último, a consideração dos objetos como determinantes originários da constituição subjetiva na estruturação narcísica, quando

6 No livro *Sigmund Freud's desk: an anecdoted guide* (Spankie, 2015), encontramos o minucioso trabalho de identificação dos objetos dispostos sobre a mesa de Freud e sua relação com a obra do autor. O argumento parte de um método topográfico sugerindo que a mobília da sala e a organização dos móveis podem evocar narrativas alternativas para as estórias individuais.

o ego passa a ser objeto da pulsão: "Em um tempo em que o início da satisfação sexual ainda está vinculado ao recebimento de alimentos, a pulsão sexual encontra o objeto sexual fora do corpo da criança, na forma do seio materno" (Freud, 1905/2016, p. 125). De fato, para Freud, o primeiro objeto será o modelo para as futuras relações objetais: "Existem, portanto, boas razões para que o ato de uma criança sugar o seio da mãe se torne o protótipo para toda relação de amor. Encontrar um objeto (*die Objektfindung*) é na realidade reencontrá-lo" (pp. 125-126). Essa é uma frase muito citada e talvez a mais reconhecida entre as passagens da obra freudiana em que há uma referência à noção de objeto (Coelho, 2001, p. 40).

A hora do encontro é também despedida. De um modo geral, a teoria psicanalítica vai se desenvolvendo a partir da ideia de que existe uma impossibilidade de relação com o objeto, seja pela impressão do excesso sexual traumático sobre o outro, seja pela mediação da fantasia. Um outro estatuto também assumido pelo objeto que o reposiciona para além da sua existência como objeto da pulsão surge quando as identificações assumem um valor preponderante na formação do narcisismo:

> *Freud trabalha ainda predominantemente com a concepção do objeto como sendo endopsíquico, nesse momento de sua obra começa a se esboçar a ideia da introjeção do objeto, através da identificação (principalmente da identificação primária), como elemento central na constituição da subjetividade. Freud passa pouco a pouco a considerar o ego como um precipitado de identificações, em que o modelo fundamental é a figura paterna. As identificações, como se sabe, ocorrem desde o início da vida, e vão preparando o caminho para o Complexo de Édipo, pedra angular da constituição da subjetividade para Freud. (Coelho, 2001, p. 42)*

Por outro lado, a concepção endopsíquica do objeto não parece considerar a natureza do objeto em si, suas qualidades psíquicas ou materiais.[7] Esse esforço será realizado, como veremos, pelos analistas que deram continuidade ao pensamento freudiano, nas escolas pós-kleinianas e, sobretudo, winnicottianas.

A preocupação com a materialidade em Freud, como as relações concretas entre psiquismo e realidade, surge ao redor do tema do corpo concebido além das suas relações simbólicas e imaginárias com o psiquismo. Winograd e Mendes (2009) destacam três condições em que o corpo oferece o suporte material para a produção psíquica: no conceito de pulsão, entendido como um ponto de indiscernibilidade entre o corpo como organismo e o corpo como sujeito, na constituição do Eu sobre uma base corporal que o determina e os sintomas histéricos e a noção de complacência somática.

Um outro ponto importante no estudo da materialidade e sua relação com o objeto em Freud foi mais diretamente abordado por Fédida (1978) em seu trabalho sobre o *objeu* – referindo-se à aglutinação na língua francesa das palavras objeto e brincar. A expressão sintetiza uma relação dialética entre a forma e a função do objeto, "uma dissolução do conceito, suspensão da forma e da função do objeto" (Leite, 1996). Para Fédida, a noção de *objeu* diz respeito ao efeito de "desinstrumentalização" prática e "desfuncionalização" social do objeto promovido pelo trabalho do brincar do mesmo modo que se concebe um trabalho de sonho e a distorção das imagens sensoriais. O objeto do brincar seria aquele capaz de

---

7 Laplanche (1987/1988), com a retomada da teoria da sedução, reafirma a materialidade da sedução veiculada pela mãe e seu papel duplo comutador: aquela que introduz a sexualidade e ao mesmo tempo ajuda nos processos de metabolização do excedente pulsional. O apoio da sexualidade nas funções corporais e o estabelecimento das zonas erógenas concebidas como zonas de troca e de trânsito com o mundo externo confirmam a materialidade da sedução veiculada pela relação mãe/bebê.

descapturar-se das suas funções sociais e sua instrumentalização prévia e ficar a serviço da atividade do brincar. Para Fédida, o brincar seria pré-figural à potência da simbolização, e não o seu efeito; o brincar, ao promover a des-significação, abre para novas produções de sentido (Leite, 1996).

Acreditamos ainda que outro aspecto da materialidade que merece consideração, na medida em que estabelece também relações concretas entre o psiquismo e a realidade, é a formação do objeto fetiche e do objeto fóbico, como exemplares da articulação entre o objeto externo, real, concreto e as formações psíquicas.

O espaço e a materialidade ganharam força na teoria psicanalítica contemporânea a partir de onde o brincar emerge como um modelo para o método psicanalítico assumindo a importância teórica, técnica e clínica complementar ao sonho desde Freud. A expansão das coordenadas do sonho – tempo e figurabilidade – para as coordenadas do brincar – espaço e materialidade – é o que estamos denominando como uma razão lúdica.

A razão lúdica se desenvolve como o método de tratamento e o modelo da experiência psíquica na medida em que ocorre um deslocamento, no interior da pesquisa psicanalítica, da ênfase das questões intrapsíquicas para o campo intersubjetivo. Esse movimento encontra sua forma embrionária pouco desenvolvida no pensamento freudiano e se expande na medida em que avançam as pesquisas sobre a relação com o corpo materno como continente, superfície de apoio e máquina metabolizadora dos conteúdos projetivos, diante das quais uma fenomenologia psicanalítica do espaço e da materialidade (incluindo aqui, sobretudo, a sensorialidade) tornou-se necessária.[8]

---

8 Cf. Fédida (1991): "É verdade que a inclinação natural do conceito – de espacialidade – foi facilitada pela referência sistematizada ao sonho, assim como à atemporalidade do inconsciente. Mas é do imaginário contratransferencial

O brincar como um sonho expandido

Freud não explicitou uma teoria do brincar propriamente dita, mas não se furtou de mencioná-la em diferentes momentos da sua obra. Esse percurso envolve os trabalhos da primeira e segunda década, partindo de *A interpretação dos sonhos* (Freud, 1900/2019), *Três ensaios sobre a teoria da sexualidade* (Freud, 1905/2016) e o caso Hans (Freud, 1909/1969) como uma síntese clínica das questões levantadas pelos textos que o precederam. Encontram-se também nesse período "Escritores criativos e devaneio" e "Personagens psicopáticos no teatro" (Freud, 1908b) fazendo uma referência direta ao brincar.

A partir de 1920, com a reviravolta de *Além do princípio do prazer* (1920/2010), que irá incidir sobre toda a teoria dos sonhos, sobre as questões relacionadas à simbolização e, de um modo paralelo, sobre os objetivos do tratamento psicanalítico, o brincar faz uma importante aparição para compor, junto com os sonhos traumáticos e a compulsão à repetição, a demonstração das falhas na função da representatividade. Já em *Inibição, sintoma e angústia*

---

do corpo materno no tratamento que o conceito empresta a facilidade de sua verdadeira declividade. Desse ponto de vista, é difícil para a clínica psicanalítica renunciar a uma espécie de fenomenologia do espaço da comunicação inter-humana e dos intercâmbios mãe-criança, nos quais a função imaginante da fala comporta, devido a sua escuta, uma capacidade de receptáculo, de continente ou de envelope. A fonte ideológica – mais que metapsicológica – dessa espacialização visual da fala reside nas ideias conexas da projeção transferencial da psique e da constituição materna de um espaço da compreensão e da interpretação. Se, de um lado parece mais fácil elaborar uma modelização da situação analítica sobre as bases de uma psicologia da sensorialidade que, por sua vez, comanda uma forma materna tanto da espacialidade quanto da visibilidade imaginárias do conteúdo das palavras, de outro, seria inconcebível privilegiar de alguma maneira essa modelização espacial em detrimento do engendramento temporal dos lugares na análise" (p. 77).

(1926/2014), Freud extrai as consequências de algumas importantes reformulações para pensar a questão da angústia quando surge novamente uma referência direta ao brincar com o jogo do esconde-achou.

O ponto de partida para a inscrição do brincar na racionalidade clínica foi a publicação do caso Hans (Freud, 1909/1969). No artigo, que é uma síntese comprobatória das recentes descobertas dos *Três ensaios sobre a teoria da sexualidade* (Freud, 1905/2016) em resposta às questões da sexualidade infantil que surgiram desde *A interpretação dos sonhos* (Freud, 1900/2019), Freud apresenta o caso de uma criança – que brinca! –, embora não elabore especificamente uma teoria sobre o brincar a partir dele.

A primeira menção direta ao brincar surge no ano anterior ao caso Hans, no texto "O escritor e a fantasia" (Freud, 1908b), reaparecendo durante o mesmo ano em "Personagens psicopáticos no teatro" (Freud, 1942/2016), publicado postumamente. Em "Escritores criativos e devaneios", o brincar é um precursor das fantasias e da atividade criativa:

> *Acaso não poderíamos dizer que ao brincar toda criança se comporta como um escritor criativo, pois cria um mundo próprio, ou melhor, reajusta os elementos de seu mundo de uma forma que lhe agrade? Seria errado supor que a criança não leva esse mundo a sério; ao contrário, leva muito a sério a sua brincadeira e dispende na mesma muita emoção. (Freud, 1908b, p. 135)*

A ideia a ser formulada é de que o brincar não é a antítese do que é sério, mas daquilo que é real. Freud vai chamar a atenção para a preservação na linguagem da associação entre a criação poética e o brincar por meio do uso do termo *spielen*, que, em alemão, significa brincar e também representar, como atores no teatro. Ele coloca em relevo o que está compartilhado entre o brincar e a criação artística, que é a presença da fantasia.

No texto "Personagens psicopáticos no teatro" (Freud, 1942/2016), escrito em 1906 e publicado postumamente, a relação entre o brincar, a criação artística e a fantasia também está presente. Freud afirma que a participação da plateia de um teatro em jogo dramático funciona como o equivalente de uma brincadeira infantil: tanto o artista no teatro como o público fazem da cena um substituto do brincar, em que se podem ver encenados alguns dos seus desejos dentro de um enquadre considerado normal pela cultura.

A compreensão e o interesse de Freud pelo brincar, nesse primeiro momento, são desenvolvidos a partir da teoria geral dos sonhos, a saber, do sonho como realização de desejo, ficando à disposição da criança os mesmos recursos do sonhador para tratar a realidade e ajustá-la em certa medida ao desejo. Trata-se de uma teoria em que o desejo produz um sentido que se anuncia no sonho e, por meio da sua interpretação, seria possível explicitar os mecanismos e instâncias que envolvem o psiquismo humano. Freud, tomando o brincar tal qual um sonho acordado, apresenta uma criança que constrói um mundo próprio e reajusta os elementos do seu mundo da forma que lhe agrada. Esse sonho acordado e encenado da infância dará lugar às fantasias e devaneios do mundo dos adultos que continuam, por assim dizer, cumprindo a mesma função de um sonho desejante.

Um segundo modelo do brincar em Freud vai surgir no lastro de uma importante reformulação teórica da teoria dos sonhos como realização de desejo. Freud passou a defender a ideia de que, na brincadeira, não se trata só de ajustar a realidade àquilo que se quer, mas também de transformar algumas experiências em brincadeira. Mais do que isso, interessa-lhe saber por que a criança brinca com as experiências desprazerosas.

O *fort-da* foi a brincadeira observada por Freud em seu próprio neto, de 1 ano e meio, diante da ausência, por um curto período, da mãe da criança. A conclusão de Freud foi de que o menino brincava com o desaparecimento das coisas, representando a ausência em um trabalho de simbolização. A partir de 1920, em *Além do princípio do prazer* (1920/2010), o brincar passa a assumir uma função de simbolização.

O ponto de partida do texto freudiano, é importante destacar, são os fenômenos da repetição dos sonhos traumáticos, os quais trazem grande desprazer ao sonhador e que não poderiam ser compreendidos dentro do território do sonho como realização de desejo. Disso colocamos o brincar como tentativa de temporalização da experiência, no sentido de que a repetição representa o colapso do tempo.

A brincadeira aqui, diferentemente daquela de "O escritor e a fantasia" (Freud, 1908b), é o modelo de um trabalho psíquico que advém da ausência ou da perda do objeto. A ação realizada por meio do brinquedo transforma a experiência passiva de ser deixado na atividade de abandonar como um primeiro caminho que abre o processo de simbolização.

Por fim, no texto *Inibição, sintoma e angústia* (1926/2014), Freud aborda, ainda que de forma breve, a brincadeira de esconde-achou. A ansiedade para Freud vai despontar com o nascimento por meio da ruptura com a condição intrauterina e sua repetição ao longo das sucessivas separações. Nos seus termos, "a situação de sentir falta da mãe não é uma situação de perigo, mas uma situação traumática . . . o primeiro determinante de angústia é a perda de percepção do objeto que é equacionada com a perda do próprio objeto" (Freud, 1926/2014, p. 165).

Novamente, a brincadeira surge não como uma preocupação específica de Freud, mas como aquilo que aponta as questões da angústia das quais ele tratará ao longo do texto. A brincadeira do esconde-achou é uma tentativa da mãe de que a criança reconheça que ela vai e, de um modo geral, volta. Freud vai nos dizer que "a mãe encoraja esse conhecimento que é tão vital. Nessas circunstâncias a criança pode, por assim dizer, sentir anseio desacompanhado de desespero" (Freud, 1926/2014, p. 165).

Pequeno Hans revisitado: o brincar em perspectiva

> *Os sintomas são uma maneira de pensar a respeito de coisas difíceis, pensar com o som desligado. Talvez uma das razões pelas quais Freud se sentia tão intrigado com as fobias . . . fosse o fato de que a delimitação de uma fobia constituía o modelo para a delimitação de uma teoria. Uma fobia, como teoria psicanalítica, é uma teoria sobre o local onde se encontram as coisas turbulentas. E essas teorias, como seu paradigma fóbico, se organizam em torno de uma fantasia do impossível, do inaceitável, em sua forma mais extremada. (Phillips, 1993/1996)*

Um menininho brinca de banheiro em um cômodo escuro da casa. Ao ser surpreendido pelo pai com o pênis nas mãos, ele responde: estou fazendo xixi. A brincadeira, cena de abertura do texto "A análise da fobia de um menino de cinco anos" (Freud, 1909/1969), foi descrita pelo pai nas cartas-relato do acompanhamento que fazia do próprio filho sob a supervisão de Freud. Ao que parece, esse foi um dos primeiros relatos clínicos de brincadeiras publicados, o primeiro recorte da ação de brincar destacado como um fenômeno a ser inscrito na racionalidade médica. A fronteira entre os fenômenos normais e patológicos, que mereciam ser considerados como fatos clínicos, havia sido borrada desde *A interpretação dos sonhos* (Freud, 1900/2019), em que Freud partiu de um fenômeno normal para descrever processos psíquicos que seriam semelhantes à formação dos sintomas da neurose. Como um efeito dessa forma epistemológica incipiente e a partir do mesmo gesto teórico, o brincar surge como fenômeno a ser observado e decifrado. Não causa espanto que daí em diante ele venha a fazer parte das considerações de qualquer clínico que se coloque diante de uma criança.

A "Análise da fobia de um menino de cinco anos" (Freud, 1909/1969) tornou-se uma referência da psicanálise na medida em que, a partir da observação clínica do menino, que ficou conhecido por pequeno Hans, Freud corrobora grande parte das suas teorias sobre a sexualidade infantil que haviam sido recentemente publicadas nos *Três ensaios sobre a teoria da sexualidade* (Freud, 1905/2016) e desenvolve uma compreensão acerca da vida mental infantil, ao mesmo tempo que retoma uma importante discussão nosográfica da fobia. O material clínico referente ao caso foi utilizado ainda na proposição das teorias sexuais infantis ilustrada nos textos *O esclarecimento sexual das crianças* (Freud, 1907/2015) e "Sobre as teorias sexuais da criança" (Freud, 1908c/1969). Trata-se, portanto, de uma grande síntese que reúne a interpretação dos sonhos e a teoria da sexualidade infantil na ilustração de um caso clínico. As questões levantadas pelo caso e seus desdobramentos foram exaustivamente retomadas pelos psicanalistas pós-freudianos. O interesse que o caso suscita, nesse esforço de compreensão histórica conceitual do brincar na obra de Freud, repousa sobre a observação de que Hans, sobretudo, brinca. E o próprio fato de que sua brincadeira não seja objeto das preocupações diretas de Freud, diluindo-se entre sonhos e as associações, já nos diz de um lugar impreciso do brincar no pensamento do autor ao mesmo tempo que compõe o campo empírico-fenomenológico a partir do qual Freud elabora suas teorias.

Veremos como se deu a análise do caso para, em seguida, desdobrarmos algumas questões condensadas pela teoria da construção do objeto fóbico. O caso será apresentado conforme a cronologia da publicação do relato com o acento das brincadeiras que surgem em alguns momentos. A ideia é articular a construção do objeto fóbico ao processo de simbolização como forma correspondente ao brincar e ao que denominamos por razão lúdica, na medida em que envolve necessariamente a participação, por meio da projeção, de um objeto externo em uma relação concreta com o psiquismo. Pretendemos articular essas relações ao que se desenvolverá posteriormente como sendo a teoria do brincar em Klein e a do objeto transicional em Winnicott, guardadas as devidas diferenças.

O caso Hans foi realizado pelo próprio pai do menino sob a supervisão de Freud, o qual recebia seus relatos e chegou a encontrá-lo apenas uma vez. O relato começa por volta dos 3 anos, quando o menino dirige toda sua atenção ao pênis. A investigação, como reforça Freud, não se limitava a uma pesquisa teórica, mas também ao desejo constante de tocá-lo e de se masturbar.

Às voltas com o que Freud denominou como sendo o grande acontecimento da vida do menino, a chegada de sua irmã, surge o primeiro relato de sonho em que Hans se encontrava com uma amiguinha das férias na casa de praia. O sonho, reconhecido pelo pai como uma realização do desejo de retornar para lá, foi sucedido pelo que o pai denominou como uma elaboração em fantasia das reminiscências vividas das férias na praia: Hans brinca com as amigas imaginariamente como se fossem suas filhas. Hans continua sua pesquisa teorizando sobre a universalidade do pênis e criando uma segunda brincadeira, em que faz de um armário um banheiro.

O início da fobia foi marcado pela presença de um sonho angustiante em que a mãe havia ido embora. Freud vai chamar atenção para os fatos que precedem os sintomas fóbicos, dando especial atenção à intensificação dos sentimentos ternos em relação à mãe e a suas tentativas de sedução quando pede para ela tocar em seu pênis. Para Freud, foi esse apego que se transformou em angústia ainda sem um objeto específico que pudesse representá-la. Hans dizia para a babá apenas que na rua sentia falta de sua mãe e não queria ficar longe dela. A angústia conectou-se a um objeto externo durante um passeio, quando Hans passa a ter medo de que um cavalo possa mordê-lo na rua.

Os elementos para a escolha do cavalo como objeto fóbico, segundo Freud, devem-se a duas questões: o apreço do menino por cavalos em função dos seus grandes "pipis" e à comparação com sua mãe, que, também sendo grande, deveria ter um grande pipi. Freud supõe nesse momento que o cavalo seria um substituto da mãe – hipótese que será posteriormente rechaçada.

De posse desses elementos, Freud propõe uma primeira interpretação ao pai. Pede que ele diga para Hans que os cavalos são bobagens e que na verdade o menino gostava muito de sua mãe e queria que ela o levasse para a sua cama. Além disso, Freud orienta o pai a esclarecer para o menino sobre o fato de que as mulheres não possuem pênis. Essas elaborações diminuíram temporariamente os sintomas que reapareceram durante um adoecimento. Apesar da afirmação do pai de que cavalos não mordem, o menino retoma uma conversa em que escutou do pai de uma amiga: "se você apontar o dedo para ele, ele morde" (Freud, 1909/1969). Diante dessa lembrança, o pai de Hans interpreta – parece-me que você não quer dizer um cavalo, mas um pipi, onde ninguém deve pôr a mão.

Em seguida, Hans constrói a fantasia de que em seu quarto havia uma girafa grande e outra amarrotada. Na cena, a girafa grande grita quando ele leva a amarrotada para longe e depois ele se senta em cima dela. A aglutinação desses elementos de hostilidade, autoridade, medo e culpa reforçou a convicção de que o cavalo seria um substituto do pai o qual o menino temia em razão da intensidade dos seus desejos incestuosos e dos sentimentos hostis que eram dirigidos ao pai e razão desse afeto. Nessa direção, em seu primeiro e único encontro com Hans, Freud, associando o preto ao redor da boca com o bigode do pai, interpreta que ele tinha medo do pai porque gostava muito da sua mãe e que acreditava que seu pai estava chateado com ele por isso, mas que não era verdade e não era preciso ter medo.

Hans conta ao pai que tinha medo especificamente dos cavalos que têm alguma coisa na boca, das carroças de mudanças e de ônibus, porque uma vez presenciou um cavalo cair do ônibus. Freud vai interpretar essa cena como um fator precipitante da fobia, ao ver o cavalo cair e supor sua morte. Hans percebeu um desejo de que seu pai caísse morto daquele mesmo modo. A interpretação soluciona a correspondência fóbica estabelecida entre medo de cavalo e medo-ódio do pai.

A consequência da interpretação freudiana produz de modo imediato a transformação da fobia em uma brincadeira de cavalo: o menino performa o trote, o relincho, coloca uma focinheira de mentira e morde o pai. Essa brincadeira que se desenvolve numa fantasia de desejo ao mesmo tempo representa uma identificação ao pai: agora ele era o cavalo. Como efeito dessa identificação e o desmonte da organização fóbica, Hans passa a desobedecer ao pai, na medida em que não precisa mais temê-lo.

O embaraço dos pais em esclarecer sobre a origem dos bebês foi a mola propulsora para outra importante brincadeira: Hans passa a brincar com uma boneca que chamou de Grete e enfia uma faquinha pela abertura em que ficava as pernas e as afasta para fazer a faquinha cair. Apontando entre as pernas da boneca, ele diz à babá: "olhe, aqui está o faz pipi" (Freud, 1909/1969).

Freud interpreta como sendo a tomada para si da direção da análise com um movimento ousado, pois os pais hesitaram em dar as explicações de que ele necessitava. Para Freud a brincadeira cumpriu a função de um ato sintomático, como se o menino dissesse: vejam, é assim que imagino um nascimento.

Hans passou a centrar seu interesse em torno do tema da excreção, que mantinha uma conexão simbólica com o assunto do cavalo: a carroça carregada expressava o corpo cheio de fezes, que, assim como sai do portão, sai do corpo e, na sua fantasia, sai também o bebê. O caso segue em torno da investigação minuciosa do pai estabelecendo essas relações. Em sua conversa com o pai, Hans afirma: ". . . tenho medo de carruagens-ônibus, de carroças de bagagem, mas só quando estão carregadas, não quando estão vazias. Quando é um cavalo e está todo carregado, aí tenho medo, e quando são dois cavalos e estão carregados, eu não tenho medo" (Freud, 1909/1969).

A conversa se desenrola associada ao enigma da origem dos bebês, estabelecendo uma relação simbólica entre carroça carregada e mamãe grávida, ao que Hans termina por dizer, fortemente induzido pelas perguntas do pai, que gostaria de se casar e ter filhos com a mãe.

Ao dormir, surge uma nova brincadeira, em que Hans diz ao pai que vai conversar toda a noite com Grete e seus filhos que estão na cama com ele. Agora Hans é a mãe, o pai e a carroça carregada e passa a brincar de carregar e descarregar caixas de bagagem, se interessando também na brincadeira com um veículo de brinquedo com essas caixas. O medo, como observa o pai, desaparece quase totalmente quando Hans encontra uma solução edípica também em brincadeira. Diz ao pai que antes era a mãe, agora é o pai. Ao ser interrogado sobre quem seria a mãe dessas crianças, Hans não vacila: a mamãe! A resolução edípica da brincadeira vem corroborar a hipótese freudiana de que o amor incestuoso é renunciado em nome da identificação:

> *De manhã eu fui ao banheiro com todos os meus filhos. Primeiro eu fiz* Lumpf *e depois pipi, e eles ficaram olhando. Depois coloquei eles no vaso e eles fizeram pipi e lumpf e eu limpei o traseiro deles com papel. Sabe por quê? Porque eu gosto muito de crianças, então quero fazer tudo para elas, levar ao banheiro, limpar o bumbum, tudo isso que se faz com as crianças. (1909/1969 p.86)*

A identificação ao pai surge novamente na fantasia em que Hans tem seu bumbum e pipi trocados por um bombeiro. A interpretação do pai vai no sentido de que o bombeiro havia dado ao menino um faz-pipi e bumbum maiores, como os do pai, ao que Hans retruca e um bigode e cabelos no peito também.

Freud vai examinar o caso em três direções: (1) do ponto de vista em que se sustentam as afirmações dos *Três ensaios...*, no que elas contribuem para a compreensão sobre a fobia; (2) como a neurose da infância, alguns esclarecimentos da vida psíquica infantil; e (3) crítica à educação das crianças.

Freud atribui aos pais de Hans a virtude de o menino poder fazer suas investigações com tranquilidade, sem noção dos conflitos que estavam sendo representados e pelo fato de poder comunicá-los abertamente. Nesse sentido, para Freud, a educação de Hans, um menino alegre e sincero na concepção dos pais, não havia sucumbido aos erros educacionais, como de costume. Na análise do caso, vai combater tanto a crítica a uma suposta anormalidade de Hans como ao uso da sugestão como método de intervenção realizado pelo pai. Em mais de uma defesa confessamente parcial de Hans, Freud o caracteriza como um menino fisicamente bem formado, alegre, amável e intelectualmente ativo.

O caso Hans ilustra a questão de uma formação simbólica muito particular e ambígua que ficará representada em torno da discussão nosográfica da fobia e seu pertencimento ou não ao campo das neuroses, ora como histeria de angústia, ora como neurose de angústia. É certo que o caso pode ser compreendido sob a perspectiva da questão fóbico-patológica, mas gostaríamos de insistir em um ponto de vista da constituição de um objeto fóbico como um modelo estrutural do pensamento. O objeto fóbico, neurose paradigmática da infância, é uma formação curiosa na medida em que ela rompe com o modelo de formação do símbolo tal como a psicanálise, até então, compreendia. Trata-se de um objeto-símbolo que é externo e interno ao mesmo tempo, guardando relações concretas com o psiquismo do menino, que se apresenta mediado pela percepção e diante do qual a angústia é disparada. Difere-se da figurabilidade imposta ao sonho pela sua natureza concreta e materialidade que emprestam forma à angústia, distorcendo de maneira singular o objeto e sua função.

Além disso, outra questão importante a ser desdobrada em relação à formação do objeto fóbico diz respeito à qualidade do afeto que fica transposto. Ao contrário da histeria, cujo afeto preponderante é o sexual, a fobia, aproximando-se mais da neurose obsessiva, relaciona-se aos afetos hostis representados por medo e ódio em um momento em que, para Freud, a pulsão de morte ainda não estava teoricamente colocada. Soma-se a essas particularidades o fato de que a fobia, diferentemente das classes nosológicas da neurose, manifesta-se quase que invariavelmente nas crianças, constituindo-se uma experiência estruturante do desenvolvimento emocional infantil.

A retomada do caso Hans sob a perspectiva do brincar tem por objetivo aproximar a especificidade da formação simbólica que ocorre na fobia e aquela que se constitui pelo brincar, na medida em que as duas situações implicam na relação entre o sujeito e o objeto. A apropriação simbólica de alguns elementos da realidade e a transformação afetiva que decorre dela, tal como um trabalho de sonho acordado, são alguns dos aspectos que possibilitam essa aproximação. Abordaremos essas questões sob esses dois aspectos que caminham juntos na construção do caso: a brincadeira em Hans e o processo de simbolização da fobia.

A brincadeira de um objeto só: ambivalência e constituição do objeto fóbico

A fobia havia sido abordada na década de 1990 de forma imprecisa, configurando-se ora como uma psiconeurose de defesa, como uma entidade clínica derivada da ação do recalque, ora ao lado das neuroses de angústia, como uma descarga direta que não havia sido submetida ao trabalho psíquico. "Psiconeuroses de defesa" (Freud, 1894/1969) e "Obsessões e fobias" (Freud, 1895a/1969) são dois importantes trabalhos que abordam essa discussão.

No primeiro deles, a fobia aparece descrita ao lado da histeria de conversão e da neurose obsessiva, como nosografias derivadas da ação do recalque que guardam em comum o deslocamento da soma de excitação para a inervação somática, no caso da histeria de conversão, para uma outra representação; já no caso da neurose obsessiva da fobia, desloca-se para um objeto externo.

A hipótese freudiana consiste em atribuir a todas as psiconeuroses a transposição do afeto e em descriminá-las a partir do seu destino somático ou representacional no campo das ideias e dos atos ou na forma de um objeto externo. Essa teoria, como ressalta o editor, estaria relacionada à etiologia sexual das neuroses condensando o surgimento das hipóteses fundamentais de Freud. A "pedra angular sobre a qual repousa toda a estrutura da psicanálise" (Freud, 1914/1969, p. X), a teoria do recalcamento e a ideia de defesa seriam pela primeira vez mencionadas pelo autor.

Já em "Obsessões e fobias" (1895a/1969), Freud estabelece uma nova distinção entre as fobias e as obsessões especificando, inicialmente, a diferença em torno da emoção, que seria sempre de angústia e medo no que se refere à fobia. Ele diferencia aqui dois grupos, conforme a natureza do objeto: (1) fobia comum – medo exagerado e coisas que todos detestam ou temem em alguma medida, tais como a noite, a solidão, a morte, as doenças, os perigos em geral, as cobras; (2) fobias contingentes, medo de condições especiais (por exemplo, a agorafobia) e as outras fobias de locomoção.

A imprecisão nosográfica surge quando Freud (1895a/1969) coloca a fobia ao lado das neuroses de angústia, cujo principal sintoma seria o estado emocional, sem a operação de um trabalho psíquico:

> *As fobias, portanto, fazem parte da neurose de angústia e são quase sempre acompanhadas por outros sintomas do mesmo grupo. Tanto quanto posso perceber, também a neurose de angústia tem uma origem sexual, mas não se prende a representações extraídas da vida sexual; para dizê-lo com propriedade, não tem qualquer mecanismo psíquico. (p. 85)*

Com isso, Freud subdivide o grupo das fobias entre as que ele denomina como traumáticas, que estão ligadas aos sintomas da histeria e estariam remetidas à sexualidade infantil, e aquelas que estariam ligadas à neurose de angústia.

O tema fora retomado apenas quinze anos depois com a análise do pequeno Hans, quando Freud a renomeou como histeria de angústia, e, posteriormente, em *Totem e tabu* (1912/2012) e *Inibição, sintoma e angústia* (1926/2014), quando, curiosamente, surgem duas outras menções diretas ao brincar que serão identificadas posteriormente neste trabalho.

Na análise do brincar em Hans, é interessante observar como estão indiscriminadas as expressões de sonho, fantasia e brincadeira, estando todas compreendidas dentro do paradigma do sonho: o sonho como realização de desejo. Dessa forma, os componentes do sonho estão presentes no trabalho de simbolização da fobia e, da mesma maneira, no trabalho do brincar, em que é possível observar todos os seus elementos: deslocamento, condensação, figurabilidade, e incluímos, como é próprio do trabalho do brincar, a materialidade e a disfuncionalização do objeto.

Partiremos para a análise das quatro cenas de brincadeiras que aparecem no relato como um esforço didático que visa demonstrar como a eleição do objeto fóbico e do brinquedo passam pelo mesmo gesto de simbolização, mantendo um equilíbrio entre a cura da fobia e a intensificação das brincadeiras, de modo que Hans se cura à medida que brinca e, inversamente, teme o cavalo quando não é possível brincar.

Como um Édipo encenado – representando o campo das preocupações e investigações do pequeno Hans em brincadeira –, o menino coloca imaginariamente as amigas mais velhas que ele na condição de filhas, e diz ao pai que, assim como a irmã, elas também haviam chegado pela cegonha, brincando de cuidar como a mãe se ocupa da irmãzinha. As amigas de Hans, figurando as filhas, o concebem no lugar do pai, que é o mesmo que ser marido da mãe.

Hans, sob o olhar aterrorizado da babá, faz cair uma faquinha do ventre da boneca como um bebê, burlando a censura e comunicando uma verdade que havia sido recusada pelos pais: bebês não chegam pela cegonha. Acordado, Hans vence a censura por vias que, embora se aproximem do trabalho do sonho, não são idênticas a ele e não cumprem a mesma função. Hans encena um carregamento de carros e estabelece uma investigação por meio da equivalência simbólica entre os conteúdos do interior do corpo da mãe e os objetos que o compõem: bebê ou excrementos.

Na sequência do relato, a interpretação da equação edipiana produz uma importante transformação afetiva quando Freud afirma que, ao ver o cavalo cair, Hans imaginou que seu pai também poderia morrer. Trata-se de uma intervenção que liquida o temor ao cavalo, e Hans passa agora a brincar de ser um deles: Hans relincha, trota e morde o pai como um cavalo. Poder ser o temido cavalo é restaurar a cadeia simbólica congelada pelo excesso de angústia convertida em fobia. O brincar, nessas condições, passa a ter uma função nele mesmo de instituir o campo da simbolização, promovendo uma outra forma e uso da relação de Hans com o objeto. Brincar, nesse caso, é tão relevante quanto o conteúdo que o anima porque promove, da fobia à brincadeira, uma reversão do afeto e abre o caminho para a cadeia associativa. Em sua aparição pré-figurativa, a ansiedade encontra na materialidade do objeto não só as condições para se representar como também para instituir algo da apresentação do objeto, fora do seu valor discursivo e referente, como uma relação concreta com o psiquismo que potencializa o processo de simbolização.

As brincadeiras relatadas em Hans permanecem diluídas entre as fantasias, sintomas e sonhos, sendo compreendidas pela matriz da interpretação dos sonhos, sem que se destaquem as especificidades dessa formação do inconsciente. Convém notar também que o que será formalizado em 1920, com a observação da brincadeira de Ernest, neto de Freud, já está presente em Hans: o brincar apresenta ativamente o que foi vivido passivamente, a criança passa a transformar as experiências em brincadeira.

Em linhas gerais, podemos observar também em Hans o fato de que, quando não é possível brincar, por um excesso de angústia, a formação do objeto fóbico cumpre uma função apaziguadora de continência para essa angústia que, muito embora traga restrições ao repertório de vida do menino, soluciona um problema que naquele momento não poderia ser resolvido de outra maneira. E, do mesmo modo, ao brincar, ele liquida o excesso de angústia pelo trabalho de representação. O brincar assume nesse sentido diversas funções na economia libidinal de Hans: função terapêutica, teorizante e de comunicação.

A função fóbica como estrutura originária do pensamento

O interesse pela fobia de Hans reaparece em um contexto diferente, relacionado aos textos da cultura ou psicologia dos povos, como era denominada essa área de interesse por Freud. Em *Totem e tabu* (1912/2012), em que Freud tenta compreender o significado original do totemismo a partir dos seus traços infantis e a partir do que reaparece no desenvolvimento das crianças, será retomado o caso Hans e algumas notas sobre a brincadeira em dois momentos diferentes dos quatro capítulos que compõem o ensaio.

O horror ao incesto é extensivamente trabalhado no primeiro dos ensaios a partir dos textos antropológicos como traço civilizatório permanente entre diferentes povos. Para Freud, do ponto de vista psicanalítico, esse elemento estrutural básico é o mesmo que está presente na vida psíquica individual do neurótico como o complexo nuclear da neurose:

> *A psicanálise nos ensinou que a primeira escolha amorosa do menino é incestuosa, concerne aos objetos proibidos, à mãe e à irmã, e também nos deu a conhecer as vias pelas quais ele se liberta, ao crescer, da atração do incesto. Já o neurótico representa para nós um quê de infantilismo psíquico, ele não conseguiu libertar-se das condições infantis da psicossexualidade ou reverteu a elas (inibição no desenvolvimento e regressão). (Freud, 1912/2012, p. 35)*

No segundo ensaio, "Tabu e a ambivalência dos sentimentos", Freud chama a atenção para o fato de que o tabu, "temor sagrado", não deriva de proibições morais ou religiosas, prescindindo de qualquer fundamentação que o justifique para aqueles que não estão sob o seu domínio. Trata-se de restrições a que se submetem determinados povos que, em sua maioria, interferem na capacidade de fruição, na liberdade de movimento e comunicação.

A partir dessas considerações, seguindo o propósito da metodologia freudiana do estudo da psicologia dos povos de reconhecimento da filogênese para a compreensão da ontogênese, Freud vai afirmar que a vida psíquica individual também é composta por formações como o tabu. Refere-se às proibições individuais dos neuróticos obsessivos que estão igualmente desprovidas de motivação e que, assim como o tabu, incidem sobre o medo do toque e, em um sentido mais amplo, o medo de entrar em contato como o *délire de toucher*.

A atitude ambivalente seria a marca principal da formação do tabu. Remete-se aos desejos de toque e ao contato com os próprios genitais da primeira infância como a mola propulsora do barramento de onde se formaria uma fixação psíquica e o permanente conflito entre proibição e satisfação pulsional. Freud ressalta o fato de que na raiz da proibição há, normalmente, um "impulso mau" ou "desejo de morte" em relação às pessoas amadas:

> *Este é reprimido mediante uma proibição e está ligada a uma determinada ação que representa a ação hostil contra a pessoa amada, mediante deslocamento; a execução desse ato é ameaçada com pena de morte. Mas o processo vai adiante, o desejo original de que a pessoa morra é substituído pelo medo de que morra. (Freud, 1912/2012, p. 118)*

Freud destaca dessa forma duas correntes afetivas que estariam na base do processo de proibição presente no tabu e na neurose obsessiva, uma que seria derivada das forças propriamente sexuais e outra que não deriva do seu significado sexual, mas de uma corrente ligada à hostilidade e agressividade que fica convertida em um comportamento cerimonioso e de medo. O totem ou o objeto fóbico guardam a singularidade do que Freud havia descoberto com os filólogos sobre a raiz das expressões de contradição, em que os pares de opostos eram apresentados em uma única palavra, "juntarseparar", por exemplo. A anulação da contradição por aglutinação é uma condição curiosa dessas formações que é correspondente ao totem e objeto fóbico. Ambos condensam o "medo-desejo", "amor-ódio".

O terceiro e o quarto ensaio abordam de maneira mais direta as questões que envolvem o caso Hans em articulação à brincadeira e à formação do objeto fóbico. Em "Animismo, magia e onipotência dos pensamentos", Freud vai aproximar as práticas de feitiço e magia como estratégias e técnicas que derivam do animismo e que estariam também nos marcos do desenvolvimento psíquico infantil.[9] O desejo ocupa um papel preponderante na compreensão das razões que impulsionam o uso da magia. Freud vai defender a ideia de que tudo que o homem primitivo realiza por meio mágico deve acontecer porque ele deseja. Referindo-se à criança, ele defende a hipótese de que, por se tratar de uma condição com capacidade motora reduzida, a criança satisfaz seus desejos de forma alucinatória, produzindo a satisfação por meio da excitação dos órgãos sensoriais (Freud, 1912/2012, p. 134).

Nesse sentido, ele vai comparar o desejo satisfeito à brincadeira das crianças como o lugar da técnica puramente sensorial e satisfação, ao que ele afirma:

> *Se a brincadeira e a representação imitativa bastam para a criança e o primitivo, isso não é sina de modéstia tal como a entendemos, ou de resignação graças ao reconhecimento de sua real importância, mas a compreensível consequência do preponderante valor de seu desejo, da vontade dele dependente e dos caminhos que ele tomou. (Freud, 1912/2012, p. 134)*

---

9 Freud (1912/2012) cita como procedimento mágico mais difundido para afetar o inimigo a atribuição de alguma imagem ao inimigo mesmo que ela não traga nenhuma correspondência real. A crença consiste em atribuir os efeitos dos castigos dados à imagem à pessoa real: referindo-se uma parte do corpo da imagem, a pessoa real ficaria doente no mesmo lugar (corrente hostil) (p. 127). Destacando outro tipo de magia que não guardaria qualquer semelhança real, mas apenas uma relação de contiguidade, Freud retoma a noção de Frazer de magia contagiosa.

A supervalorização dos atos psíquicos e a onipotência dos pensamentos em relação à realidade, expressas nas formas animistas de comunidade humana, serão algumas das chaves de leitura para sua influência na vida emocional do neurótico e seu embate com a realidade.

Para além da neurose obsessiva, na qual a onipotência dos pensamentos sobrevive em um comportamento quase supersticioso, Freud vai chamar a atenção para um âmbito em que essa onipotência foi conservada na cultura: o estado da arte. Segundo ele, "unicamente a arte sucede que um homem consumido por desejos realize algo semelhante à satisfação deles, e que essa atividade lúdica provoque – graças à ilusão artística – efeitos emocionais como se fosse algo real" (Freud, 1912/2012, p. 142).

A brincadeira pode ser reconhecida como remanescente do pensamento anímico, em que está presente a supervalorização dos atos psíquicos em detrimento da realidade. É interessante observar como Freud atribui ao brincar o mesmo lugar de importância que a arte como formas sobreviventes na cultura da onipotência dos pensamentos. No último dos ensaios, "Retorno ao totemismo na infância", Freud vai retomar algumas questões do caso Hans partindo da percepção irrefutável de que o totemismo constitui uma fase regular de todas as culturas e deve ser encontrado, por consequência, nas linhas gerais do desenvolvimento emocional infantil.

A eleição do animal totêmico diante do qual se deve temer, reverenciar, prantear em caso de morte, e de quem se espera ao mesmo tempo proteção dos membros do clã, é marcada pela experiência – descrita por Frazer e retomada por Freud – de um respeito supersticioso pautado na crença de que entre ele e a classe há uma relação íntima e especial. Segundo ele,

> *o vínculo entre o homem e o totem é mutuamente benéfico, o totem o protege e ele mostra sua consideração pelo totem de diversas maneiras . . . à diferença de um fetiche, um totem nunca é um indivíduo isolado, mas uma classe de animais ou de plantas, mais raramente uma classe de objetos naturais inanimados, muito raramente uma classe de objetos artificiais. (Freud, 1912/2012, p. 160)*

De posse desses elementos, Freud parte para a questão da zoofobia das crianças como uma das doenças neuróticas mais frequentes dessa idade. Apesar de reconhecer que as zoofobias infantis não tinham sido objeto de uma investigação psicanalítica cautelosa, e embora reticente quanto à generalização do sentido dessa enfermidade, Freud não se esquiva de afirmar que, quando se tratou do caso de meninos, o medo concernia ao pai, tendo sido apenas deslocado para o animal, reafirmando de maneira sintética algumas das teses centrais do caso Hans para esclarecer a questão do totemismo na infância:

> *O que aprendemos de novo na análise do pequeno Hans é o fato – valioso para o totemismo – de que em tais condições a criança desloca, do pai para o animal uma parte dos seus sentimentos. A análise mostra as vias de associação pelas quais se dá esse deslocamento, tanto as de conteúdo significativo como as causais e também permite perceber seus motivos. O ódio que vem da rivalidade pela mãe não é capaz de difundir-se sem entraves na psique do garoto, tem de lutar com o afeto e a admiração que sempre existiam pela mesma pessoa, o menino se acha em uma atitude emocional dúplice – ambivalente – perante o pai, e procura alívio,*

> *nesse conflito ambivalente, deslocando seus sentimentos hostis e angustiados para um sucedâneo do pai. Mas o deslocamento não pode solucionar o conflito de modo a criar uma pura separação entre os sentimentos ternos e hostis. O conflito prossegue no objeto do deslocamento, a ambivalência passa para este. É inegável que o pequeno Hans tem não apenas medo dos cavalos, mas também demonstra respeito e interesse por eles. Quando diminuiu seu medo, ele se identifica com o animal temido, dá pinotes como um cavalo e morde seu pai. (Freud, 1912/2012, p. 199)*

O retorno do totemismo na infância refere-se então às formas de fobias que estariam tão presentes no desenvolvimento emocional infantil como o terror noturno, conforme identifica Freud a partir do trabalho de M. Wullf.

Em *Totem e tabu*, a formação do objeto fóbico é compreendida como um processo quase invariável do desenvolvimento infantil. O caso Hans é apresentado como exemplar do que seria o retorno ao totemismo na infância em linhas gerais, o reconhecimento de que se trata de uma forma estrutural do desenvolvimento da criança e seu processo de formação de símbolos. A fobia passa a ocupar um lugar ambíguo na teoria freudiana, que a inscreve ora em uma formação patológica, ora em um processo de estruturação normal do desenvolvimento das crianças que toma a forma de um terror diurno.

Tanto a fobia como as obsessões seriam manifestações psíquicas que correspondem às experiências de lidar com o ódio e a agressividade que, no plano da história da civilização, era realizado pelo totemismo. Convém considerar, no entanto, como a fobia cria símbolos que ligam o mal-estar a um significante compartilhado, ao passo que as obsessões e ritualizações infantis são idiossincráticas.

A apresentação do caso Hans ao lado dos fenômenos da cultura, passando pelas considerações a respeito do lugar da arte e da brincadeira, reitera a hipótese de que a fobia, como trabalho psíquico de eleição de um objeto externo, passa a ser compreendida como um fenômeno universal de atribuição de sentido e estruturação psíquica, tal como o brincar e o processo de simbolização que dele decorre, diferenciando-se do brincar em função do afeto que fica deslocado – ódio e agressividade – e da saturação do processo de simbolização, como uma brincadeira de um objeto só.

Essa problemática tem efeito sobre o percurso e a extensão do conceito de projeção, que caminha lado a lado com as investigações sobre o objeto fóbico, como o mecanismo primitivo de expulsão do que é mau e identificação ao ego com o que é bom, movimento que marca, ao mesmo tempo, a diferenciação topográfica dentro e fora.

A ideia da projeção havia sido explorada no texto sobre "As novas psiconeuroses de defesa" (Freud, 1894/1969), articulada como um mecanismo primitivo específico da paranoia, ideia que aparece novamente no caso Schreber (Freud, 1911b/1969). Em *A psicopatologia da vida cotidiana* (1901/2015), ao colocá-la ao lado da superstição, da mitologia e do animismo, a projeção passa a ser pensada como um mecanismo normal.

No caso do animismo, segundo Laplanche e Pontalis (2001), a maior contribuição de Freud deve-se ao fato de que para ele as características que são atribuídas ao outro tem seu princípio e fim no desconhecido, em que os "demônios" e as "almas do outro mundo" (p. 376) encarnariam os maus desejos inconscientes.

O mecanismo de projeção, como uma inclinação do aparelho psíquico a tratar como provenientes do exterior as intensidades desagradáveis, seria o motor da constituição do objeto fóbico, diferenciando-se do seu uso na paranoia pelo fato de que, nessas condições, o afeto permanece inalterado – projeta o mau, reconhece fora o mau –, enquanto que, na fobia, projeta- se o ódio e a agressividade provenientes de uma frustração, e ela passa a ser reconhecida como medo.

A projeção em um sentido mais amplo passa a ter duas acepções que se articulam: a primeira em que se trata de um modo de desconhecer algo de si, e a segunda em que se trata de um mecanismo de expulsão daquilo que não se quer ser. Não querer conhecer e não querer ser seriam as duas razões que mobilizaram essa defesa do eu. Ressaltamos ainda como a projeção coloca em movimento a ideia de espaço, por se tratar de um deslocamento em direção à realidade e diante da qual precisa ser realizada a suposição de um recipiente que a contenha.

A cena fóbica, tal como Freud a compreende até aqui, é pensada como uma cena incestuosa em que a criança, no caso Hans, nada quer saber ou ser a respeito do seu próprio desejo e necessita que ele seja saturado, escondido em um objeto que o represente, às custas do congelamento do processo de simbolização e, por consequência, da própria brincadeira. A tragédia para o fóbico nesse caso está no fato de que seu desejo, que foi experimentado como uma representação intolerável, precisou ser escondido como um segredo, e pode, como nos relembra Phillips (1993/1996, p. 33), "ser reconhecido pelo terror, mas nunca compreendido".

Quando não se pode mais encenar o Édipo pela brincadeira, Hans esconde, como um segredo, a cena incestuosa no cavalo. Como quem esquece o lugar do próprio esconderijo, diante do cavalo, ele reconhece, pelo terror, que ali está depositado algo importante. Como um cidadão de Troia que, em plena luz do dia, vê escapar do cavalo um soldado, reconhece-o, mas não compreende.

O estudo da fobia e sua relação com o brincar abre a possibilidade de compreender a função fóbica em sua generalidade como um processo psíquico estrutural e, ao mesmo tempo, como uma entidade nosológica distinta das demais. Como vimos, o lugar e o modo de estruturação do recalcamento na fobia são incertos na obra freudiana. O elogio à fobia como uma estrutura originária do pensamento, a partir do uso da projeção, foi destacado por Birraux (1994) a partir da identificação de alguns aspectos positivos da função fóbica. Para a autora, os aspectos primitivos organizadores do eu-prazer e eu-realidade, tão caros ao funcionamento fóbico, possibilitam ao mesmo tempo o reconhecimento da alteridade. O elogio à fobia está em justamente promover, diante dos limites do recalcamento, uma funcionalidade projetiva. Ao lado do mal-estar que provoca, está a busca do sujeito para encontrar representações para a sua vida pulsional perigosa e ameaçadora e que, sem isso, só se expressa em ato e na destrutividade (Denis, 2006, p. 59). Esse otimismo em relação à função fóbica como uma tentativa de elaboração de um conflito interno, esforço em significar essa ameaça interna, testemunha, ao mesmo tempo, "um desejo de continuidade e existência que lhe escapa, no acesso aos recursos e as imagens que alimentam sua capacidade de pensar" (p. 59).

Denis (2006) alerta para o fato, entretanto, de que a fobia, apesar de ser um modo de manter o sentimento de continuidade, é precária e provisória, e ressalta ainda que os objetos em que ela investe são pouco favoráveis ao desenvolvimento do pensamento. Segundo o autor, rebatendo o elogio, o investimento fóbico faz suplência à precariedade do jogo representacional e ainda reforça o fato de que a atribuição de um objeto mau-fobogênico e outro bom (contrafóbico) reforça a dificuldade da elaboração dos sentimentos ambivalentes comuns nas relações interpessoais.

Ao nosso ver, as duas características estão presentes na função fóbica: a redução da capacidade de elaboração da ambivalência e da cadeia representacional na saturação da brincadeira de um objeto só e o esforço em inserir uma representação diante do conflito interno, que seria uma espécie de protopensamento, a caminho dos processos de simbolização favorecidos pelo suporte material do objeto.

O esclarecimento sexual das crianças: o conhecimento e a liberdade de pensar como critério de saúde na infância

Em *O esclarecimento sexual das crianças*, Freud (1907/2015) desdobra o que seria um dos destinos inevitáveis dos efeitos do tratamento de Hans e das teorias sobre a sexualidade infantil: a relação entre a sexualidade infantil e educação. O texto-resposta à carta de Dr. Fürst, médico reconhecidamente aberto às teorias freudianas, aparece primeiramente publicado na revista *Soziale Medizin und Hygiene* e marca definitivamente um lugar para a psicanálise no pensamento e na preocupação com a educação das crianças:

> *Pois o que se pretende ao recusar às crianças – ou aos jovens, digamos – tais esclarecimentos sobre a vida sexual humana? Teme-se despertar prematuramente o seu interesse por essas coisas, antes que surja nelas de forma espontânea? Espera-se, com esse ocultamento, reter o instinto sexual até o momento em que ele possa tomar apenas o caminho que lhe é aberto pela ordem social burguesa? . . . ou se pretende seriamente que depois venham a julgar tudo relativo ao sexo algo inferior e abominável, de que os pais e os educadores queriam*

> *mantê-los afastados tanto quanto possível? (Freud, 1907/2015, p. 315)*

Freud defende o esclarecimento aberto à sexualidade infantil a partir, em primeiro lugar, do reconhecimento da presença da sexualidade como condição primária da existência do bebê, em seu modelo ontológico, que pressupõe a necessidade de prazer como especificidade da natureza humana. Além disso, ele destaca a relação entre a curiosidade sexual e o desenvolvimento intelectual, que será um tema amplamente explorado por Melanie Klein. Parte em defesa de Hans como não sendo um garoto necessariamente sensual ou com qualquer disposição patológica e atribui à liberdade que os pais concedem à condição de pensamento do pequeno investigador a pacificação ausente de culpa que colore suas pesquisas.

A necessidade de saber que assume a forma de uma pulsão epistemofílica em Freud parte do enigma da chegada dos bebês e será reconhecida como uma condição necessária para o desenvolvimento ou a inibição intelectual da criança.

A novidade que se afirma, a partir do caso Hans, é a formalização da liberdade de pensamento como promoção da saúde e do desenvolvimento mental infantil – a mesma que já vinha sendo garantida às neuroses adultas desde a publicação dos *Estudos sobre a histeria* (Freud, 1895b/2016). Freud faz coincidir o conhecimento com a saúde mental, colocando-o, especialmente no caso da fobia, como método contrafóbico.

Freud vai identificar a o trabalho da interpretação como o método principal de acesso ao inconsciente, não importando se se tratava de um sonho, de um sintoma, uma brincadeira, um chiste ou um ato falho. Referendado pelo paradigma do sonho, ele atribui um sentido terapêutico único a todas as formações do inconsciente: tornar consciente o inconsciente e não conferir especial atenção diretamente ao brincar como método:

> *Não é o sucesso terapêutico que buscamos em primeiro lugar; queremos, isto sim, pôr o paciente em condição de apreender conscientemente seus desejos inconscientes. E obtemos isso apresentando à sua consciência, com nossas palavras, o complexo inconsciente, a partir dos indícios que ele nos traz e com a ajuda de nossa arte interpretativa. (Freud, 1909/1969, p. 255)*

Como efeito do tratamento psicanalítico em Hans, pautados pelo primeiro paradigma de cura do tratamento psicanalítico, torna-se consciente o que está inconsciente, a partir do método da interpretação do conteúdo recalcado que tem como efeito a garantia para a criança do direito à liberdade do pensamento e a autorização de suas percepções.

Freud admite que a criança, em função do seu desenvolvimento intelectual, requer uma ajuda particularmente intensiva e rebate o problema da sugestão alegando como Hans aplica as teorias sexuais infantis ao seu material sem que fosse estimulado a fazê-lo. Para Hans, a via para o tema do nascimento passa pelo complexo da excreção: como Freud não alertou o pai, as teorias de Hans tornaram-se um bom testemunho da autenticidade e autonomia do trabalho mental de Hans.

Em nota acrescentada em 1922, relata, com satisfação, a visita que recebeu do pequeno Hans, em que foi possível desmentir as previsões que surgiram na época da análise. Nos estudos biográficos que seguiram, soube-se que Hans (Herbert Graf) construiu uma brilhante carreira como cenografista de ópera, profissão que foi por ele mesmo inventada.

No artigo "En passant par Hans, la trajectoire de Herbert: panorama sur la phobie", Serge Bédère (2009) retoma o caso sob a perspectiva da biografia de Herbert e a partir dos escritos do seu pai, Max Graf. As considerações biográficas acentuam, ao final, o destino criativo exitoso de Hans no desenvolvimento de sua profissão. Ao contrário de se fixar em um sintoma a ser curado, Hans foi atravessado por uma notória atividade criativa ao longo da vida.[10]

O brincar entre a satisfação e o apoderamento no primeiro dualismo pulsional freudiano

Freud busca a origem da pulsão sexual em três vértices distintos: a partir da teoria do apoio, como uma imitação da satisfação proveniente de outros processos orgânicos, a partir da estimulação das zonas erógenas de troca e trânsito com o ambiente, e, por fim, como expressão de alguma pulsão cuja procedência ainda não é por ele reconhecida, a pulsão escópica e a crueldade.

A gênese do sadismo, embora apresente nos *Três ensaios sobre a teoria da sexualidade* (Freud, 1905/2016) um lugar incerto, é especulada a partir de um aparelho que dê conta de pensar o elemento primitivo que o constitui e que, num primeiro momento, não surge atrelado à sexualidade, mas a um componente ainda sensorial – ou, se quisermos, sensual, que ele vai denominar aparelho de apoderamento.

A noção de apoderamento em Freud surge pontualmente nos *Três ensaios...* (1905/2016), "O instinto e seus destinos" (1915/2010)

---

10 Segundo Roudinesco e Plon (1997), Herbert foi diretor titular da Metropolitan Opera de Nova York, realizou mais de sessenta produções em Verona, Milão, Veneza e Florença e assumiu a Ópera de Zurique e o Grande Théatre de Genebra, até a sua morte, em 1973.

e *O mal-estar na civilização* (1930/2010). A especificidade da pulsão de apoderamento aparece entre o sexual e o não sexual e, em nenhum caso, "como um polo de oposição sólido para fazer réplica ao sexual", como ressalta Denis (1997). A noção permanece conservada com lacunas e diluída entre as teorias entre a pulsão do eu e de autoconservação[11] no primeiro dualismo pulsional. Freud se ocupa especialmente do tema a partir da crueldade, como seu derivado principal, ao que ele afirma, com hesitações ao longo da obra, que se trata de uma fonte que é independente da sexualidade, mas que é suscetível de ligar-se a ela precocemente. Nesse sentido o conceito permanece ligado às funções corporais que independem das zonas erógenas e da sexualidade, cujos derivados principais são então: a crueldade, prazer de olhar e de mostrar.[12]

O "aparelho de apoderamento" é constituído pelo aparelho muscular da boca, o conjunto de execuções da mamada, o toque, a visão e, seguindo essa mesma lógica, a audição e a voz. A musculatura e a motricidade desempenham um papel preponderante nesse aparelho, uma vez que a atividade muscular está estritamente ligada à satisfação sexual. Nesta passagem dos *Três ensaios...* é possível

---

11 Denis (1997) chama a atenção para o fato de que talvez Freud tenha deixado de lado a noção de pulsão de domínio/dominação e todas as usa implicações no contexto da polêmica com Adler e Jung, evitando que a libido fosse relegada ao segundo plano ou abandonada (p. 13).

12 Ives Hendrick desenvolveu uma perspectiva de estudos da pulsão de apoderamento que, embora parta da premissa freudiana, se distingue dela. Para o autor a pulsão de apoderamento está ligada ao prazer de alcançar a execução de alguma função independente do seu valor sensual, que tem por objetivo a modificação ou o conhecimento de uma situação exterior. Trata-se de um controle progressivo que promove o desenvolvimento do eu e que deve ser praticado para ser adquirido. Hendrick trabalha ainda com a hipótese de que algumas compulsões posteriores são uma regressão à etapa normal em que a execução da função não havia sido ainda adquirida, a exemplo do que ocorre com a amamentação.

observar a especificidade do prazer obtido pelo apoderamento e seus efeitos sensoriais:

> *Ao menos para o ser humano algum uso do tato é indispensável para se atingir a meta sexual normal. E todos sabem que fonte de prazer, por um lado, e que afluxo de excitação nova, por outro, são produzidos pelas sensações de contato com a pele do objeto sexual. Portanto, a persistência no toque não poderá ser incluída entre as perversões, desde que o ato sexual prossiga. O mesmo se dirá da visão, que deriva do toque, em última instância. A impressão ótica continua sendo o caminho pelo qual a excitação libidinal é despertada com mais frequência, e a seleção natural conta com a viabilidade desse caminho – ao fazer objeto sexual se desenvolver no sentido da beleza. A ocultação do corpo, que cresce juntamente com a civilização, mantém desperta a curiosidade sexual, que busca completar para si o objeto sexual desvelando suas partes ocultas, mas que pode ser desviada para o âmbito artístico, quando se consegue retirar seu interesse dos genitais e dirigi-lo para a forma do corpo em seu conjunto. É natural que a maioria das pessoas normais se detenha, em alguma medida, na meta sexual intermediária do olhar sexualmente matizado; isso lhes dá, inclusive, a possibilidade de guiar certos montantes para metas artísticas elevadas. (Freud, 1905/2016, p. 50)*

A preocupação nesse caso, sempre reticente, gira em torno das fontes indiretas da excitação sexual, sua relação com a musculatura e a motricidade e, podemos complementar, seu efeito posterior sob as experiências estéticas. Em destaque estão ainda as "sacudidelas mecânicas ritmadas do corpo" como promotores da excitação sexual em razão das sensações de prazer que produzem e, o fato que ele acrescenta, do prazer experimentado nas brincadeiras de crianças de se balançarem, serem sacudidas, levantadas ao ar e pedirem sempre por repetição:

> *Como se sabe, o ato de embalar é normalmente empregado para fazer crianças inquietas adormecerem. As sacudidelas das carruagens e, depois, dos trens, produzem um efeito tão agradável nas crianças maiores que todos os meninos, em algum momento, desejam se tornar cocheiros e condutores. Eles costumam dedicar um interesse misterioso e de grande intensidade às coisas relacionadas aos trens, e na idade da fantasia (pouco antes da puberdade) fazem delas o núcleo do simbolismo refinadamente sexual. (Freud, 1905/2016, p. 171)*

Freud chama a atenção para o papel da sensorialidade como núcleo de um simbolismo, destacando um campo de existência psicossomática que seria pré-sexual e, ao mesmo tempo, sede da experiência refinadamente sexual. Vemos como a ressalva quanto ao uso indiscriminado de "satisfação" e "excitação sexual" não passa despercebida por Freud. Ao longo do nosso trabalho, chamaremos a atenção, apoiados no trabalho de Denis (1997), para a indistinção às vezes ocorrida também entre "satisfação e apoderamento" como os objetivos da pulsão.

Nos *Três ensaios sobre a teoria da sexualidade* (Freud, 1905/2016), o apoderamento configura-se como um lugar central do sadismo. Freud vai apontar as raízes normais do sadismo como um elemento da agressividade da sexualidade humana dedicada a "inclinar", "subjugar", "cuja existência estaria na necessidade de superar a resistência do objeto sexual por algum outro meio além de fazendo-lhe *a corte*", como um remanescente ontogenético dos "apetites canibalísticos".

Denis (1997), retomando a história genética do conceito de apoderamento em Freud, vai insistir no fato de que o aparelho de apoderamento, muito embora tenha sofrido reduções teóricas ao longo da obra, pode ser encontrado em um registro ainda mais amplo do que a sua assimilação ao sadismo. O argumento parte da análise do artigo "Formulações sobre o funcionamento do princípio mental" (Freud, 1911a/2010), em que, muito embora o termo não surja de maneira explícita, o texto trata das atividades que estariam relacionadas ao aparelho de apoderamento: "a importância dos órgãos de sentido que estão voltados para o exterior", "consciência que estão acopladas à eles", o reconhecimento das "qualidades sensoriais", com destaque à atenção, como função ativa, e à memória, como derivada da atividade periódica da consciência, e, por fim, o julgamento da realidade que vai decidir se uma representação é verdadeira ou falsa. Essas funções estariam em um polo oposto ao que Freud descreve como sendo uma atividade de pensamento que se encontra separada por clivagem, independente da prova de realidade e submetida ao princípio de prazer: a fantasia.

É certo que, em "Formulações sobre o funcionamento do princípio mental" (Freud, 1911a/2010), as atividades da consciência, da atenção e do pensamento ficam reduzidas, ao longo do texto, ao que será nomeado como as "pulsões do eu". Denis (1997) sublinha o fato de que a ideia de uma pulsão de apoderamento estaria contida nessa perspectiva da pulsão do eu e propõe um paralelo entre a pulsão sexual e a atividade fantasmática e a pulsão de apoderamento e a atividade da consciência. A ideia é que a pulsão de apoderamento possa ser reconhecida para além da sua relação com o sadismo, podendo se manifestar em outras funções que atendem às necessidades da "pulsão do eu".

Em *A disposição para a neurose obsessiva* (Freud, 1913/2010), a pulsão de apoderamento aparece relacionada à oposição das metas ativo-passivo, estando a passividade relacionada ao erotismo anal e a atividade devida à pulsão de apoderamento.[13] Essa pulsão cumpre "serviços auxiliares importantes", indicando seu papel fundamental na organização pré-genital da vida sexual. Freud estabelece, nesse momento, uma interessante articulação entre a pulsão epistemofílica e a pulsão de apoderamento, indicando como a necessidade de saber seria uma expressão sublimada e intelectualizada da pulsão de apoderamento (sua recusa, no caso da neurose obsessiva, aparece sobre forma de dúvida).

Em "O instinto e seus destinos" (1915/2010), ela está desenvolvida em relação à tese do sadomasoquismo, em que

> *o objetivo primeiro do sadismo é definido como humilhação e dominação do objeto por violência. Fazer sofrer não faz parte da meta imaginária; o objetivo de produzir a dor e a função com a sexualidade aparecem no retorno ao masoquismo; o sadismo no sentido erógeno do termo é efeito de um segundo retorno do masoquismo sobre o objeto. (Laplanche & Pontalis, 2001)*

Seguimos, junto com Denis (1997), a descrição de dois componentes complementares para a pulsão: o apoderamento e a satisfação:

---

13 Freud (1905/2016) nos diz: "a atividade é devida à pulsão de apoderamento em um sentido amplo, que nós denominamos precisamente sadismo quando nós a encontramos a serviço da pulsão sexual" (p. 10).

> *Quando Freud recoloca os objetos exteriores é para descrever o mecanismo da sua introjeção e sobretudo, na nossa perspectiva, para indicar que o mundo exterior se decompõe para o eu em uma parte de "prazer" que ele incorpora e um resto que lhe é estrangeiro. Nós consideramos junto a Freud uma parte do psiquismo elaborada em satisfação e uma outra, construída na relação com essa parte do mundo exterior, que é estrangeira ao que é introjetado, parte do psiquismo diretamente ligada ao funcionamento do aparelho de apoderamento. (Denis, 1997, p. 45)*

Ao que parece, decompor a meta da pulsão em apoderamento e satisfação reagrupa um conjunto de atividades cujos elementos constitutivos não estão apoiados diretamente na satisfação: o domínio, o sadismo, o desejo de ver, de saber.

Denis (1997) nos convida a pensar o apoderamento como componente da pulsão, em consideração aos meios de relação com o objeto, da sua percepção e seu domínio necessários para a realização dos objetivos sexuais da satisfação – olhar, pegar, se interessar. A esse componente duplo da pulsão, encontramos dois papéis para o objeto exterior que são estreitamente ligados ou simultâneos: o objeto será "objeto de apoderamento" e "objeto de satisfação".

Quando se trata do objeto da satisfação, o objeto externo impacta o mundo das representações. A satisfação de um objeto externo faz penetrar a imagem no mundo das representações: "O objeto externo tem um papel que alimenta o mundo das representações quando a satisfação impregna as trocas, ele é um dos fatores da remodelagem do objeto interno" (Denis, 1997, p. 54). No caso do apoderamento, a função é principalmente controlar o objeto exterior em uma relação que é de natureza essencialmente ativa, implicando uma ação, enquanto a satisfação, por sua vez, seria passiva.

Teríamos aí, em resumo, as relações: objeto de satisfação/passivo/rrepresentação e objeto de apoderamento/ativo/controle do objeto. A relação entre a satisfação e a dominação é complementar e podemos representá-la de um modo esquemático:

> *quando não ocorre a satisfação diante do aumento de excitação o apoderamento e o investimento dos seus elementos perceptivos e motores que são ligados a ele se exacerbam; o aumento da excitação exige um esforço redobrado do apoderamento . . . , o apoderamento não se descarrega e, ao contrário, suas condutas recebem um investimento cada vez mais violento. Nós propomos considerar que o sadismo é uma consequência desse montante de excitação no sistema de apoderamento que se aplica a um objeto que não satisfaz. (Denis, 1997, p. 121)*

Pensamos que o brincar encontra-se, em uma perspectiva metapsicológica, na fronteira entre o apoderamento e a satisfação, podendo corresponder simultaneamente às duas funções. Se ele está em um primeiro momento associado à experiência sensorial, estética, apoiado pela musculatura e psicomotricidade, pode, eventualmente, promover pela via do prazer uma relação de satisfação que abre espaço para o mundo das representações, remodelando as experiências com os objetos introjetados. Por outro lado, quando ele não encontra satisfação, as condutas de apoderamento (perceptivas e motoras) descarregam-se em ato, com ações cada vez mais violentas com a participação do sadismo.

Freud (1915/2010) presume que nós podemos até sustentar a ideia de que os protótipos da relação de ódio não provêm da vida sexual, mas da luta do eu pela sua conservação e sua afirmação. A ideia é que eles não são derivados da clivagem originária comum, mas têm origens diferentes e seguem cada um seu desenvolvimento próprio antes de se constituir como opostos sob a influência da relação prazer-desprazer.

A decomposição da pulsão em um componente de satisfação e outro de apoderamento pode assumir a forma embrionária de importantes questões que atravessam o brincar em Klein e Winnicott especificamente. No primeiro caso, em Melanie Klein, em um desenvolvimento teórico-clínico que privilegia o componente da satisfação pulsional e acentua a expressão do sadismo e, no segundo caso, em que observaremos um desenvolvimento teórico que privilegia os aspectos sensoriais complementares ao domínio do sexual e que dizem respeito ao apoderamento e as condições de afirmação do eu.

Em Freud, em seu primeiro dualismo pulsional, a destrutividade ficou associada ao sadismo, perdendo de vista seu lastro com o apoderamento antes do encontro com o sexual propriamente dito. Isso implica em uma concepção do brincar em que a ação de brincar é impregnada pelo sexual com vistas ao aumento da cadeia associativa, à simbolização. Na transição para o segundo dualismo pulsional a destrutividade assume o signo da morte, reafirmando sua origem não propriamente sexual. O brincar, por sua vez, reaparece ao lado do irrepresentável das neuroses de guerra e sonhos traumáticos, imbuído de destrutividade.

O brincar sob o signo da morte no segundo dualismo pulsional freudiano

Em 1920, com a publicação de *Além do princípio do prazer*, o brincar vai reaparecer como centro das especulações e observações empíricas de Freud, ao lado das neuroses de guerra e dos sonhos traumáticos. O texto de caráter genético posiciona o leitor como testemunha do nascimento do conceito a ser desvendado, a partir dessas múltiplas e diferentes entradas. Confere, pela própria forma aberta, inconclusiva e especulativa, um lugar incerto para o tema do ódio, da agressividade que ficou condensado sob o signo da pulsão de morte. Esse gesto criativo, especulativo e teórico marcou o que ficou conhecido como uma reviravolta da psicanálise dos anos 1920, em função da ampla reorganização que introduz e que será definida posteriormente em *Psicologia das massas e análise do eu* (1921/1969) e "O eu e o isso" (1923/2011).

O texto é introduzido pela revisão da formulação sobre o princípio do prazer que havia sido elaborado desde *A interpretação dos sonhos*. Tomando emprestado o princípio fechneriano da tendência à estabilidade, em que o aparelho psíquico se empenharia em conservar reduzidas as quantidades de excitação, o prazer será reconhecido como esse esforço de redução da excitação e o desprazer reconhecido como seu contrário, o aumento da excitação. Freud vai relativizar a dominação do princípio de prazer nos processos psíquicos, tomando como ponto de partida tanto a introdução do princípio de realidade como a possibilidade de adiamento do prazer, como também a ação do recalque, como a segunda fonte de desprazer. O desprazer do recalque estaria presente como resultado de um conflito psíquico cuja ideia intolerável não pode integrar-se ao eu, passando a ser, como é o caso da neurose, um prazer que não pode ser sentido como tal.

Freud, no entanto, atribui como sendo a maior fonte de desprazer aquela proveniente da percepção interna e externa, que passa a ser reconhecida como perigo. Parte, a título de exemplificação, para a neurose traumática como aquela determinada pelo fator da surpresa, do terror e do medo. Em seguida, analisa a produção onírica das neuroses de traumáticas que possuem, como elemento estrutural comum, o retorno em sonho à situação traumática – condição que coloca um problema à teoria dos sonhos como realização de desejo e que fora parcialmente resolvido em *A interpretação dos sonhos* (Freud, 1900/2019) como o desejo de punição, e agora parece tomar a frente das preocupações do autor, sob o signo do que ele denominou de tendências masoquistas do Eu.

O texto salta da sombria e obscura neurose traumática para a brincadeira das crianças. A famosa cena-brincadeira do *fort-da* surge aqui ao lado do que viriam a ser as mais disruptivas das experiências da vida: a guerra, o ódio, a agressividade. Dos egressos traumatizados da guerra para a sala da casa de sua filha Sophie, Freud observa Ernst, seu neto de 1 ano e meio, brincar repetidamente com um carretel, o que ele denominou ser o seu primeiro jogo de invenção própria, e que inaugura na história da psicanálise a observação de bebês:

> *O garoto não era precoce no desenvolvimento intelectual; com dezoito meses falava apenas algumas palavras incompreensíveis e dispunha também de vários sons significativos, entendidos pelas pessoas ao seu redor. Mas tinha um bom relacionamento com os pais e a única empregada, e recebia elogios por ser "comportado". . . . Esse bom menino tinha o hábito, ocasionalmente importuno, de jogar todos os pequenos objetos que alcançava para longe de si, a um canto do aposento, debaixo da cama etc., de modo que reunir os seus*

> *brinquedos não era coisa fácil. Ao fazer isso ele proferia, com expressão de interesse e satisfação, um forte e prolongado o-o-o-o, que, no julgamento da mãe e no desse observador, não era uma interjeição e significava "fort" [foi embora]. Afinal percebi que era um jogo e que o menino apenas usava todos os seus brinquedos para jogar, "ir embora". Um dia pude fazer a observação que confirmou minha opinião. Ele tinha um carretel de madeira, em que estava enrolado um cordão. Nunca lhe ocorria, por exemplo, puxá-lo atrás de si pelo chão, brincar de carro com ele; em vez disso, com habilidade lançava o carretel, seguro pelo cordão, para dentro do berço, através de seu cortinado, de modo que ele desaparecia, nisso falando o significativo o-o-o-o, e depois o puxava novamente para fora do berço, saudando o aparecimento dele com um alegre "da" [está aqui]. Então era essa a brincadeira completa, desparecimento e reaparição, de que geralmente via-se apenas o primeiro ato, que era repetido incansavelmente como um jogo em si, embora sem dúvida o prazer maior estivesse no segundo ato. (Freud, 1920/2010, p. 176)*

Freud atribui a transformação da cena vivida passivamente em atividade como uma das primeiras funções desse jogo. Em consequência, explora a ideia de que a elaboração das vivências impressionantes se manifesta como um modo primário que independe do princípio do prazer. Nessa direção, "Vê-se que as crianças repetem, brincando, o que lhes produziu uma forte impressão na vida, que nisso reagem e diminuem a intensidade da impressão e tornam-se, por assim dizer, donas da situação" (Freud, 1920/2010, p. 175).

Ele observa que o caráter desprazeroso da experiência não a incapacita para tornar-se brincadeira e atribui ainda uma função secundária ao brincar que está influenciada pelo desejo de ser um adulto e agir como ele. Retoma, embora sem referenciar, a tese defendida em "Personagens psicopáticos no teatro" (Freud, 1942/2016) de que ao espectador no teatro são dirigidas as mais dolorosas impressões, como na tragédia, e, no entanto, elas são por ele percebidas com satisfação.

Embora Freud ressalte aqui o prazer obtido em outra fonte, como objetivo final da recordação e da representação das experiências desprazerosas, permanece em aberto a hipótese mencionada de que a elaboração da experiência traumática, por meio da brincadeira, pode corresponder a uma razão que não está articulada ao princípio do prazer, ou seja, uma razão "primária e independente", que tem a ver com o estatuto próprio da experiência, seus limites e condições de representatividade.

Não é por acaso que a sequência da argumentação parte de uma consideração acerca dos limites da técnica psicanalítica tal qual ela vinha sendo formulada. A psicanálise era uma "arte da interpretação" cuja função terapêutica teve que ser complementada com a construção, por meio da própria lembrança do paciente. O analista centrava a ênfase nas resistências do paciente e "depois a arte consistiu em desvendá-las o mais rapidamente possível, mostrá-las ao paciente e, pela influência pessoal (eis o lugar da sugestão atuando como transferência), induzi-lo a abandonar as resistências" (Freud, 1920/2010, p. 176). Freud retoma a história da técnica psicanalítica como a história dos limites impostos por ela, demonstrando como o campo empírico do caso clínico tem soberania sobre ela.

O paradigma do sonho que lançava como objetivo do tratamento psicanalítico "tornar consciente o que era inconsciente" foi colocado em xeque diante da incapacidade do pacientede lembrar-se de tudo o que nele está recalcado. A repetição aparece no lugar daquilo que não pode ser lembrado. O desconhecido e a liberdade de pensamento que eram alvos do tratamento psicanalítico das neuroses passaram a ser complementados com a repetição, em ato, na cena transferencial. Nesse caminho, Freud consegue formular algo do fenômeno que se passa em *Além do princípio do prazer* (1920/2010), a compulsão à repetição, que contraria o princípio do prazer, uma vez que não está associada a nenhuma possibilidade de prazer.

O *fort-da* apresenta-nos um modelo em que a saída para a qualidade traumática está apoiada na capacidade do psiquismo de figurar e investir na representação do objeto, o investimento na representação como uma forma de satisfação alucinatória do desejo. Incluímos o investimento também na materialidade do objeto.

Nessa perspectiva, a verdadeira solução diante do desaparecimento do objeto se organiza em torno da capacidade do psiquismo de dar representação e, sobretudo, figurabilidade ao objeto. Em referência ao processo de representação do objeto, Botella e Botella (2007) vão chamar a atenção para as operações que estão em jogo durante o processo de representação do objeto. Trata-se, segundo os autores, ao mesmo tempo de um movimento de procura do objeto real e outro de retorno sobre si mesmo, portanto autoerótico. A representação do objeto ausente é formada pelas reflexões e projeções entre a percepção endopsíquica do eu-corpo erógeno e aquela do objeto externo proveniente dos órgãos do sentido. Por meio dessa brincadeira, a criança consegue controlar a ausência do objeto investido como também as consequência dessa ausência: o risco de esgotar as suas capacidade psíquicas para manter tanto a representação do objeto como de si mesmo (Botella & Botella, 2007, p. 57). Nesse sentido, na ausência da mãe a representação tanto da mãe quanto da criança se revelam em uma dupla negatividade.

Os autores concluem, dessa forma, que no processo formador da representação de objeto contabiliza-se também a ausência especular do próprio sujeito, estando a ligação entre sujeito e objeto sustentada pela negatividade da presença do objeto investido. A leitura freudiana do *fort-da* estabelece a relação entre o sujeito e o objeto e as condições em que o risco de perda do objeto infere no risco de perder a si mesmo, apontando a concomitância entre o reconhecimento do objeto e a experiência do eu. Freud vai lançar as bases do processo de simbolização a partir da experiência traumática da ausência do objeto em vista do equilíbrio da economia psíquica. Ele vai articular a repetição dos sonhos de guerra como uma tentativa de inscrever, ligar a soma de excitação da experiência traumática que não preparar o aparelho psíquico com um sinal de angústia, tendo em vista que se tratou de uma experiência de susto e surpresa. Consideram-se traumáticas as excitações que são fortes o suficiente para romper a proteção. A tarefa do aparelho psíquico que surge diante dessas inundações passa a ser a de "controlar o estímulo, de ligar psicologicamente as quantidades de estímulo que irromperam, para conduzi-las à eliminação" (Freud, 1920/2010, p. 192). A neurose traumática passa a ser concebida como uma ruptura da proteção contra estímulos, ao que ele afirma:

> *os sonhos dos neuróticos que sofreram acidentes fazem os doentes voltarem regularmente à situação do acidente, então eles não se acham a serviço da realização de desejos, cuja satisfação alucinatória tornou-se, sob o domínio do princípio do prazer, função dos sonhos . . . A função do sonho traumático seria lidar retrospectivamente com o estímulo, mediante o desenvolvimento da angústia, cuja omissão seria a causa da neurose. (Freud, 1920/2010, p. 196)*

A reviravolta é anunciada no parágrafo que segue:

> *os sonhos dos neuróticos traumatizados já não se incluem na perspectiva da realização de desejo, nem os sonhos, ocorrentes nas psicanálises, que nos trazem à memória os traumas psíquicos da infância. Eles obedecem antes à compulsão a repetição, que na análise, de fato, é favorecida pelo desejo (encorajado pela sugestão) de evocar o que foi esquecido e reprimido. (Freud, 1920/2010, p. 196)*

Freud passa a se ocupar do "interesse do ligamento psíquico de impressões traumáticas" cuja impossibilidade provocaria um mal-estar análogo ao das neuroses traumáticas. Descreve as manifestações da compulsão à repetição nas primeiras atividades da vida psíquica infantil, nas análises, e retoma novamente o brincar:

> *No caso do jogo infantil, acreditamos perceber que a criança também repete a vivência desprazerosa porque sua atividade lhe permite lidar com a forte impressão de maneira mais completa do que se apenas a sofresse passivamente. Cada nova repetição parece melhorar o controle que ela busca ter sobre a impressão, e nas vivências prazerosas a criança não é saciada pelas repetições, insistindo implacavelmente para que a impressão seja igual. (Freud, 1920/2010, p. 200)*

Convém observar como não há referência aos significantes da brincadeira ou às fantasias que podem estar subjacentes a ela. O brincar surge no texto com uma acepção estruturante, como uma modalidade de digestão das experiências de grande intensidade. Resta interrogar, no entanto, a qual tipo de brincar Freud se refere aqui e se, de fato, o autor se distancia da brincadeira dos "Escritores criativos e devaneios" (Freud, 1908b), em que atribui ao brincar a função de se contrapor ao que é real. Ou, caso contrário, estaria se referindo, especificamente, ao brincar que surge de uma experiência que comporta, por excesso de intensidade, a impossibilidade de ser representada. De todo modo, trata-se de um novo campo de investigações que surge a partir de 1920 em que o trabalho que incide em torno do recalcado e as formações do inconsciente já não são mais suficientes para responder aos novos problemas clínicos da época.

O *fort-da*, a nosso ver, é uma ação que institui e abre as vias para o processo de simbolização, não estando necessariamente referido ao efeito do desaparecimento da mãe, à negatividade então do objeto, mas justamente às condições que a presença sensível da mãe instaurou para que sua ausência pudesse vir a ser suportada com o apoio dessa produção de sentido na materialidade do objeto.

A bem dizer, podemos reconhecer desde *A interpretação dos sonhos* a dificuldade que as questões do ódio e da agressividade colocavam para o pensamento freudiano, e queficavam sob a sombra da sexualidade, tema que ocupa toda a preocupação da primeira década. Os problemas do sadismo, do masoquismo, da auto e da heteroagressividade ficarão sintetizados em torno da postulação do conceito de pulsão de morte tal como ele apresenta na sexta parte de *Além do princípio do prazer*:

> *Observações clínicas nos levaram, naquela época, à concepção de que o instinto parcial complementar ao sadismo, o masoquismo, deve ser entendido como uma reversão do sadismo para o próprio Eu. . . . o masoquismo, a volta do instinto ao próprio eu, seria então na realidade, um retorno a uma fase anterior dele*

> *mesmo, uma regressão. Em um ponto a descrição que ali se fez do masoquismo necessitaria de correção, por ser demasiado exclusiva; o masoquismo também pode ser primário, algo que ali pretendi contestar. (Freud, 1920/2010, p. 226)*

A pulsão de morte frequentemente referida ao irrepresentável articula-se de uma maneira especial ao problema do limite da simbolização e da representatividade em que a ação de brincar, por meio do uso da mediação dos brinquedos, assume uma grande importância, estando aquém da mediação da situação analítica pela fala. Para além do conteúdo veiculado, dos significantes que norteiam essa ação, o brincar começa a ser compreendido também como a possibilidade de apropriação de determinadas experiências, realçando uma preocupação com a forma do brincar e sua finalidade em si mesmo.

Veremos dois desdobramentos nos capítulos a seguir sobre a relação entre a pulsão de morte e o brincar. Em Klein, com o reconhecimento do sadismo na gênese do psiquismo e na estrutura do brincar. Em Winnicott, que transfere o irrepresentável para as condições de ilusão da mãe suficientemente boa, em uma relação em que as falhas ambientais na condição de dependência produzem a compulsão à repetição.

2. O brincar em Klein: da educação psicanalítica à psicanálise com crianças

As crianças são insolentes e alheias ao mundo (...), a proposta feita por Mynona no ato de 1916 é hoje mais atual do que nunca: "Se as crianças devem tornar-se um dia sujeitos complexos, então não se pode esconder delas nada que seja humano. A sua inocência já providencia espontaneamente todas as restrições, e mais tarde, quando estas começarem a ampliar-se aos poucos, o elemento novo encontrará personalidades já preparadas. Que os pequeninos riam de tudo, até dos reversos da vida, isso é precisamente a magnífica expansão de uma alegria radiante sobre todas as coisas, mesmo sobre as zonas mais indignamente sombrias e, por isso, tão tristes. Pequenos atentados terroristas maravilhosamente executados, com príncipes que se despedaçam mas que voltam a se

> *recompor; incêndios que irrompem automaticamente em grandes magazines, arrombamentos e assaltos. Bonecas-vítimas que podem ser assassinadas das mais diversas formas e seus correspondentes assassinos com todos os respectivos instrumentos; guilhotina; e forca: pelo menos os meus pequenos não querem mais prescindir de nada disso". Coisas do tipo não se encontram evidentemente na exposição. Mas há algo que não pode ser esquecido: jamais são os adultos que executam a correção mais eficaz dos brinquedos – sejam eles pedagogos, fabricantes ou literatos –, mas as crianças mesmas, no próprio ato de brincar. Uma vez extraviada, quebrada e consertada, mesmo a boneca mais principesca transforma-se numa eficiente camarada proletária na comuna lúdica das crianças.*
>
> Walter Benjamin (1928/2002, p. 87)

Klein: entre Ferenczi e Abraham

A técnica do brincar foi o grande passo clínico, teórico e metodológico de Melanie Klein em direção à psicanálise com crianças. Embora tenha sido leitora de Hug Hellmuth e a tenha encontrado mais tarde pessoalmente, nenhuma analista até agora havia feito da brincadeira a condição de possibilidade para a análise de crianças, fundamentada pelo reconhecimento da exigência freudiana da presença do inconsciente e dos desdobramentos do mundo interno em uma relação transferencial.

Veremos como, para ela, à medida em que o esclarecimento sexual vai acontecendo, a brincadeira passa a ser central no caso e reconhecida como um sinal de saúde ou doença, de inibição ou desenvolvimento emocional. Para Klein, o brincar aparece, em um primeiro momento, como um fenômeno periférico complementar às fantasias, sonhos e narrativas fantásticas e depois passa a ocupar um lugar central, como a técnica por excelência do atendimento de crianças. Essa postura vai lhe render um lugar controverso na sua inserção na sociedade psicanalítica em função dos desdobramentos teóricos que a nova técnica impõe à psicanálise.

A pesquisa sobre a criança, desde Freud, já havia sido objeto de escândalo na ocasião do reconhecimento da sexualidade infantil. Um novo golpe será dado à criança, na forma como é concebida pelo adulto à época, quando Melanie Klein chama a atenção para os aspectos sádicos e agressivos que compõem a dinâmica psíquica infantil, em sintonia permanente com o que será desenvolvido na segunda tópica freudiana acerca da pulsão de morte. Geissmann e Geissman (1992) acrescentam que Klein toca em um tabu da espécie humana ao afrontar a inocência infantil e apresentar um bebê muito diferente de como estava acostumado a ser visto, a partir da significação amorosa dos seus gestos, mas um bebê cujo universo interior é animado por um movimento sádico ligado à projeção da pulsão de morte. Essa seria, ao nosso ver, uma das consequências diretas da técnica do brincar: o reconhecimento do ódio e seus representantes no mundo interno da criança, a agressividade e a destrutividade. Veremos como os conteúdos sádicos ganham todo relevo na análise de crianças e só conseguem ser expressos a partir da brincadeira. O ódio que em Hans fica pressuposto como o afeto deslocado, por excelência, na fobia, em Klein toma a forma de uma cena de brincadeira, permitindo um primeiro processamento psíquico das experiências, que é realizado a partir da transformação da experiência passiva em ativa, sem alterar o afeto. É interessante notar como o conteúdo sádico ocupa o mesmo lugar de importância na brincadeira e nas narrativas fantásticas da criança que o conteúdo sexual a ser interpretado e esclarecido pela mãe. A nosso ver, de Hans a Fritz – o primeiro caso clínico publicado por ela –, o elemento que ficou encoberto pela técnica freudiana de transposição da análise do adulto para a criança é justamente o ódio, a destrutividade que encontra no brincar um espaço possível para ser pensado.

A técnica do brincar permitiu para a criança a elaboração e a integração dos seus conflitos a partir do trabalho do brincar que, tal como o sonho, os chistes e o ato falho, inscreve a lógica da experiência inconsciente num fenômeno da normalidade. A fobia havia representado, como uma psicopatologia paradigmática da neurose infantil, a possibilidade de tratar dos conteúdos da sexualidade e outras coisas difíceis. O brincar, como um fenômeno da normalidade, passa a cumprir a mesma função de modo que, a partir da teoria kleiniana, constitui-se como o modelo por excelência da elaboração e integração das experiências sexuais e destrutivas. É importante destacar ainda, tendo em vista que a teoria kleiniana foi elaborada basicamente a partir da segunda tópica freudiana, como a destrutividade passa a ser tratada com cada vez mais autonomia em relação à sexualidade.

No entanto, do ponto de vista da autora, sua técnica não se diferencia em nada daquela desenvolvida por Freud para se ocupar dos sonhos e segue a mesma lógica que rege a associação livre. É o que expressa em correspondência a Jean e Françoise Boulanger em 1952, na ocasião da tradução francesa de *A psicanálise da criança*:

> *É importante para mim mostrar que existe uma analogia entre os elementos do sonho (Freud) e aqueles do brincar, quer dizer, entre algumas partes do sonho*

> *e do brincar que são levadas em consideração. De modo que, analisando as associações que se separam dos elementos do sonho, revela-se o conteúdo latente, analisando os detalhes da brincadeira da criança que equivalem a das associações, revela-se o conteúdo latente dos elementos da brincadeira. (Geissmann & Geismann, 1992, p. 152)*

Klein não parece reconhecer, em um primeiro momento, o caráter original e as consequências teóricas inovadoras das suas próprias descobertas. Em grande parte, esse fato se deve à delicada posição da autora, recém-admitida na sociedade de psicanálise, sem formação universitária, que se propõe a explorar radicalmente a potência da psicanálise na clínica com crianças. Somam-se a isso dois fatores contemporâneos que dizem respeito a Hug Hellmuth e Anna Freud, como veremos de forma sucinta.

O campo da psicanálise com crianças já havia sido explorado por Hug Hellmuth e sofrera um silenciamento sintomático diante da tragédia que marcou a experiência pioneira de análise desta com o sobrinho, culminando em sua própria morte.

Considerada a "discípula mais obstinada de Freud" e assídua às sessões da Sociedade Psicanalítica de Viena, Hug Hellmuth foi eleita pelo pai da psicanálise para ser sua representante na clínica com crianças, em razão de sua fidelidade e ortodoxia absoluta (Geissmann & Geissmann, 2004). Hug Hellmuth, em 1912, realiza sua primeira publicação psicanalítica com o artigo "A análise do sonho de uma criança de cinco anos e meio". A partir do relato do sonho do sobrinho, ela analisa suas circunstâncias, os acontecimentos da véspera, as associações e as questões que ele faz a respeito dos fragmentos do sonho. Em nenhum momento ela propõe a interpretação à criança. Ela observa como o sonho confirma as teorias freudianas do sonho como alucinação de realização de desejo. Além desse artigo, publica dois outros sobre casos de lapsos e sobre a investigação do momento em que as crianças deixam de acreditar na reversibilidade da morte. Publica ainda, em 1913, *A vida psíquica da criança: um estudo psicanalítico*, obra que se pretende uma ilustração das ideias de Freud sobre a sexualidade infantil, a partir de múltiplos casos clínicos. Além disso, aborda temas já bem conhecidos como os sentimentos edipianos, a angústia de castração, os problemas de masturbação e de culpabilidade, e temas menos conhecidos, como o sentido muscular em crianças de menos de 1 ano, o movimento do feto no interior do corpo da mãe, o erotismo muscular e cutâneo como a forma primitiva das sensações sexuais e a questão do odor na vida amorosa (Geissmann & Geissmann, 2004).

Hug Hellmuth insiste sobre o papel do brincar na vida da criança e como o progresso da vida emocional está articulado aos processos pulsionais e os recalcamentos, construindo uma via para a psicanálise da criança baseada no reconhecimento da sexualidade infantil.

Em 1914, no artigo "A psicanálise da criança e a pedagogia" (Geissmann & Geismann, 1992), a autora enfrenta a controvérsia entre a psicanálise e a educação. Segundo ela, não se trata de uma psicanálise aplicada à educação, e tampouco de uma pedagogia curativa, mas de uma psicanálise que leva em consideração as necessidades educativas.

Será em 1920, em "A propósito da psicanálise com crianças" (Geissmann & Geismann, 1992), que a autora vai discutir a introdução do brincar como ação simbólica no lugar da comunicação verbal. O artigo contém o germe da estrutura do que virá a ser a psicanálise com crianças – o enquadre, o processo, a transferência, a interpretação, a questão dos pais – e, convém destacar, foi escrito no mesmo ano de *Além do princípio do prazer*, em que Freud aborda o brincar a partir do *fort-da*.

Anna Freud, contemporaneamente, a partir de 1920, vai trabalhar com as aplicações da psicanálise à criança no domínio da sua educação e observação. Diferenciando-se de imediato de Melanie Klein, para quem a psicanálise visaria, ao contrário, uma cura psicanalítica para crianças.

Anna Freud vai tentar uma educação psicanalítica, com o objetivo de prevenir a neurose das crianças a partir das curas analíticas dos adultos. A impossibilidade da criança de fazer transferência para ela era uma barreira intransponível da aplicação da psicanálise às crianças. Desse modo, o brincar é utilizado como observação, mas não como técnica.

A modesta aparição de Hug Hellmuth na obra de Melanie Klein e a famosa controvérsia com a filha de Freud posicionaram Melanie Klein singularmente na história da psicanálise de crianças e, algumas vezes, com um pioneirismo que é equivocado em relação ao campo. Se, por um lado, ela não se filia à tradição da pioneira Hug Hellmuth – ou não reconhece sua identificação –, por outro lado, sustenta uma fidelidade obstinada a Freud, em conflito radical e constante com as ideias de sua filha. A grande contribuição da tradição, para além do próprio Freud, foi herdada por dois outros homens, Sándor Ferenczi e Karl Abraham, com os quais ela fez sua análise e supervisão.

Entre muitos aspectos dessa herança, gostaríamos de destacar dois em especial, que atuam diretamente na teorização kleiniana de um modo geral e na técnica do brincar de um modo específico: a teoria da simbolização de Ferenczi e a investigação[22] das fantasias pré-genitais em Abraham.

Sándor Ferenczi e os precursores da teoria do simbolismo kleiniana

Melanie Klein foi analisada por Ferenczi, em Budapeste, durante a Primeira Guerra Mundial, vindo a exercer a psicanálise somente na Alemanha ao lado de Abraham.

O interesse de Ferenczi pelo atendimento de crianças ficou registrado na publicação do artigo "Um pequeno homem galo" (Ferenczi, 2011), sobre uma criança de 5 anos que desenvolveu bruscamente um forte interesse estereotipado por galinheiros. Arpad, como ficou conhecido, era uma criança que, "ao amanhecer, corria para juntos das árvores,contemplava-as com infatigável interesse e imitava seus cacarejos e posturas, chorando e gritando quando era forçado a afastar-se do pátio" e, mesmo longe do pátio, cacarejava, só respondendo perguntas dessa maneira. O menininho ansiava excitadamente por assistir a degola dos frangos em sua casa, sendo capaz de ficar dançando por horas em volta do cadáver dos animais, como se estivesse em êxtase. Os pais de Arpad relataram um incidente com um galo, aos 2 anos e meio, em que Arpad relata que um galo tentou dar bicadas no seu pênis.

O caso de Arpad foi retomado por Freud (1912/2012) em *Totem e tabu* para o estudo, a partir da questão da ambivalência, do totemismo na infância e do pensamento dos obsessivos. O caso foi relatado a Ferenczi "por uma ex-analisanda que participava das investigações psicanalíticas" e que mantinha muita proximidade com a família da criança. A possibilidade de que essa analisanda seja Melanie Klein fica descartada se considerarmos a data da publicação do artigo, 1913, e a data provável do início da análise de Melanie Klein com Ferenczi. No entanto, a fantasia de que tenha sido ela a observadora do caso se fortalece quando nos deparamos com os conteúdos escancaradamente sádicos da criança em um funcionamento em que, segundo Ferenczi,

> *o trabalho de recalcamento ainda não foi capaz de dissimular por completo a significação real dessas extravagâncias; o fenômeno primitivo, o recalcado, ainda transparece em seu discurso, e apresenta-se por vezes, até mesmo abertamente, com uma franqueza e uma brutalidade espantosas. (Ferenczi, 2011, p. 74)*

O encontro com o menino aconteceu em seu consultório, não tendo sido revelado "nada de surpreendente ou anormal". Ferenczi nos conta que o menino logo se interessou por um "galo-do-mato de bronze" que se encontrava entre seus bibelôs, pedindo rapidamente: "me dá?" Ferenczi lhe oferece papel e lápis e não se espanta ao ver o menino desenhar um galo. Puxa o assunto do incidente com o galo, mas o menino se cansa e volta logo para os seus brinquedos. Se a falta de interesse do então jovem analista pela brincadeira e pelos brinquedos da criança chama a atenção, a oferta de que ele lhe faça um desenho nos salta aos olhos. O recurso ao material gráfico como técnica de atendimento à criança parece ter encontrado a sua primeira utilização em psicanálise no gabinete do Dr. Ferenczi. O uso dos brinquedos, no entanto, para a compreensão clínica, teve que aguardar ainda alguns anos para ser descoberto. Além disso, a perversidade psicótica de Arpad, que apresenta os sintomas sádicos, bordejados pela ambivalência, no limite do recalcamento, se não foi diretamente observada por Melanie Klein, rendeu-lhe muitos frutos, como veremos no desenvolvimento da sua teoria do brincar em relação direta com as investigações sobre o sadismo.

A teoria ferencziana e a clínica de Melanie Klein aparecem, no entanto, mais diretamente relacionadas na forma como o simbolismo vem a ser compreendido, tomando emprestado, é claro, a teoria de base freudiana fundada na interpretação dos sonhos.

A especificidade da teoria da formação dos símbolos em Ferenczi está em ressaltar a natureza afetiva da condição dessa formação e a relação com as experiências corporais. Para ele, é o interesse afetivo pelos objetos externos que em equiparação ao corpo se tornarão posteriormente símbolos do corpo e suas partes. A condição afetiva é o que define e produz o símbolo na concepção psicanalítica:

> *Só podemos considerar símbolos, no sentido psicanalítico do termo, as coisas (representações) que chegam à consciência com um investimento afetivo que a lógica não explica nem justifica, e cuja análise permite estabelecer que elas devem essa sobrecarga afetiva a uma identificação inconsciente com uma outra coisa, a qual pertence, efetivamente, a esse suplemento afetivo. Por conseguinte, nem toda comparação é um símbolo, mas unicamente aquela da qual um dos termos está recalcado no inconsciente. . . . A experiência psicanalítica ensina-nos, de fato, que a principal condição para que surja um verdadeiro símbolo não é de natureza intelectual, mas afetiva . . . (Ferenczi, 2011, p. 116)*

O interesse afetivo é o que faz a criança deslocar do corpo erógeno, onde consegue a satisfação das pulsões, para o mundo externo. Esse deslocamento só é possível, no entanto, na medida em que ela reconhece nas coisas e nos processos do mundo a semelhança com as experiências corporais infantis. As relações simbólicas passam a ser definidas por ele como sendo "essas relações profundas, persistentes entre o corpo humano e o mundo dos objetos" em um estágio em que as crianças só veem no mundo aquilo que reproduz a sua corporalidade e "aprende a figurar por meio do seu corpo toda a diversidade do mundo externo" (Ferenczi, 2011, p. 117).

A "sexualização do universo" é o modo a partir do qual a criança compreende o mundo desde o seu corpo erógeno com objetos análogos ao corpo: água-cuspe-urina, massinha-cocô, abertura-ânus-boca. Ferenczi postula, inclusive, uma equivalência entre as partes inferiores do corpo, dotadas de prazer, e as partes superiores: o pênis e os dentes, o ânus e a boca. A produção de um verdadeiro símbolo, no sentido estritamente psicanalítico, não acontece a partir de uma simples analogia, mas no fato de que, pela cultura, parte do prazer experimentado nessas zonas do corpo está sob o domínio do recalque e, portanto, indisponível à consciência. Seu valor afetivo, no entanto, permanece inalterado, apenas deslocado para os objetos do mundo, e constitui-se como fator decisivo na construção do símbolo, diferenciando-se do que acontece em outras formas de substituição que aparecem na condensação.

Ferenczi (2011) estende a noção de Freud que se aplicava à gênese do sintoma histérico e a converte em um princípio para compreender a gênese do símbolo. Na medida em que Freud considera o simbolismo como um modo de expressão arcaico, alguns autores o haviam ligado a um déficit da capacidade de discriminação do homem primitivo ou das crianças pequenas: o simbolismo seria assim uma confusão pura e simples entre objetos que apresentam uma similitude. Ferenczi não rejeita integralmente tal concepção, mas insiste em sua insuficiência: além dessa condição negativa, a formação do símbolo requer uma condição positiva que é de natureza afetiva. Enquanto não houver um interesse afetivo por objetos externos que se tornarão os símbolos do corpo e das partes do corpo, a criança não os percebe, nem os pensa (Petot, 1979, p. 60).

A ideia é de que o fundamento da comparação deve ser procurado na equivalência do valor do prazer dos termos comparados. Ferenczi (2011) identifica a gênese da onipotência como o estado do desenvolvimento humano que se refere à vida que se passa no corpo da mãe e que lhe é, de certa forma, garantida pelos cuidados maternos no início da vida pós-parto, quando todos os seus desejos e necessidades de proteção, alimento e calor são atendidos em prontidão e nenhum esforço lhe é exigido, dando continuidade à sua existência onipotente. A esse período de *onipotência incondicional*, esse processo não é, portanto, ilusório (Ferenczi, 2011). A condição do recém-nascido instaura o que o autor denomina de *período da onipotência alucinatória mágica*, caracterizado pelo reeinvestimeno alucinatório da satisfação perdida, que está referida à existência tranquila no calor e placidez do corpo materno. Esse investimento no que deseja de modo alucinatório se dá pela via da representação, sem que, de fato, nada se modifique no plano da realidade. A alucinação da experiência de satisfação faz com que a criança, do ponto de vista subjetivo, perceba-se com atributos mágicos realizadores dos seus desejos, sem ainda reconhecer o princípio de realidade: a presença dos cuidados ambientais maternos. O estágio de alucinação é caracterizado pela presença de descargas motoras que têm a função, na lógica dos acontecimentos mágicos, de produzir seu efeito de satisfação. Com o desenvolvimento e a complexificação do desejo, estas manifestações deixam de cumprir o seu papel e a criança passa a emitir sinais cada vez mais específicos: imitação com a boca dos movimentos de sucção, a modulação da voz, a extensão do braço em direção aos objetos. Esse estágio de *onipotência com a ajuda de gestos mágicos* sobrevive ainda na vida adulta como gestos supersticiosos e são eficazes na vida infantil só até o momento em que a realidade e os desejos se complexificam ainda mais, quando "a mão estendida é recolhida vazia e o objeto cobiçado não acompanha o gesto mágico" (Ferenczi, 2011, p. 77). É dessa frustração que nasce o reconhecimento do *mundo externo*, como o lugar onde "certas coisas malignas resistem à sua vontade" (Ferenczi, 2011, p. 77) e se discriminam, ao mesmo tempo, do ego, com conteúdos psíquicos subjetivos, e das impressões sensoriais.

O autor define as relações simbólicas, portanto, como sendo estabelecidas a partir da equivalência entre o corpo humano e o mundo dos objetos. O mundo ganhando realidade como uma mímese do corpo, como um aperfeiçoamento importante da linguagem gestual em busca da realização mágica do desejo. O próximo passo, considerado por Ferenczi como sendo a mais alta realização do aparelho psíquico, é a substituição do gesto, para a figuração do desejo e do anseio pelo objeto, pelo maior e mais preponderante mediador: a linguagem. A onipotência passa a sobreviver durante o período dominado pelo *pensamento e palavras mágicas*, em que a criança acredita na sua força mágica agora dotada dessa forma de representação.

Em consonância com Ferenczi, Klein vai denominar como sendo as fases iniciais do simbolismo o percurso entre a onipotência do pensamento e a construção do sentido da realidade: "A formação do símbolo e o investimento libidinal do corpo próprio e, mais tarde, do mundo, são apenas dois aspectos do mesmo processo que resulta na instalação das sublimações primárias" (Ferenczi, 2011, p. 77). Esse é exatamente o processo que Klein observa, já no seu primeiro artigo, quer dizer, da passagem da onipotência do pensamento ao sentido da realidade, o repertório da criança se amplia em temas de investigação que estarão cada vez mais autônomos em relação à sexualidade, sendo concebidos por ela como uma sublimação.

Karl Abraham e a investigação das fantasias pré-genitais

Karl Abraham não foi indiferente à observação e análise de crianças. Observou, como a maioria dos analistas da época, sua filha, Hilda, e dá início à analise da menina aos 6 anos e meio. A análise consistia em passeios cotidianos com seu pai que, pouco a pouco, a levaram a compartilhar o conteúdo fantasmático desses devaneios: macacos, fogo, gigantes. Abraham comunica à menininha o deslocamento realizado pelas crianças aos cachorros, quando, na verdade, tem-se medo das pessoas. Além de sua filha, sabe-se que Abraham atendia outras crianças, tendo publicado, em 1913, *Os efeitos psíquicos em uma criança de nove anos da observação das relações sexuais dos pais* (Geissmann & Geissmann, 1992). Discutia-se com entusiasmo nas sessões de Viena a questão da educação sexual das crianças. As ideias convergiam entre uma educação informativa precoce com o objetivo de "substituir o recalque inconsciente por uma repressão consciente" e a ineficácia da informação na prevenção dos traumas sexuais infantis (Geissmann & Geissmann, 2004, p. 43). Freud, por sua vez, acreditava que, embora a educação sexual não evitasse o sintoma, poderia amenizar a neurose, mas caberia à escola, no quadro das disciplinas de ciências humanas, oferecer à criança as informações verdadeiras.

Melanie Klein chega a Berlim em 1921 e começa um intenso trabalho ao lado de Karl Abraham, como seu supervisor e, posteriormente, analista. Abraham comunica a Freud o sucesso da análise de uma criança, realizada por Melanie Klein, e a confirmação, a partir daí, das suas hipóteses sobre a vida pulsional infantil, assim como a "melancolia original" que vinha sendo pesquisada por ele.

A pesquisa de Abraham concentra-se sobre a teoria do desenvolvimento psicossexual da criança e os traços de caráter que daí se formam. Sob a tese central de que os estágios pré-genitais possuem defesas que se articulariam a sintomas específicos, ele vai somar a esse fundamento a discriminação de dois momentos distintos que vão compor a fase oral, tendo como objeto de estudo a melancolia e a neurose obsessiva.

Abraham atribui à fase oral, a partir da problemática da introjeção do objeto apresentada na melancolia, dois momentos distintos: o primeiro, que tem por função a sucção e por objetivo a incorporação do objeto; e o segundo, em que o prazer de sugar é substituído pelo prazer de morder, momento, segundo Abraham, que coincide com o nascimento dos dentes.

Trata-se de uma primeira fase oral em que o componente sádico não está presente e, por isso, a relação com o objeto ainda é mantida como pré-ambivalente. Em seus termos,

> *a criança ainda não é capaz de distinguir entre o seu próprio eu e o objeto externo. Ego e objeto são conceitos incompatíveis com aquele nível de desenvolvimento. Ainda não existe uma diferenciação entre a criança que mama e o seio que amamenta. Além disso, a criança não possui ainda sentimentos de ódio nem de amor. Seu estado mental acha-se consequentemente livre, nesse estágio, de todas as manifestações de ambivalência. (Abraham, 1970, p. 108)*

Na segunda fase da oralidade, "o nível secundário se difere do primário pelo fato da criança trocar sua atividade de sugar pela de morder", e, com isso, passa-se a postular uma fase oral-canibalesca, em que o sadismo está sustentado pela musculatura da mandíbula e a chegada dos dentes e cuja fantasia de destruição acontece num momento em que a criança faz uma incorporação total do objeto, inaugurando assim o início da ambivalência a partir de onde surgirá a culpa.

Abraham diferencia ainda outras duas fases do desenvolvimento psicossexual em anal sádica primitiva e anal sádica posterior. Na fase primitiva, a ambivalência está plenamente consolidada e já está presente uma relação parcial de amor objetal. Esse momento, que coincide com o treino do controle dos esfíncteres, a entrada da criança na cultura se dá pelo desenvolvimento da capacidade de amar e das trocas e negociações que ela vem a fazer às custas do exercício direto da pulsão, em um jogo entre renúncia pulsional e conquista social. Gurfinkel (2017), a esse propósito, acrescenta ainda que é a partir da diferença entre "tornar-se limpa" por amor ou por medo que serão definidas as possibilidades da capacidade de amar. Essas características lançam a analidade e o desenvolvimento psicossexual infantil para um plano intersubjetivo eminente:

> *A dimensão anal refere-se essencialmente à luta do sujeito em relação ao seu meio, cuja matriz afetiva de amor e/ou ódio dependerá também da habilidade do outro humano de acompanhar – facilitando, dificultando ou impedindo – a passagem do autoerotismo à relação de objeto. (Gurfinkel, 2017, p. 137)*

Seguindo a lógica da oralidade, descrita a partir de dois tempos distintos, Abraham identifica dois modos de exercício do erotismo anal: o de caráter retentivo e o de caráter expulsivo e, do mesmo modo, uma fase da organização genital infantil e uma fase genital propriamente dita. Essa distinção no que diz respeito à analidade produziu, em termos etiológicos, uma importante consideração acerca da diferenciação dos níveis de fixação entre a neurose e a psicose. Em sua modalidade mais expulsiva, o objeto é forçosamente desinvestido e a libido retraída ao narcisismo. Em sua modalidade retentiva, o objeto é conservado e controlado, sem a regressão da libido ao narcisismo, conferindo ao sujeito, portanto, um caráter mais neurótico obsessivo.

A sucessão bem realizada desses eventos lança a criança para as relações de amor objetal e, inversamente, as complicações em qualquer uma dessas fases prejudicam o desenvolvimento posterior às custas de um incremento do sadismo. Abraham atribui ao desmame um período delicado para o desenvolvimento libidinal ao mesmo tempo que coloca em questão a participação do ambiente externo a partir dos esquemas de gratificação e privação que acompanham a oralidade. Isso quer dizer que, para além das condições intrapsíquicas do bebê, existe uma consideração sobre o ambiente que o sustenta num regime excessivamente gratificante ou frustrante. Essas considerações sobre o papel do objeto e seu posicionamento, para além da satisfação pulsional, abrem o caminho para o que virá a ser reconhecido com a teoria das relações de objeto como um modo de compreensão do funcionamento psíquico do intersubjetivo ao intrapsíquico. Como nos esclarece Gurfinkel (2017):

> *As experiências erógenas corporais em termos de trocas psíquicas com o outro, guardando uma articulação fundamental com a dialética autoerotismo, narcisismo e relação de objeto. A conquista da genitalidade é, nesse sentido, a construção de uma relação com o objeto em seu sentido pleno. (p. 151)*

Essas descobertas vão compor o fundamento da teoria kleiniana dos vestígios psíquicos das fantasias pré-genitais em crianças e em adultos que se sintetizarão posteriormente, em sua obra, na descrição das posições esquizoparanoide e depressivas, como modo de articulação precoce entre as defesas e as angústias primitivas.

Tentamos recuperar as raízes do pensamento kleiniano e sua inserção na tradição psicanalítica fundamentalmente marcada pela presença destes três grandes autores: Freud, Ferenczi e Abraham. Certos de que essa incorporação não se deu sem perturbações e transformações, como é próprio do caminho dialético que leva à consolidação de uma relação com o objeto total, cuidaremos agora de situar em que medida essas contribuições deixaram suas marcas, e a partir de qual tempo do desenvolvimento da obra da autora.

O caso Fritz: contar do que se brinca, brincar do que se conta

As circunstâncias da produção da técnica do brincar em psicanálise da criança, para Melanie Klein, fundam um campo de atuação em que a necessidade de saber e a ideia de uma psicanálise pedagógica, promovida pelos pais sob a lógica de que a liberdade de pensamento produz a remoção do sintoma, seriam limitantes para o que a autora chamou de dificuldades neuróticas. Partindo dessa ideia de educação sexual não repressora e ao mesmo tempo distanciando-se dela, a técnica do brincar, na psicanálise de Melanie Klein, lança luz sobre os fenômenos psíquicos que são compreendidos como derivação de uma formação edípica precoce. A partir dessa posição clínica e epistemológica, a psicanalista de crianças reitera a teoria freudiana que mantém o Édipo no núcleo da formação psíquica e, ao mesmo tempo, cria as condições de possibilidade de uma intervenção clínica cada vez mais precoce por meio do brincar, equivalendo-o à livre associação e a uma formação simbólica específica, ainda que sua ancoragem teórica permanecesse vinculada à teoria dos sonhos como modelo.

Melanie Klein apresenta, em sua primeira comunicação pública para os membros da Sociedade Húngara de Psicanálise, uma criança familiar de 5 anos, cujos pais pertencem à sua família e moram na vizinhança, razão pela qual ela acessa sem nenhuma dificuldade a criança e direciona a mãe exercendo uma influência, segundo ela mesma, de longo alcance.[1] Trata-se, na verdade, da observação do seu próprio filho, inscrevendo-se na tradição de analistas da época que também observavam seus filhos: Abraham, Jung, Graf, Freud - nesse caso, o neto. Como no caso de Hans, a análise se inicia a partir de uma educação psicanalítica antes que de fato sejam constituídos sintomas propriamente ditos.

O objetivo terapêutico proposto por Freud para a construção de uma pedagogia inspirada na psicanálise, conforme vimos no Capítulo 1, a partir de Hans, será o mesmo de Melanie Klein, em 1919. A preocupação com o desenvolvimento intelectual do seu filho Erich (Fritz), tomado pela mãe como supostamente atrasado, será revertida por essa pedagogia que contava com a liberdade para formular suas questões a respeito da curiosidade sexual para evitar o excesso de repressão. O desenvolvimento intelectual despontaria assim a partir de diferentes operações. Por um lado, a liberdade de pensamento e sublimação da curiosidade sexual e, ao mesmo tempo, a aquisição do senso de realidade e a diminuição da onipotência do pensamento.

---

1 Petot (1979) indica que, embora essa tenha sido a primeira comunicação, em 1920 a autora havia publicado um artigo intitulado "O romance familial in statu nascendi" cujo conteúdo é o mesmo do que hoje conhecemos por "Desenvolvimento de uma criança", e a criança em questão é provavelmente o filho mais novo de Melanie Klein, Erich.

Do ponto de vista técnico e teórico, o caso Fritz pode ser dividido em dois momentos distintos. Em um primeiro momento, como proposto por Melanie Klein, trata-se do que a autora vai chamar de uma educação psicanalítica com a finalidade de otimizar o desenvolvimento intelectual a partir do enfraquecimento da repressão. A técnica, nesse caso, consistia em essencialmente responder à criança, no limite da sua própria questão, a verdade, promovendo um diálogo confiante sem censura. Tanto a interpretação quanto o brincar não fazem parte dos recursos de acesso ao inconsciente e sua elucidação. Trata-se de uma técnica essencialmente verbal em que a linguagem, especialmente seu conteúdo simbólico, tem valor de destaque. No momento seguinte, a partir da constatação de que a educação psicanalítica por si só não foi capaz de remover as questões neuróticas, Melanie Klein passa a incluir, além das fantasias, a brincadeira e os sonhos seguidos de uma interpretação propriamente psicanalítica, radicalizando a proposição clínica freudiana para crianças.

Fritz era uma criança

> *saudável, de desenvolvimento normal, mas lento. Ele só começou a falar aos 2 anos de idade e já tinha mais de 3 anos e meio quando começou a se expressar de forma coerente. Mesmo então, não se observavam as frases especialmente notáveis que costumamos ouvir desde muito cedo da boca de crianças dotadas. Apesar disso, ele dava a impressão, tanto através de sua aparência como do seu comportamento, de ser uma criança alerta e inteligente. Conseguiu dominar certas ideias específicas muito devagar. Já tinha mais de quatro anos quando aprendeu a distinguir as cores e quase quatro e meio quando entendeu as noções de ontem, hoje e amanhã.*

No âmbito prático, estava muito atrás de outras crianças da mesma idade. (Klein, 1921/1996, p. 23)

O menininho chamava a atenção da mãe porque, entre outras coisas, não entendia, aos 4 anos, por que precisava pagar pelos objetos e em quantias diferentes e por que não era possível ganhar coisas de presente das pessoas que tinham essas mesmas coisas em grandes quantidades. Tinha uma dúvida permanente se a casa da tia continuava existindo quando ele não estava lá e, diante da descoberta da inexistência de Papai Noel, Coelho da Páscoa e Deus, tranquilizou-se ao perguntar para a mãe: "Mas os serralheiros existem, não existem? Eles são de verdade?" (Klein, 1921/1996, p. 35). Queria saber como o sol foi parar lá em cima e tinha dúvida se as horas mudavam dependendo de para quem a gente pergunta: se um homem ou uma mulher. "'Mas e se o homem disser que é meio dia e a mulher que é uma e quinze?' Deu mostras da aquisição de um senso de realidade quando pediu alguma coisa que não era possível ter e perguntou: 'ainda é guerra?'" (Klein, 1921/1996, p. 35). Investiga as balizas dos seus direitos: "Mamãe, você não me proíbe de fazer as coisas à toa – só por um motivo, não é?" ou ainda "Posso fazer tudo o que quiser, não posso? Só não posso ser mau" (Klein, 1921/1996, p. 35), até dominar o sentido de querer, dever, ter permissão e ser capaz (Klein, 1921/1996, p. 35). Inquiriu os pais sobre o tema da morte, perguntou ao pai quando ele iria morrer e alertou a empregadaque ela também morreria.

Com isso Melanie Klein expõe as perspectivas psicológicas e pedagógicas de uma atitude receptiva às investigações das crianças. Segundo ela, uma resistência externa promoveria a repressão do impulso de investigar a fundo qualquer questão mais complexa, inventariando diferentes tipos de inibição.

O entusiasmo para a investigação transformou-se em "ruminações e indagações superficiais", indicando o avanço da repressão sobre o intelecto. Melanie Klein passa a adotar uma posição de caráter propriamente analítico ao abranger as perguntas também inconscientes. Nesse momento, a psicanalista aborda especificamente a questão da fecundação e da chegada dos bebês. Ela observa que o filho passou a produzir histórias fantásticas um pouco mais originais:

> *Duas vacas estão andando juntas, aí uma pula em cima da outra e anda a cavalo nela, e aí a outra pula nos chifres da outra e se segura com força. O bezerro também pula em cima da cabeça da vaca e segura firme nas rédeas... Aí elas continuam juntas e vão para o inferno; o diabo velho está lá; ele tem uns olhos escuros, que não consegue ver nada, mas sabe que tem gente lá. O diabo novo tem olhos escuros também. Aí eles vão no castelo que o Pequeno Polegar viu; aí eles entram com o homem que estava com eles e sobem até um quarto e se picam na rica. Eles dormem cem anos; aí eles se levantam e vão até o rei. Ele fica muito contente e pergunta para eles – para o homem, a mulher e as crianças que estavam com eles – se eles iam ficar (quando perguntei o que tinha acontecido com as vacas ele respondeu: "Elas também estavam lá, e os bezerros também" . . .). (Klein, 1921/1996, p. 56)*

Erich passou a brincar com prazer, com outras pessoas e sozinho. Brincava de enforcar, declarava que tinha decapitado o irmão e a irmã, batia nas orelhas das cabeças decapitadas e afirmava: "a gente pode bater na orelha desse tipo de cabeça, elas não batem de volta" (Klein, 1921/1996, p. 54). Melanie Klein passa a observar o conteúdo agressivo, dirigido especialmente ao pai, e apaixonado em relação à mãe, da brincadeira e das fantasias:

> *estava brincando com a corneta e disse que era, ao mesmo tempo, um oficial, um porta-estandarte e um corneteiro, e que "se o papai também fosse corneteiro e não me levasse para a guerra, então eu ia pegar minha corneta e minha arma e ia para a guerra sem ele". – Está brincando com os seus bonequinhos, entre os quais há dois cachorros; o menino sempre dizia que um deles era bonito e outro feio. Desta vez, os cachorros são dois cavalheiros. O bonito é ele mesmo, o feio é seu pai. (Klein, 1921/1996, p. 54)*

A psicanalista interpreta as fantasias edipianas da criança com o esclarecimento da questão sexual:

> *Ele está sentado de manhã cedo na saleta e explica que as cacas já estão no balcão, correram para cima de novo e não querem para ir para o jardim . . . eu pergunto: "essas são as crianças que crescem no estômago?". Como eu percebo que isso lhe interessa continuo: "por que a caca é feita de comida? as crianças de verdade não são feitas de comida". Ele: "eu sei disso elas são feitas de leite". Ah não! Elas são feitas de uma coisa que o papai faz e o ovo que está dentro da mamãe (agora está prestando muita atenção, me pede para explicar). Quando começo a falar novamente do ovinho, ele me interrompe: "Eu sei disso". Eu continuo: "o papai faz uma coisa com o pipi dele que realmente parece com leite e que se chama semente, ele faz isso como se estivesse fazendo pipi, mas só que um pouco diferente. O pipi*

> *da mãe é diferente do papai". Ele me interrompe: "eu sei disso". Eu explico: "o pipi é que nem um buraco. Se o papai bota o pipi dele dentro do pipi da mamãe e faz a semente lá, então a semente corre mais fundo para dentro do corpo dela e quando se encontra com um dos ovinhos que estão dentro da mamãe, o ovinho começa a crescer e se transforma numa criança". Fritz ouve com grande interesse e disse: "eu queria tanto ver como uma criança é feita lá dentro desse jeito". Eu explico que isso só vai ser possível quando ele crescer, pois não pode acontecer, mas que então ele mesmo vai poder fazer. "Mas então eu queria fazer isso com a mãe". "Isso não pode, a mamãe não pode ser sua mulher porque ela já é mulher do papai, e aí o papai ia ficar sem mulher". "Mas nós dois podemos fazer isso com ela". Eu digo: "Não, isso não pode. Cada homem só tem uma mulher. Quando você estiver grande, a mamãe vai estar velha. Você vai casar com uma moça bem bonita, e ela vai ser a sua mulher". Então ele pergunta, quase em lágrimas e com os lábios tremendo: "mas a gente não vai morar na mesma casa com a mamãe" e eu "claro e a mamãe sempre vai amar você, mas ela não pode ser sua mulher". Fritz então pediu vários detalhes, como a criança se alimenta no corpo da mãe de que é feito o cordão umbilical e como ele cai. O menino estava cheio de interesse e não se constatou mais nenhuma resistência. No final disse, "mas uma vez só eu queria ver como uma criança entra e sai". (Klein, 1921/1996, p. 56)*

A próxima interpretação incide sobre uma elaborada e longa fantasia onírica que veio na sequência dessa narrativa:

Tinha um carro grande que parecia um bonde. Ele também tinha assentos e tinha um carrinho que corria ao lado do grande. Dava para abrir o teto deles e depois fechar quando chovia. Aí os carros foram em frente, bateram num bonde e atiraram ele para longe. Aí o carro grande subiu em cima do bonde e puxou o pequeno atrás dele. E aí todos eles ficaram juntos, o bonde e os dois carros. O bonde também tinha uma coisa de ferro prateada muito bonita e o pequeno tinha uma coisa parecida com dois ganchinhos. O pequeno estava entre o bonde e o carro. Aí eles subiram uma montanha muito alta e desceram depressa outra vez. Os carros ficaram lá de noite também. Quando os bondes vieram, atiraram eles para longe e se alguém fizesse assim (com os braços), "eles voltavam para trás na mesma hora (eu explico que o carro grande é o papai, o bonde é a mamãe e o carrinho é ele mesmo, e que ele se colocou entre o papai e a mamãe porque queria muito afastar o papai, para ficar sozinho com a mamãe e fazer com ela aquilo que só o papai podia fazer)". Após uma breve hesitação ele concorda, mas logo depois continua: "Aí o carro grande e o pequeno foram embora, foram para casa e olharam pela janela, era uma janela muito grande. Depois vieram dois carros grandes. Um era o vovô o outro era só o papai. A vovó não estava lá, ela estava" (o menino hesita um pouco e assume um ar muito solene) "...ela estava morta." (Ele olha para mim, mas como permaneço impassível, continua) "E aí, eles todos desceram a montanha juntos. Um chofer abriu as portas com o pé; o outro abriu com os pés a coisa que a gente gira" (manivela). "O primeiro chofer ficou doente, era o vovô" (lança mais uma vez um olhar interrogativo para mim, mas percebendo que me mantenho imperturbável, continua). "O outro chofer disse para ele: 'sua besta suja, você quer levar uma palmada na orelha?' Eu vou derrubar você agora mesmo'." (eu pergunto quem era o outro chofer.) Era ele: "Eu. E aí nossos soldados derrubaram eles todos; eles eram todos soldados – e quebram o carro, batem nele, sujam a cara dele de carvão e também enfiam carvão na boca dele"; (num tom tranquilizador) "ele pensou que fosse um doce, sabe, e foi por isso que comeu, mas era carvão. Aí todo mundo era soldado e eu era o oficial. Eu tinha um uniforme bonito e (fica ereto) "eu ficava assim, e todo mundo me seguia. Tiraram a arma dele; ele só conseguia andar desse jeito" (ele se curva). Então continua, com um ar benevolente: "Aí os soldados dão a ele uma medalha e uma baioneta porque tinham-lhe tirado a arma. Eu era o oficial e a mamãe enfermeira" (nos seus jogos, a enfermeira é sempre a mulher do oficial) "e o Karl, a Lene e a Anna" (o seu irmão e irmãs) "eram os meus filhos e a gente tinha uma casa muito bonita – parecia a casa do rei, do lado de fora. Não estava pronta: não tinha porta e o telhado não estava montado, mas era muito bonita. A gente fez sozinho o que estava faltando" (ele agora aceita a minha interpretação sobre o significado da casa inacabada, sem nenhuma dificuldade particular). "O jardim era muito bonito, ficava no teto. Eu sempre pegava uma escada para subir nele. Mesmo assim conseguia subir muito bem, mas tinha que ajudar o Karl, Lene e Anna. A sala de jantar também era muito bonita e cresciam arvores e flores dentro dela. Não é nada, é muito fácil, é só botar um pouco de terra que as coisas crescem. Aí o vovô entrou no jardim sem fazer nenhum

> *barulho, desse jeito" (imita), "ele estava com uma pá na mão e queria enterrar alguma coisa. Aí os soldados atiraram nele e (mais uma vez um ar solene) "ele morre". Depois de passar um bom tempo falando de dois reis cegos, a respeito dos quais o próprio menino diz que um é o papai e o outro é o papai da mamãe, ele conta: "O rei tinha sapatos compridos como a América, você podia entrar dentro deles e tinha muito espaço. Botavam os bebês de roupa comprida para dormir neles de noite". (Klein, 1921/1996, p. 57)*

Essa fantasia onírica é fundamental para a compreensão de como o brincar se impõe como técnica na medida em que a analista sustenta – com sua presença impassível – certa liberdade de expressão da brincadeira, embora ela aparente estar mais atenta ao conteúdo das comunicações do menino. A única interpretação que ela realiza é tomada com hesitação pelo menino, que mais parece concordar, pelo modo como ela descreve, para continuar brincando. O comentário de Klein na sequência do relato é o reconhecimento de que Erich adquiriu após essa fantasia uma "condição permanente para brincar" (Klein, 1921/1996, p. 58), uma condição de prazer ao brincar que era equivalente ao que ele tinha quando estava narrando suas fantasias. Erich, por sua vez, anuncia: "agora eu vou brincar daquilo que contei para você", "eu não vou contar, vou só mostrar brincando" (Klein, 1921/1996, p. 58), e ela o respeita.

Para Klein, a forma que o conteúdo assume, sejam fantasias "extravasadas em atividade lúdica" (Klein, 1921/1996, p. 58), fantasia onírica, sonho ou brincadeira, importam menos do que a ideia que veicula. Ela vai compreender que a inibição da fantasia inibe também o ato de brincar e que, ao se libertar a fantasia, restaura-se o brincar. Nesse momento ela observa duas qualidades distintas da brincadeira do menino. Em um primeiro momento eram brincadeiras estereotipadas, repetitivas, empobrecidas do ponto de vista do conteúdo narrativo: "atirar bancos, cadeiras ou uma caixa uns contra os outros e sentar-se em cima deles" (Klein, 1921/1996, p. 59). Era uma criança capaz de ficar horas de frente para a janela ou na porta de casa para ver as carruagens passarem e que se entristecia ao perder alguma delas. Essa forma do menino de brincar passou a perder seu caráter "compulsivo", nos termos de Klein, a partir de ampliação do repertório expressivo do menino, que, a nosso ver, está relacionado ao modo como ela se dispõe na sessão, com sua presença "impassível" e menos didática diante das questões do menino.

A aquisição da capacidade para brincar produz uma outra forma de responder as questões que o afligem. Klein conta que o menino havia ficado muito impressionado com o fato de o pai, ao voltar da guerra, ter que devolver o uniforme e o seu equipamento, especialmente a baioneta e o rifle. Logo depois disso, ele brinca: os camponeses haviam roubado alguma coisa dos soldados. No entanto, os soldados acabam maltratando-os de maneira atroz e os matam. O menino explica para a mãe a brincadeira:

> *"a gente sabe" – diziam os soldados ao índio – "que você foi muito pior que isso". Cospem nele, fazem pipi e caca em cima dele, botam ele dentro de uma privada e fazem tudo em cima dele. Ele grita e o pipi entra bem na boca dele. Um soldado vai embora e o outro pergunta: "Onde é que você vai?". "Vou procurar estrume pra jogar em cima dele". (Klein, 1921/1996, p. 59)*

Diz para a mãe que o índio foi mau, porque não deixou os soldados entrarem no banheiro para fazer as coisas lá. Conta que na privada, além do homem mau que foi jogado lá dentro, há duas pessoas fazendo obras de arte.

As brincadeiras e narrativas fantásticas de Erich eram atravessadas por conteúdos sádicos e escatológicos que remontavam à agressividade inconsciente. As brincadeiras que assumiam essa conotação eram interrompidas por hesitações em que dizia que não queria mais brincar porque estava assustado. Klein comenta em rodapé que, nessa mesma época, ele justificava uma pancada ao acaso como sendo um castigo porque havia se comportado mal. O medo começa a surgir como projeção desses conteúdos agressivos inconscientes: em uma brincadeira, um oficial é morto, maltratado e volta à vida. Ela lhe pergunta, enquanto oficial, ou seja, na brincadeira, quem é ele e ele diz: "eu sou o papai, é claro" (Klein, 1921/1996, p. 60). A partir disso, os personagens se pacificam ao dizer com voz suave: "Sim, você é o papai, então, por favor, vem aqui" (Klein, 1921/1996, p. 60). As brincadeiras trazem à vida os personagens que morreram após os mais variados abusos, de ser insultado a perder a visão. Fritz, no entanto, ressalta que foi muito bom com ele: "só revidei o que ele fez comigo, e depois não fiquei mais zangado" (Klein, 1921/1996, p. 60). As fantasias e brincadeiras tinham um padrão: representavam índios, ladrões, soldados, animais selvagens, a partir dos quais Fritz colocava em cena seu sadismo e os desejos associados à mãe. É interessante notar como Klein associa a brincadeira sádica ao desejo incestuoso, muito embora seja possível perceber como esses conteúdos aparecem por vezes dissociados, colocando a questão do ódio em relativa autonomia em relação à sexualidade: ele descreve como arrancou os olhos ou cortou a língua do diabo, do oficial inimigo ou do rei, e diz que possui uma arma que morde como um animal marítimo.

Klein abandona a interpretação nessa época, passando a fornecer, ocasionalmente, algum esclarecimento ao conteúdo inconsciente. Contenta-se com o que observa como sendo a "consciência" ou "pré-consciência" de parte dos complexos do menino e a remoção completa da fobia através do que denominou como sendo uma "educação de feição analítica" (Klein, 1921/1996, p. 66):

> *O que a análise de crianças pequenas pode fazer é fornecer uma proteção contra choques severos e vencer inibições. Isso contribuirá não só para a saúde do indivíduo, mas também para a cultura como um todo, pois a superação das inibições abrirá novas possibilidades de desenvolvimento. (Klein, 1921/1996, p. 70)*

Na segunda aparição de Fritz, agora em "Análise de crianças pequenas", Klein (1923/1996) reitera algumas das suas hipóteses acerca da inibição e sua relação com a repressão:

> *um forte prazer primário que fora reprimido devido ao seu caráter sexual . . . descobriu-se que jogar bola, brincar com aros, patinar, andar de tobogã, dançar, fazer ginástica, nadar . . . possuíam um investimento libidinal e sempre envolviam um simbolismo genital. (Klein, 1923/1996, p. 101)*

Klein (1923/1996) afirma que, a partir da identificação – que tem como base a ideia ferencziana de que, em um primeiro momento, a criança tenta redescobrir os órgãos do corpo em todo objeto com que depara e que encontra na parte superior do corpo um equivalente à parte inferior com muita importância afetiva –, conforme vimos na última citação, a criança passa após o recalque da identificação para a simbolização, deslocando a libido para outros objetos e atividades. Ela atribui dessa maneira a identificação como um estágio preliminar da formação do símbolo, da fala e da sublimação.

Fritz, agora aos 7 anos, relatava fantasias sobre o "general Pipi" que conduzia os soldados, os "pingos de Pipi", pelas ruas. A disposição e descrição dessas ruas eram comparadas às letras do alfabeto. O general liderava os soldados até uma aldeia, onde ficavam aquartelados. A identificação com o corpo erógeno é a base para a interpretação kleiniana. Ela vai indicar o conteúdo da fantasia como sendo o coito com a mãe, os movimentos com o pênis e o caminho que ele tomava. Fritz adorava as curvas e inventava motocicletas ou carros para atingir uma habilidade especial de curvas. Tantos as curvas como a habilidade para dirigir motocicletas simbolizavam a performance no coito. Essa equivalência simbólica coito-curva-motocicleta representa, para Klein, o caminho sublimatório da fantasia sexual que não foi precocemente reprimida e que, por isso, não sofreu inibição.

Fritz desenvolveu, no último estágio dessa análise, uma fobia às crianças da rua por ter sido objeto de zombaria por parte dessas crianças. Essa fobia passou a inibi-lo de ir à rua. Com o final da análise, Klein conta que a fobia foi totalmente removida e ele adquiriu o hábito de perambular pelas ruas. Ela observa que, após isso, seu interesse por carros, que, a princípio, tinha um caráter obsessivo, passou a se diversificar em brincadeiras cheias de fantasias. Ele passa a brincar com o lençol, passando de um lado para o outro, como quem faz uma viagem. Em seguida, entra debaixo do lençol e diz à mãe: "estou entrando na sua barriga". Fritz tinha muito interesse em saber como era o corpo da mãe por dentro. Em uma fantasia, conta que pensava que ela deveria ter muito aparelho por dentro, especialmente no estômago. Existia também dentro da mãe um balanço e um carrossel cheio de pessoinhas que entravam e saíam e um ajudante que apertava os botões para lhes ajudarem.

Aos 7 anos, nesse novo período da análise, Fritz desenvolveu uma aversão ao caminho da escola, em especial à estrada coberta de árvores, que se generalizou para o medo de bosques. Veremos outro exemplo da produção de sentido a partir da equivalência simbólica com as partes do corpo e órgãos: a fantasia era a de que uma árvore poderia ser derrubada e cair sobre ele. Para ele, árvore representava o pênis do pai que ele queria cortar fora e tanto temia.

Klein passa a explorar as fantasias recorrentes do menino que estavam ligadas à curiosidade em relação ao interior do corpo da mãe e, por identificação, ao seu próprio corpo. Conforme Klein,

> *Fritz o imaginava como uma cidade, muitas vezes como um país, e mais tarde como o mundo, entrecortado por linhas de trem. Imaginava que essa cidade possuía tudo o que era necessário para as pessoas e os animais que moravam lá, estava equipada com todo tipo de aparelho moderno. Havia telégrafos e telefones, diversos tipos de ferrovias, elevadores e carrosséis, anúncios etc. As ferrovias eram construídas de modos diferentes. Às vezes havia uma via circular com diversas estações e às vezes eram como uma linha urbana. Dois tipos de trem andavam nessas ferrovias: um era o trem "pipi", conduzido por um pingo de pipi, enquanto o outro era o trem "cacá" dirigido por um "cacá". (Klein, 1923/1996, p. 120)*

Para Klein, essas fantasias representavam o desejo de penetrar o corpo da mãe e examiná-lo por dentro, incluindo as passagens que levam para dentro e para fora, e os processos de fecundação e nascimento. A interpretação dessas fantasias solucionou problema do senso de direção do menino. Klein passa a relacionar de forma mais contundente a condição de aprender ao investimento simbólico-sexual:

> *Assim como a exibição do prazer em andar dos jogos e do senso de direção, o determinante principal nesse caso era repressão, baseado na ansiedade de castração do investimento simbólico sexual, comum a todos esses interesses: a ideia de penetrar na mãe através do coito. Ao longo da análise, esse investimento libidinal, acompanhado de inibição, avançou dos movimentos e jogos de ação mais iniciais para o caminho da escola o colégio em si, a professora e as atividades da vida escolar. (Klein, 1923/1996, p. 123)*

Ferencziana, Klein atribui o atraso na fala, "como a primeira sublimação", a uma inibição também ligada ao prazer. Tanto a fala como o movimento estão associados a uma "natureza genital-simbólicas". Para ela, como para seu mestre e analista, a fala é obtida pela identificação inicial do pênis com o pé, a mão, a língua, a cabeça e o corpo, a partir do esquema de identificação das partes inferiores às superiores proposto por Ferenczi, como vimos. Nos seus termos, a fala não só auxilia como se constitui, ela mesma, como um processo sublimatório. A capacidade de sublimação, partindo das sublimações primárias, direcionam o investimento simbólico sexual ampliando os interesses e atividades. Essa seria, segundo ela, a força motriz do desenvolvimento cultural da humanidade, ou, se preferirmos, juntos com ela citando Groddeck, a compulsão para criar símbolos. A *geografia do corpo da mãe* é, como Petot (1979) nomeia, a investigação do corpo da mãe e o valor simbólico insubstituível que representa, junto com os objetos do mundo exterior, pelo fato de fornecerem para a criança um meio de representar o seu próprio corpo.

O brincar estaria no nível das sublimações secundárias e passa a ocupar um lugar importante no desenvolvimento como efeito e complemento das primeiras formas simbólico-sexuais. Permite, ao mesmo tempo, o investimento em outros objetos do mundo antes ainda que se tenha desenvolvido o sentido da realidade, além de assumir o papel da descarga das tensões, e antecede o que a partir dele se desenvolverá posteriormente como exercício pedagógico e esportivo.

O brincar passa a ser tratado como um importante critério diagnóstico, do ponto de vista da sua forma principalmente – se sofisticado ou empobrecido, se criativo ou estereotipado –, e, do ponto de vista do conteúdo, opera como um processo de desenvolvimento de novas sublimações que, quando interpretadas, promovem a redução dos sintomas. Assume, por fim, nas palavras de Petot (1979), ao mesmo tempo, um valor heurístico que diz respeito à própria evolução do pensamento psicanalítico e terapêutico – como, acrescentamos, o sonho assumiu no início da história da psicanálise.

Em resumo, o caso Fritz ilustra e condensa de forma exemplar o campo de preocupações do pensamento kleiniano, que parte da tradição de uma pesquisa sobre a educação sexual em relação à questão da inibição intelectual e funda um campo da psicanálise da criança propriamente dito. Essa transformação ocorreu sobretudo com a elaboração da técnica do brincar, imposta pela própria criança, que permitiu o acesso cada vez mais elaborado às fantasias inconscientes em que os temas da sexualidade e sobretudo da destrutividade ganharam forma e espaço na escuta analítica da criança. Destacam-se também as teorizações protokleinianas acerca do processo de simbolização em íntima relação com os processos corporais e com a investigação do corpo da mãe como equivalente simbólico imediato do seu próprio corpo. Nesse sentido, ganha força nesse primeiro pensamento kleiniano a compreensão de que o processo de simbolização está fortemente articulado à sublimação, como uma expansão das experiências sexuais corporais que conquistam a qualidade de símbolo, a linguagem e o pensamento como formas de sublimação primárias e o brincar como uma forma secundária.

A descoberta do brincar

A sistematização da técnica do brincar em Klein começou a ser realizada a partir de 1926, com uma série de artigos que aparecem em "Princípios psicológicos da análise de crianças pequenas" (1926/1996) e "Simpósio sobre análise de crianças" (1927/1996). Nesse período, o trabalho de Melanie Klein está apoiado na análise de diversas crianças que surgem como ilustrações clínicas dispersas nos artigos. São elas Erna, Trude, Rita e George.

A retomada da questão sobre a aquisição do sentido de realidade e sua relação com a onipotência ganha nova precisão. O ponto fundamental, critério para a adaptação à realidade, está relacionado à tolerância à frustração que resulta da situação edipiana. Klein aponta como um dos objetivos da análise de crianças a conquista de um sentido de realidade que pode ser veementemente recusado pela criança sob formas distintas daquelas apresentadas pela neurose, representadas até mesmo pelo excesso de adaptação e docilidade. A expressão da angústia em idades muito pequenas, como ocorre, por exemplo, no pavor noturno, é tomada como um indício precoce da situação edipiana e que, como sabemos, será considerada por Klein como presente desde o início da vida psíquica.

Após seis anos do uso da técnica do brincar na análise de crianças, Klein já apresenta um fragmento de caso que coloca a brincadeira no centro da narrativa. Trata-se de Trude, que, na idade de

4 anos e 3 meses, brincava de ser noite na sessão analítica e obrigava tantoela quanto Klein a dormir. A menininha saía do seu "quarto" e ameaçava cortar a garganta da analista, atirá-la no quintal, queimá-la ou entregá-la ao policial, tentando amarrar seus pés e suas mãos ao dizer que fazia "po-kaki-kucki" (que ela traduz do alemão como sendo o correspondente a nádegas, fezes e olhar). Batia na barriga da analista procurando a "caca", equivalente simbólico de crianças, dizendo que as retiraria e a deixaria pobre. Na sequência do ataque, ela pegava repetidamente as almofadas (que, para ela, eram crianças), escondia-se atrás do sofá, onde se agachou com medo, se cobriu, chupou o dedo e fez pipi. Melanie Klein vai associar a cena ao pavor noturno que a levava até a cama dos pais, sem saber por quê. Depois de alguns meses, quando sua irmã nasceu, a análise conseguiu revelar o conteúdo daquela ansiedade: o desejo de roubar os filhos da mãe, matá-la e tomar seu lugar na relação sexual com o pai. A cena atesta duas hipóteses kleinianas fundamentais: a primeira, que coloca o sentimento de culpa precoce e antecipa o Édipo na cronologia do desenvolvimento psíquico, e a segunda, que atribuiu ao brincar a condição técnica que favorecerá o acesso a esses sentimentos muito iniciais da vida psíquica.

Por meio da brincadeira, Klein observa a existência de uma mãe introjetada com a qual a criança se identifica e que exerce uma influência direta sobre a vida mental, assumindo autonomia no psiquismo em relação à mãe real:

> *Aos 2 anos e 4 meses, quando brincava de boneca, costumava afirmar que não era a mãe da boneca. A análise revelou que ela não ousava fingir que era a mãe porque a boneca em forma de bebê simbolizava, entre outras coisas, o irmãozinho que quisera tirar da mãe já durante a gravidez. Nesse caso, a proibição do desejo infantil não vinha mais da mãe real, mas de uma mãe*

> *introjetada, cujo papel a menina representava diante de mim de diversas maneiras e que exercia sobre ela uma influência mais severa e cruel do que a mãe real. (Klein, 1926/1996, p. 156)*

A técnica consistia em descarregar por meio da brincadeira essas identificações e determinações que agem dentro da criança, acessando principalmente o sentimento de culpa. Essa compreensão do mundo psíquico infantil implica no reconhecimento de um superego precoce, derivado da elaboração do complexo de Édipo, que apresenta exigências mais radicais do que o superego dos adultos e crianças maiores. O procedimento da análise passa a ser a atenuação dessas exigências para que a criança acesse, por fim, às exigências da realidade sem grandes sofrimentos. O prazer obtido pela brincadeira está associado à liberação da energia empreendida pela repressão após a interpretação.

Embora essas considerações alterem radicalmente a proposta freudiana, em um primeiro momento, e vão de encontro ao que vinha sendo proposto por Anna Freud como possibilidade de análise de crianças, Melanie Klein ancora sua posição ética, teórica e clínica na psicanálise freudiana a partir da equivalência entre a teoria do sonho e do brincar, como bem sintetiza nesta passagem:

> *Ao brincar as crianças representam simbolicamente suas fantasias, desejos e experiências. Elas empregam então a mesma linguagem, o mesmo modo de expressão arcaico, filogeneticamente adquirido, que já conhecemos dos sonhos. Ela só pode ser entendida por completo se for estudada com o mesmo método que Freud utilizou para interpretar os sonhos. O simbolismo é apenas parte dessa linguagem; se quisermos*

> *entender corretamente a brincadeira da criança em conexão com o resto do seu comportamento durante a sessão analítica, temos que levar em consideração não só o simbolismo que muitas vezes aparece com tanta clareza em seus jogos, mas também todos os meios de representação e os mecanismos empregados no trabalho do sonho. Também não se pode jamais esquecer toda a cadeia de fenômenos. (Klein, 1926/1996, p. 159)*

Klein chama a atenção para o aspecto sobredeterminado das escolhas do material, da maneira como a criança brinca, o motivo por que passam de uma brincadeira à outra e o meio que escolhem para as suas representações, se dramatizadas pela própria pessoa ou por meio do brinquedo, por exemplo.

Trata-se de uma aposta no acesso direto às experiências traumáticas e fixações que, no caso do adulto, só poderiam ser reconstituídas na relação transferencial com o analista. É o caso da menininha Ruth, exemplifica Klein, que brincava com a pia, abrindo a "torneira de leite" que escorria bem pouquinho para a boca. A insaciedade oral da menininha ganha sentido quando Klein nos informa que, quando bebê, Ruth fora privada de leite em função de uma dificuldade da mãe, chegando a passar fome.

No caso de Erna, publicado em 1929, Melanie Klein já apresenta uma leitura clínica totalmente apropriada da teoria do brincar que acabara de desenvolver. Erna brincava em sessão de colocar a analista no papel de criança, enquanto ela assumia o papel de mãe ou professora que passava por grandes torturas e humilhações. Apareciam traços paranoicos em que o pai ou o professor, em conluio com a mãe, perseguia e espionava a analista, ou às vezes a analista era colocada na posição de aborrecer e espionar os outros. Quando a menina assumia o papel da criança, ela conseguia fugir dos seus perseguidores e ficava rica e poderosa, transformando-se numa rainha que vingaria os anos de tormento que viveu. O sadismo aparece dissolvido nessas fantasias, que eram seguidas de depressividade e desvitalização.

O conflito intrapsíquico aparece personificado a partir do uso maciço dos mecanismos de projeção e deslocamento. Na brincadeira,

> *o ego tentava influenciar ou enganar o superego a fim de impedir que este começasse a sobrepujar o id, como costumava fazer. O ego procurava aliciar o id extremamente sádico da menina e colocá-lo a serviço do superego, fazendo com que os dois combinassem na luta contra um inimigo comum. (Klein, 1929/1996, p. 230)*

A ansiedade era reduzida a partir dessa formação de compromisso entre as instâncias.

A pequena Rita, de 2 anos e 3 meses, sofria com uma neurose obsessiva grave e grande inibição do brincar. A menina oscilava entre um comportamento excessivamente prudente e uma maldade descontrolada. Com baixa tolerância à frustração, ela reagia com ataques de fúria e abatimento nas vezes em que era contrariada. Rita apresentava dificuldade para se alimentar, ter apetite e tinha um sintoma obsessivo que consistia em um ritual para dormir bem criterioso: ela exigia que tanto ela como a boneca fossem fortemente enroladas na coberta para evitar que um camundongo penetrasse em seu quarto pela janela para arrancar seu órgão genital com uma dentada. A chegada do irmão, quando ela estava com 2 anos, foi marcada pela intensificação dos sintomas e o desenvolvimento de uma fobia de animais. Nessa ocasião, as brincadeiras de Rita empobreceram, tornando-se estereotipadas e compulsivas:

passava grande tempo trocando a roupa das bonecas sem nenhum conteúdo imaginativo.

Os atendimentos aconteceram na casa da menina e a primeira sessão, transcrita anos depois, produziu uma célebre passagem do estilo kleiniano. Rita ficou ansiosa em permanecer a sós com a analista no quarto e pediu para ir ao jardim. Klein interpreta que ela estava ansiosa em relação ao que imaginava que ela pudesse fazer com ela sozinha no quarto e, relembrando dos seus terrores noturnos, disse que ela a sentia como uma estranha hostil, como a mulher má que pudesse atacá-la quando estivesse sozinha à noite no quarto. Essa fantasia, condensada em terror noturno, se desdobra em outros momentos da análise como uma brincadeira que vai sendo cada vez mais elaborada.

Durante uma sessão, Rita encena um ritual em que sua boneca era posta para dormir e, ao seu lado, um elefante. Sua fantasia era de que o elefante colocado ao seu lado impediria a boneca de se levantar. Caso contrário, entraria escondida no quarto dos pais e lhes faria mal. Na sua fantasia, o elefante assumia o papel do pai que faria a interdição e revelava o medo da menina de ser punida pelos desejos incestuosos e pensamentos destrutivos.

A brincadeira evoluiu e se ampliou numa narrativa que apresentava, mais ou menos, a mesma estrutura: Rita iria viajar com seu urso de pelúcia para visitar uma senhora boazinha que lhes ofereceria presentes. A viagem, que às vezes terminava bem e às vezes terminava mal, era perturbada por uma mulher má. Rita queria ela mesma dirigir o trem e era impedida pelo maquinista, que sempre voltava. Ao chegar no destino, era surpreendida pela presença de uma senhora maldosa no lugar da boazinha. As brincadeiras seguem sendo compreendidas como a expressão dos desejos incestuosos e também do desejo de ter um pênis para poder satisfazer a mãe. Um tempo depois, Rita pega um jogo de construção, um material alongado e uma caixa de papelão. Com o "martelinho", ela batia na caixa até furá-la, ao mesmo tempo que dizia: "quando o martelo bateu com força, a mulherzinha ficou tão assustada" (Klein, 1926/1996, p. 157). Para Klein, a situação era a expressão da cena primária, na qual ela, a mãe e o pai estão representados. Rita desmontou, a partir daí, o ritual que utilizava para dormir e passou a expressar sentimentos cada vez mais ternos com o seu urso, dizendo que não se sentia mais tão infeliz porque agora tinha um bebezinho de quem gostava muito. Os sintomas obsessivos e a angústia desapareceram de forma permanente e a menina adquiriu uma maior capacidade de tolerância à frustração.

A teoria da técnica

Transferência e objeto interno

Embora Klein faça equivaler enfaticamente o brincar ao sonho freudiano, expandindo a lógica inconsciente que o ordena, a partir dos mesmos princípios de deslocamento e condensação, as consequências teóricas da técnica ultrapassam largamente tanto as noções esparsas sobre o brincar em Freud como a forma como a transferência vinha sendo concebida. Além disso, o brincar introduz um campo de novos problemas conceituais, clínicos e teóricos que podem ser sintetizados pela descoberta das relações de objeto.

A brincadeira se impõe ao analista de crianças como a livre associação se impôs a Freud na ocasião do atendimento das histéricas. Podemos traçar um paralelo da passagem da introdução da técnica do brincar como associação livre, no lugar de uma escuta orientada, exclusivamente, a partir da fala, que se impõe desde o caso Fritz com a célebre recomendação do menininho – "Agora eu vou brincar do que estou contando" (Klein, 1921/1996, p. 58) –, e igualmente extrair as consequências teóricas dessa inovação técnica.

O argumento que discrimina a teoria kleiniana da psicanálise de Anna Freud, o reconhecimento de uma estrutura egoica rudimentar, superegoica e edípica precoce, é o que justifica o uso da transferência na análise de crianças, que se configura singularmente em conformidade com a técnica a partir da qual surge o brincar.

O uso da transferência na análise de crianças foi teorizado de forma sintética por Klein tardiamente em seu artigo "As origens da transferência" (1952/1991), em que grande parte da estrutura conceitual de sua obra já havia sido descrita.

Foi a partir do caso Fritz e Rita que Klein promoveu uma expansão conceitual da transferência que marcou decisivamente as suas ideias. Ela amplia o campo transferencial a partir da clínica com crianças, percebendo como a transferência se faz presente nas mais variadas formas de relacionamento humano, sejam amorosas ou hostis. No que diz respeito à especificidade da transferência da criança, Klein descobre, a partir de Rita, que muito cedo a defasagem entre a figura real dos pais e a figura imaginada está presente, atestando o que já, de fato, se configura como uma transferência. Além desse intervalo imaginativo entre os pais reais e os pais fantasiados, surge uma outra questão em Rita que diz respeito a uma clivagem e projeção de qualidades boas e más, como um primeiro traço discriminatório do objeto.

A relação de transferência com o analista se passaria entre a representação deformada pela fantasia dos pais reais, sustentada pela neutralidade do analista que, por meio da interpretação, responde de um lugar diferente daquele onde os pais estão colocados, que é a realidade. A transferência, nesse caso, deixa de ser uma repetição deslocada da modalidade de relacionamento com os pais para a figura do analista e passa a ser a relação com o novo objeto, a partir dos sentimentos que derivam do objeto introjetado, conferindo às qualidades psíquicas reais dos pais ou do ambiente pouco valor para a dinâmica do tratamento e estratégias de cura.

Essa posição que enfatiza a supremacia do mundo interno da realidade psíquica rendeu à psicanálise kleiniana muitas críticas de solipsismo, em que o funcionamento psíquico passa a ser pensado com uma considerável autonomia em relação aos objetos externos, representada, sobretudo, na concepção de um eu precoce. Como veremos a seguir, coube à escola pós-kleiniana a ênfase nas qualidades psíquicas dos objetos externos sobre os quais se apoiavam as projeções e introjeções que constituiriam o mundo interno. Por hora, na nossa breve retomada histórica do conceito de transferência na teoria kleiniana, a partir da técnica do brincar, cabe sinalizar as três pré-condições do psiquismo infantil necessárias à transferência: a constituição de um mundo interno composto por objetos que, embora derivem da experiência real, se apresentam deformados pela *fantasia inconsciente*; a utilização precoce da clivagem como um mecanismo de defesa importante atrelado às angústias primitivas edipianas; e a formação de um superego precoce por meio de um extremo sadismo.

Ocorre ainda um outro fato curioso na clínica de Klein. Conforme vimos no caso de Fritz e Rita, o colorido afetivo das brincadeiras é em um primeiro momento persecutório e, do mesmo modo, quando a angústia surge na ligação com o objeto fóbico, o afeto predominante é o medo. Disso ela conclui que as primeiras introjeções são ameaçadoras e possuem um caráter mais perturbador do que os objetos reais, o que termina por conferir um lugar de destaque à transferência negativa.

O caso Rita traz também uma importante correlação entre a dificuldade inicial da menina com o desmame e suas recusas alimentares posteriores. É nesse momento que Klein passa a sustentar a ideia de que, nos primórdios do Édipo, a passagem da menina da mãe para o pai como objeto de amor é marcada pelo ressentimento do desmame que conturbou o vínculo com a mãe. A ideia de uma destrutividade dirigida à mãe, especificamente ao corpo da mãe, passou a ser central no campo de pesquisas kleinianas, de onde derivam, posteriormente, o sadismo do superego precoce. Nesse período, Klein mantém o espírito freudiano que concebe o Édipo como núcleo da vida psíquica, mas o altera, apresentando tempos e conteúdos diferentes do Édipo freudiano.

Essas conclusões, ainda que incipientes, constroem um novo desdobramento para os objetos internos projetados na relação de transferência. Passam a ganhar reconhecimento na dinâmica da transferência as incorporações referentes aos objetos parciais que compõem a trama edípica precoce e, em destaque, Klein retoma o que seriam as fantasias sádicas pré-genitais, que já se evidenciavam em seu campo clínico e foram observadas, conforme vimos, por Abraham. O fato é que a suposição de um complexo de Édipo arcaico exige que sejam reconhecidas as especificidades das fases da organização da libido que antecedem a fase genital, razão pela qual o sadismo ganha destaque no quadro conceitual da formação de um superego arcaico e cruel.

O passado que é atualizado na relação transferencial da teoria kleiniana é o início da vida psíquica com seus objetos. Nesse sentido, podemos ousar a afirmação de que a transferência na situação clínica kleiniana teria menos a ver com o desejo confundido em sua temporalidade, estando mais relacionado com o deslocamento dessas relações primitivas projetadas no espaço. Além disso, esses objetos envolvem um campo emocional de defesas e angústias específicas que não estão relacionadas ainda à ideia de um outro sujeito. Os estágios iniciais do desenvolvimento humano são *as origens da transferência*, como o título do seu único artigo, já bem avançado, dedicado exclusivamente ao tema:

> *A primeira forma de ansiedade é de natureza persecutória. O trabalho interno da pulsão de morte, que, de acordo com Freud, é dirigido contra o organismo, dá origem ao medo de aniquilamento, e essa é a causa primordial da ansiedade persecutória. Além disso, desde o início da vida pós-natal... os impulsos destrutivos dirigidos contra o objeto incitam o medo da retaliação. Esses sentimentos persecutórios a partir de fontes internas são intensificados por experiências externas dolorosas, pois, desde seus primeiros dias, a frustração e o desconforto despertam no bebê o sentimento de que está sendo atacado por forças hostis. Dessa forma, as sensações vivenciadas pelo bebê por ocasião do nascimento e as dificuldades de se adaptar a condições inteiramente novas dão origem à ansiedade persecutória. O conforto e os cuidados dispensados após o nascimento, particularmente as primeiras experiências de alimentação, são sentidas como forças boas. (Klein, 1952/1991, p. 71)*

Klein apresenta de forma condensada os últimos trinta anos de avanços teóricos da psicanálise com crianças, que, de algum modo, já estavam representados clinicamente na ocasião da descoberta da técnica do brincar. Descreve relações primitivas com os objetos da perspectiva da criança: seio bom, gratificante, seio mau, persecutório, por meio de processos sofisticados de cisão, negação, onipotência e idealização para combater um tipo específico de ansiedade persecutória. Remete à introjeção de muitos aspectos do seio como o núcleo genético do superego precoce. Descreve esse desenvolvimento emocional primitivo a partir de uma dinâmica entre amor e ódio que termina por ser sintetizada em torno da ideia de um objeto total. Essa complexidade lança o bebê numa nova modalidade de angústia, que se culpa pela perda e destruição do objeto e se mobiliza para repará-lo. A descrição, respectivamente, das posições esquizoparanoide e depressiva como a tonalidade afetiva projetada na relação de transferência.

A noção de objeto que está sendo desenvolvida por ela distingue-se da ideia freudiana de objeto, em que este se refere, primordialmente, ao objeto da pulsão e sua representação psíquica. Em Laplanche e Pontalis (2001) o aspecto principal da noção de objeto freudiana está ligado à meta da pulsão e, portanto, à satisfação, não importando se se trata de uma pessoa, um objeto fantasmático, parcial ou real. Além do objetivo de proporcionar satisfação pulsional, Freud ressalta o caráter essencialmente contingente do objeto, não necessário ou estabelecido a partir de uma realidade fixa. Para Klein, essas relações que estão no centro da vida psíquica são produtoras de efeitos persecutórios ou pacificadores sobre o sujeito – objeto bom, objeto mau –, como ela explica:

> *O uso que faço do termo relações de objeto baseia-se na asserção de que o bebê, desde o início da vida pós-natal, tem com a mãe uma relação, se bem que através do seio, imbuída dos elementos fundamentais de uma relação de objeto, isto é, amor, ódio, fantasias, ansiedades e defesas. (Klein, 1952/1991, p. 72)*

O conectivo *de* (e não *com*), ou seja, a expressão relação de objeto, evita que o objeto seja concebido como preexistente à relação do sujeito com ele, como se o sujeito já estivesse constituído. Por meio da técnica do brincar, essa noção de objeto passou a ser concebida porque, justamente, permite o acesso – antes viabilizado principalmente pela psicopatologia – a essas modalidades precoces de relações de objeto que vão configurar o que Klein define por transferência. O fato é que foi por meio da técnica do brincar, e não pelo sonho, que se chegou às formulações sobre as relações de objeto e sua centralidade na constituição psíquica e direção clínica.

Embora ela reitere sua posição diante da presença fundamental das relações de objeto na constituição psíquica, a discussão sobre sua pertinência ou não ao campo que irá se desenvolver tendo Abraham como precursor foi retomada por diversos autores. A controvérsia diz respeito especialmente à compreensão de que, embora Klein se dedique a pensar essas relações objetais precoces, ela não faz muitas considerações a respeito da qualidade do objeto externo, atendo-se mais à definição do circuito intrapsíquico que o objeto interno assume e menos às condições reais da intersubjetividade que o constituem.[2]

No livro *Relações de objeto* (2017), Gurfinkel retoma essa discussão a partir de André Green, lembrando que, para o autor, inicialmente,

> *a teoria das relações de objeto tinha como foco a interação com os objetos em termos de processos internos, e que só posteriormente se percebeu que o foco maior*

2 Gurfinkel (2017) retoma essa discussão a partir do consagrado trabalho de Greenberg e Mitchel em que os autores passaram a definir dois paradigmas centrais para a psicanálise. No primeiro, paradigma pulsional, representado por Freud e Melanie Klein o centro das questões psicanalíticas se desenvolve a partir da teoria pulsional, seus destinos e efeitos intrapsíquicos. No segundo, por paradigma relacional estão incluídos os autores das relações de objeto e Donald Winnicott, que desenvolverá uma psicanálise fundamentalmente em torno da noção de intersubjetividade, centralizando a sua pesquisa em torno da questão das relações.

> *deveria estar na palavra 'relação' que remete aos elos de ligação tanto no plano do pensamento (Bion) quanto no campo intersubjetivo (Winnicott): o estudo das relações é antes o dos elos que o dos termos unidos por eles. (Green, 1975/1988, p. 53)*

A nosso ver, embora Melanie Klein tenha sido fortemente criticada pela dedicação exclusiva à pesquisa do mundo interno, circuito intrapsíquico, ela lança as bases para o desenvolvimento de uma pesquisa sobre qualidade física e psíquica do objeto externo a partir da descoberta da identificação projetiva, como veremos adiante, como um mecanismo fundamentalmente intersubjetivo.

A mais alta flor do sadismo

Além da consolidação das relações de objeto com a gênese da constituição psíquica e motor da transferência, a técnica do brincar produziu ainda uma outra formulação teórica decisiva na psicanálise kleiniana ao conferir ao sadismo a centralidade na constituição superegoica. Futuramente, isso será concebido como uma posição psicótica originária, como responsável pelas alterações da formação do símbolo em crianças psicóticas e, como defesas de reparação, derivam diretamente desse lugar de *a mais alta flor do sadismo.*

A expressão denota a presença contundente do sadismo no decorrer dos estágios iniciais do conflito edipiano, *Höchste Blüste des Sadismus,*[3] e aparece nos trabalhos de 1927 a 1932, o apogeu

---

3 Petot esclarece que se trata de uma expressão em desuso para a linguística alemã contemporânea que, em seu sentido figurado, pode ser compreendida como "alta prosperidade do sadismo".

ou, literalmente, a mais alta flor do sadismo. Os fatores de intensificação do sadismo nessa fase edípica precoce estão relacionados à superposição das pulsões sádicas pré-genitais –morder, sujar, despedaçar – às fantasias decorrentes da relação de objeto que visam o aniquilamento deste. Isso quer dizer que, além das pulsões sádicas propriamente ditas, outras pulsões participam do incremento do sadismo. É o caso da oralidade, que, por ocasião da frustração do desmame, faz coincidir o sadismo com o início do complexo de Édipo, e as pulsões genitais precoces. Petot (1979) ressalta ainda que a pulsão que vai estar diretamente relacionada ao sadismo é a pulsão epistemofílica que estabelece uma ligação muito estreita e precoce com as pulsões sádicas (p. 137). Além disso, a fantasia dos pais combinados, imagem condensada dos pais na figura de um, será o objeto diante do qual o sadismo se acentua ao máximo. Em resumo, "ocorre um apogeu do sadismo quando a criança é levada pelas pulsões sádico-orais, sádico-anais, sádico-uretrais e pela pulsão do saber, a aniquilar, por todos os meios do sadismo, os pais combinados" (Petot, 1979, p. 137).

Sobre o caso Peter, Klein (1955/1991) tece importantes considerações sobre a inovação técnica empreendida. O caso Peter reúne a aplicação da técnica do brincar, o reconhecimento do sadismo e suas relações com as fantasias pré-genitais. O menininho de 3 anos e 9 meses não conseguia brincar e não tolerava nenhuma frustração. Reclamão, "tinha pouco jeito de menino" e era ambivalente em relação à família e "muito fixado na mãe" (Klein, 1955/1991, p. 158). A mãe observa que desde a idade de 18 meses, no retorno das férias em que, dividindo o quarto com os pais, observou a relação sexual do casal, Peter parou de se interessar pelos brinquedos, passando a gostar mesmo de destruí-los. Com a chegada do irmãozinho, suas dificuldades se potencializaram.

Peter começou a brincar colocando dois cavalos para se chocar e repetiu o choque com brinquedos diferentes. Mencionou já na primeira sessão o irmãozinho. Na descrição da sessão, Klein (1955/1991) revela que interpretou de imediato: o cavalo e as coisas que estavam se chocando representam as pessoas. O menininho repete a cena, coloca os cavalos para deitar e diz: "agora eles estão bem mortos, eu os enterrei". Enfileirou os carros e subitamente os atirou pela sala dizendo "nós sempre quebramos logo nosso presente de natal. Não queremos nenhum". Na segunda sessão, ele repete a mesma cena, e Klein interpreta que ele estava mostrando para ela como a mãe e o pai entrechocavam seus genitais e que ele pensava que, por conta desse ato, seu irmão nasceu. A segunda cena:

> *Deitou um boneco-homem sobre um bloco, que ele chamou de "cama", derrubou-o e disse que ele estava "morto e liquidado". Em seguida, reencenou a mesma coisa com dois bonecos-homens, escolhendo figuras que ele já havia danificado. Interpretei que o primeiro boneco representava seu pai, que ele queria derrubar a cama da mãe e matar, e que um dos dois bonecos-homens era novamente o pai e o outro representava ele próprio. A razão pela qual ele havia escolhido duas figuras danificadas era o seu sentimento de que tanto o seu pai quanto ele ficariam danificados se ele atacasse seu pai. (Klein, 1955/1991, p. 159)*

A cena-sonho da brincadeira de Peter condensa as questões do menino e, de modo exemplar, as descobertas kleinianas da técnica do brincar. Peter recusa a interpretação de Melanie Klein de que o boneco-homem que foi derrubado da cama e estava liquidado era seu pai. Na sessão seguinte, elabora a interpretação na forma de pergunta: "E se eu fosse um papai e alguém quisesse jogar-me no chão detrás da cama e me matar e liquidar, o que eu pensaria disto"? (Klein, 1955/1991, p. 160). A elaboração do menino o fez compreender que os sentimentos hostis dirigidos ao pai retornavam em uma fantasia de retaliação que contribuíam para o menino ter medo dele.

A partir disso podemos extrair importantes considerações a respeito da técnica do brincar kleiniana. A primeira delas diz respeito ao efeito da projeção dos objetos internos na brincadeira e à constituição de um *setting* para esconder pensamentos e afetos difíceis que antes, na história da psicanálise, só poderiam ser compreendidos a partir da constituição de um objeto fóbico – como Freud explicita em Hans – das compulsões e da neurose obsessiva. Ao remeter a constituição psíquica a um núcleo superegoico precoce que é coincidente com o apogeu do sadismo, a criança passa a identificar-se com objetos altamente deformados por esse sadismo e que estão na base das fantasias persecutórias de retaliação. A interpretação kleiniana segue a direção da revelação do conteúdo recalcado, algo como Freud faz em Hans ao comunicá-lo de que o medo do cavalo está relacionado ao medo que tem do pai como retaliação aos desejos incestuosos. A interpretação, no entanto, atinge um outro nível de compreensão: ao se colocar na posição de um pai hostilizado, ele descobre por ele mesmo que experimenta um ódio do pai que potencializa seu medo. Em comparação a Hans – que, para pensar sobre a morte do pai, faz uso de cavalos e carruagens que caem –, Peter, ao brincar, consegue com mais liberdade e verdade pensar sobre o próprio ódio.

A centralidade do sadismo é, a nosso ver, uma descoberta principal da técnica do brincar que, como vimos, até então, só havia podido ser pensada em sua forma figurada pela fobia e expressões arcaicas da sexualidade pré-genital, conforme nos ensinou

Abraham. O sadismo, em estreita relação com a pulsão epistemofílica, promove uma situação em que a inibição do conhecimento na criança passa a ser o equivalente à inibição de qualquer outra satisfação pulsional. "Conhecer é possuir" (Petot, 1979) e privar a criança do saber é como tirar da mão ou da boca dela um objeto importante. A interpretação kleiniana, de posse dessas aquisições teóricas, promove um esclarecimento sexual inconsciente e leva a teoria edipiana de Freud às últimas (ou primeiras) consequências.

O brincar está articulado em Klein às defesas arcaicas contra a angústia que tinham sido, até então, pouco exploradas. De todo modo, vimos como a teoria da angústia em Freud fica centralizada em torno da angústia de castração. Aqui, considerando os precursores simbólicos da castração já apontados por Freud, Klein explora um campo de manifestações sintomáticas que não estão ainda remetidas à castração e, por isso, guardam uma especificidade em relação às defesas que promovem. A mais evidente delas é tendência à projeção e cisão, que caracterizará a primeira posição do desenvolvimento psíquico, a posição esquizoparanoide. É o excesso de sadismo, pulsão de morte, encontrado nos estágios iniciais do complexo de Édipo e na gênese do superego, que mobiliza a projeção como defesa originária e anterior ao recalque. Isso explica a particularidade dentro da metapsicologia freudiana acerca da fobia e o uso maciço da projeção, em comparação às outras neuroses de defesa que atuam, em sua maioria, por deslocamento. No caso da fobia, o uso da projeção leva, especificamente, a uma alternância do afeto de ódio em medo. Klein, como devoradora do artigo de Freud de 1920, leva a sério a consideração de que a projeção está para o ódio assim como o recalque está para a sexualidade. De posse dessas descobertas freudianas e, depois, de sua própria clínica com crianças pequenas, a autora acentua a participação do ódio na constituição psíquica e atribui, para além da projeção, um mecanismo específico de defesa contra essas angústias arcaicas que será denominado como identificação projetiva.

No artigo "La pulsion de mort... en pratique", para Didier Houzel (2014), no primeiro tempo da elaboração kleiniana da pulsão de morte, o primeiro ano de vida constituído pelo sadismo oral, anal, uretal, muscular, sadismos dirigidos ao objeto libidinal, a mãe e seus conteúdos, Melanie Klein se mantém totalmente alinhada ao modelo freudiano da teoria da libido. Em um segundo momento, a partir de 1946, em "Notas sobre alguns mecanismos esquizoides", ela vai configurar um modelo dinâmico em que será possível encontrar as referências à estabilidade e à instabilidade do mundo psíquico. Esse modelo, para Houzel, vai colocar em cena uma dinâmica pulsional bruta que conduz necessariamente à destrutividade se ela não é articulada a uma atividade de ligação ao aparelho psíquico:

> *De fato, seu novo modelo descreve uma dinâmica de pulsão bruta que inevitavelmente leva à destrutividade se não for retida por uma atividade de ligação que retorna ao aparato psíquico. Na leitura que faço, livre de qualquer referência à vida biológica e à morte, a "pulsão de morte" é comparável à força motriz bruta e a "pulsão de vida" à mesma força motriz ligada nos diz Freud, domado, teria dito WR Bion (1998). O instinto de morte não é o desejo de morrer nem o desejo de matar, mas o efeito destrutivo das expressões pulsionais não elaboradas por uma atividade de simbolização e pensamento. (Houzel, 2014, p. 10)*

A referência dinâmica ao modelo freudiano da pulsão de morte vai acrescentar à teoria kleiniana, depois de 1946, a condição de compreender os níveis de estabilidade do ego que estão relacionados à capacidade de introjetar um objeto bom e se defender das ameaças persecutórias.

Os sonhos interrompidos das crianças pequenas com terrores noturnos, assim como os sonhos traumáticos dos egressos da guerra em 1920 e os terrores diurnos das crianças fóbicas, lançam a psicanálise mais uma vez para fora do sonho, na fronteira do recalque, com maior inclinação à projeção ao mesmo tempo que o brincar assume a centralidade da técnica com criança.

O protótipo das relações agressivas: a identificação projetiva entre defesa e comunicação primitiva

Para Klein, o ego é constituído desde o nascimento, dotado de sofisticados mecanismos de defesa que pressupõem a separação do eu e do não eu, de relações objetais, projeção, introjeção e clivagem, em função de uma necessidade vital de administrar ansiedade. Essas capacidades atribuídas ao ego precoce estão presentes em toda a descrição das posições primitivas do funcionamento psíquico derivadas de uma síntese dialética das fantasias pré-genitais infantis de Abraham. Da posição esquizoparanoide à posição depressiva, o bebê é apresentado como dotado de atividades fantasiosas e de relações objetais a partir de um ego rudimentar, que alterna os estados de integração e desintegração em função da clivagem como o processo predominante no início do funcionamento psíquico.

Assim, nas "Notas sobre alguns mecanismos esquizoides" (Klein, 1946/1991), o processo de clivagem é concebido como um dos primeiros mecanismos de defesa contra a angústia. Tudo se passa como se – a partir da projeção e introjeção – a parte negativa do ego, depositária da pulsão de morte, fosse projetada para objetos externos, enquanto a parte positiva introjetada para o ego, novamente como uma defesa contra a angústia. Para se defender desses objetos negativos, o mecanismo de clivagem atua dentro do eu, o que explica sua "tendência a desmoronar". De acordo com Klein (1946/1991),

> *negação onipotente da existência do objeto maligno e a situação dolorosa são equivalentes à aniquilação inconsciente dele pelo impulso destrutivo. . . no entanto, não é apenas uma situação e um objeto que são negados e aniquilados, é toda a relação de objeto que sofre com esse destino e, consequentemente, parte do ego: aquela da qual os sentimentos emanam do objeto. (p. 26)*

Trata-se, a bem dizer, de uma verdadeira mutilação do ego.

Assim, a posição esquizoparanoide inclui o esquizo em referência ao processo de clivagem do objeto e do ego como mecanismo principal, enquanto o aspecto paranoico está associado ao medo de perseguição, ao tipo de angústia persecutória que essa posição promove. A segunda posição do funcionamento psíquico é descrita por Melanie Klein em 1935 como a posição depressiva, em que a clivagem e a projeção diminuem para permitir movimentos de integração do ego. A transição entre a posição esquizoparanoide e a posição depressiva é marcada pela mudança de relações objetais, que eram anteriormente parciais e, agora, aparecem como totais; a criança, graças à integração parcial dos objetos, começa a ver sua mãe como um objeto total. Esse reconhecimento gera relações de objetos que não são mais clivadas e, consequentemente, as boas e más qualidades do objeto, não mais o seio, mas a mãe, são integradas no mesmo objeto.

A partir de então, a angústia não está mais associada ao medo de perseguição, mas a dois aspectos da introjeção de um objeto total: o primeiro com referência à ambivalência do objeto em si, o segundo por medo de danificar o objeto com impulsos agressivos. A defesa contra uma potencial destruição do objeto internalizado é expressa pela posição depressiva, por meio de tentativas de reparar a capacidade de amar da criança.[4]

---

4 Um efeito importante da descrição desses funcionamentos psíquicos primitivos incide sobre a diferenciação da concepção do eu precoce entre Klein e Freud. Segal (1979/1983) nos lembra de que Freud se refere a um organismo ameaçado pela pulsão de morte que fica refletida para o exterior. Ela insiste que ele usa o termo "organismo", entendido como uma entidade biológica, enquanto que para Klein é um eu que experimenta angústia desde o nascimento e usa um mecanismo de defesa. Além de um organismo que pensa, existe aqui, segundo Klein, um eu primitivo que projeta a pulsão de morte (Segal, 1979/1983). Klein define o que ele chama de "eu primitivo", em comparação com o "organismo" de Freud, em seu artigo "Inveja e gratidão" (1968/2005). Melanie Klein explica: "É possível que esse eu inicial esteja próximo do que Freud chamou de parte inconsciente do eu. Freud não acreditava que o eu existisse imediatamente, mas atribuía ao organismo uma função que, na minha opinião, só pode ser mantida pelo ego. A ameaça de aniquilação pelo instinto de morte no interior representa – a partir de Freud nesse ponto – ansiedade primordial; e é o eu que, a serviço do instinto da vida – talvez até instituído por ele – desvia parcialmente essa ameaça para o exterior. Enquanto Freud atribuiu ao corpo essa defesa fundamental contra a pulsão de morte, mantenho esse processo para uma atividade primordial do eu" (Klein, 1968/2005, p. 32). Segal (1979/1983) insiste que Klein, ao postular um eu primitivo, sustenta que o trabalho da pulsão de morte leva a um medo de aniquilação que levará a uma projeção defensiva da pulsão de morte A postulação de um eu precoce, ao mesmo tempo que é o que garante ao pensamento kleiniano a descoberta do mecanismo de identificação projetiva, é o ponto crítico sobre o qual vão incidir as reformulações da teoria entre os autores pós-kleinianos. A existência de um ego precoce passou a ser questionada diante de situações clínicas e psicopatológicas especiais: Hanna Segal, em 1957, com seu trabalho sobre os distúrbios da simbolização; Bion, em 1962, em relação ao pensamento de pacientes esquizofrênicos; assim como Tustin, em 1972, com as peculiaridades da patologia autista.

Na identificação projetiva, descrita em 1946 nas "Notas sobre alguns mecanismos esquizoides", o "protótipo da relação agressiva de objetos" consiste em um mecanismo arcaico de defesa do ego que cinde uma parte do sujeito sem projetar para o exterior. O ego expulsa experiências intoleráveis, dividindo-se e projetando essas partes clivadas em objetos externos. Assim, elimina as partes ruins ou perigosas para apreender seu conteúdo ou controlá-lo. Essa projeção da parte intolerável é responsável pela sensação de perseguição específica da posição esquizoparanoide. As partes boas também são projetadas, para evitar a separação, idealizar o objeto ou impedir que os objetos ruins ataquem o objeto ideal, bom e internalizado.[5]

Apesar de ter sido elaborado a partir da clínica com pacientes esquizoides, o processo de clivagem foi reconhecido como um mecanismo presente nos estágios iniciais do desenvolvimento, ampliando seu significado e uso na clínica psicanalítica como formas de relações objetais na vida cotidiana modeladas pela identificação projetiva. Esse tipo de relação fica associado ao que na clínica se apresenta como sentimento de artificialidade, como falta de espontaneidade, perturbação do sentimento de si. Essa "normalização" do conceito de identificação projetiva tem aplicações importantes em termos de dimensão intersubjetiva e sua influência na prática clínica.

Wilfred Bion, a esse exemplo, elevou a identificação projetiva à qualidade de comunicação não simbólica, estendendo sua compreensão para além da noção de defesa com implicações diretas à

---

5 Houzel (2005) destaca três aspectos que distinguem a identificação projetiva da projeção no sentido como Freud a entende. A primeira reside no fato de que a parte dividida e projetada é considerada como não tendo conexão com o resto da personalidade: é negada. O segundo aspecto é que a pessoa que é o alvo da projeção é identificada com essa projeção e sente os efeitos, que é a terceira distinção.

forma como passou a ser concebida a relação entre o analista e o paciente, assumindo a qualidade de método. Partindo do trabalho de Freud ("Formulações sobre os dois princípios do funcionamento psíquico"), em que a função do pensamento é referida como um substituto para a descarga motora, Bion considera a identificação projetiva como o mecanismo que substitui a descarga motora para se livrar de um aumento de excitações, como uma modalidade precursora do pensamento, e a ferramenta a partir da qual passamos a compreender melhor os distúrbios na relação entre o eu e os objetos, as questões narcísicas e identitárias e os estados psicóticos.

Vimos como a teoria que sustenta o brincar como técnica expande-se para além da razão onírica que ordenava o núcleo da teorização freudiana. Partindo da questão da educação sexual psicanalítica das crianças e constituindo um campo especificamente da psicanálise com crianças, Melanie Klein transforma a teoria freudiana, ancorada, ao mesmo tempo, na tradição. Pelo trabalho de Ferenczi e Abraham, ela passa a utilizar o brincar como um operador clínico fundamental. Como consequência dessa modalidade de escuta do infantil, agora na criança, mantém o núcleo edipiano no centro da pesquisa da constituição subjetiva, antecipando seu surgimento no tempo das fantasias pré-genitais a partir do que, em uma relação dialética, passa a definir as posições esquizoparanoide e depressivas como modalidades do funcionamento psíquico primitivo.

O brincar como técnica possibilitou toda a teorização do campo kleiniano no que diz respeito aos funcionamentos psíquicos primitivos – o reconhecimento da precocidade do complexo de Édipo e do superego primitivo, o destaque e, depois, a autonomia da questão da destrutividade, do ódio na gênese e funcionamento do aparelho psíquico – que farão, por sua vez, dois deslocamentos fundamentais do campo de preocupações da teoria kleiniana. O primeiro diz respeito às pesquisas sobre as superfícies de contato, reafirmando a importância do objeto externo, com suas qualidades psíquicas dinâmicas para a incorporação do objeto bom e a estabilidade do eu. O segundo, relacionado à capacidade de pensar que complementa a preocupação inicial de Melanie Klein com a relação entre o sadismo e a inibição intelectual. A síntese desses problemas condensa-se no conceito de identificação projetiva – como o protótipo das relações de tipo agressivo – que se amplia da noção de uma defesa primitiva (intrapsíquica) para a ideia de uma comunicação intracorpórea (intersubjetiva), não simbólica, constituinte da experiência humana de cuidado e pré-condição para a capacidade de pensar. Com esses avanços teóricos, o brincar assume, além da sua importância técnica, uma importância heurística, em que passa a ser o modelo a partir do qual a gênese e a experiência psíquica serão pensadas. A expansão dessa razão onírica e sua transformação em uma razão lúdica desloca alguns pontos fundamentais da compreensão do psiquismo freudiano que dizem respeito à topografia, às questões da espacialidade, de um modo geral, e do espaço interno, de um modo específico, como veremos adiante, com os autores que deram continuidade ao pensamento de Melanie Klein.

Wilfred Bion, a esse exemplo, elevou a identificação projetiva à qualidade de comunicação não simbólica, estendendo sua compreensão para além da noção de defesa com implicações diretas à forma, como passou a ser concebida a relação entre o analista e o paciente, assumindo a qualidade de método. Partindo do trabalho de Freud ("Formulações sobre os dois princípios do funcionamento psíquico"), em que a função do pensamento é referida como um substituto para a descarga motora, Bion considera a identificação projetiva como o mecanismo que substitui a descarga motora para se livrar de um aumento de excitações, como uma modalidade precursora do pensamento, e a ferramenta a partir da qual passamos a compreender melhor os distúrbios na relação entre o eu e os objetos, as questões narcísicas e identitárias e os estados psicóticos.

A teoria pós-kleiniana

A pesquisa sobre as superfícies de contato em busca de um suporte para as primeiras introjeções: o bebê brinca

Melanie Klein foi frequentemente criticada por não atribuir a devida importância às qualidades psíquicas dos objetos externos e à relação com o ambiente, de um modo geral, condição que situa de forma delicada a pertinência ou não da sua teoria ao campo das relações de objeto, conforme vimos anteriormente. Para Houzel (2005), os psicanalistas pós-kleinianos estão assim agrupados em função do desafio de responder sobre o que se apoiariam as primeiras introjeções – um impasse que a metapsicologia kleiniana não deu conta de responder.[6] Para ele, a transição da posição esquizoparanoide para a posição depressiva requer um processo que a metapsicologia kleiniana não aborda, que diz respeito ao que ele denominou como "objeto extrínseco". A teoria pós-kleiniana passa então a se debruçar sobre a investigação das qualidades psíquicas desse objeto extrínseco, no qual se baseiam as primeiras introjecções, e a reconsideração da ideia de um eu primitivo, que está dado desde o início da vida psíquica. Esses estudos contam com o trabalho especialmente de Bion (1982), Bick (2002), Meltzer, Bremner, Hoxter, Weddell e Wittenberg (2002) e Tustin (2003).

---

6 Houzel (1991) apresenta o impasse da seguinte maneira: "se a ansiedade depressiva se deve ao dano do objeto total internalizado e a uma ameaça contra a coerência do eu e que, reparar o objeto internalizado e para restabelecer sua solidez ao eu, é necessário recorrer à introjeção de um objeto total, pode-se fazer a pergunta de saber qual o suporte as primeiras introjeções" (p. 52).

Bion propôs uma função e um objeto contendo as partes projetadas pela criança durante a identificação projetiva. Essa função, definida como devaneio materno (*rêverie*), possibilita transmitir à criança uma angústia mais elaborada, que permite a atividade introjetiva, inicialmente muito apoiada nas funções corporais.

À procura de um destino para a projeção, partindo da ideia de identificação projetiva, Bion (1982) descreve a função e o objeto continente. Essas pesquisas promoverão na história da psicanálise um campo teórico do desenvolvimento do contato emocional do bebê com sua mãe e, por extensão, uma teoria dedicada às superfícies de contato. Bion propõe com essa noção uma atividade introjetiva destinada a produzir um acúmulo de bons objetos internos. Alinhando-se à ideia freudiana de "paraexcitação", o psicanalista define uma função de contenção com o objetivo de proteger o organismo das excitações do mundo exterior. A *rêverie* materna, como passou a ser denominada, é como uma capacidade de imaginação, um estado de espírito pacífico e receptivo da mãe que permite que ela assuma e dê sentido aos sentimentos da criança. Nessa *rêverie*, ele denomina como a função alfa da mãe a capacidade desta de conter a identificação projetiva dos terrores e ansiedades da criança, constituindo o protótipo da identificação projetiva normal. Essas projeções, intoleráveis ao bebê, devem ser tratadas pela mãe e devolvidas ao filho como uma ansiedade modificada pelo devaneio materno.

Para Hanna Segal (1992), a condição de estabilidade e coesão egoica do bebê está articulada à introjeção de um objeto capaz de conter e tratar sua ansiedade. Refere-se a duas situações em que essa estabilidade pode ser ameaçada: por um lado, se a mãe se mostrar incapaz de suportar a angústia do bebê, causando-lhe um terror ainda maior; por outro lado, se o bebê tem onipotência excessiva em fantasias (Segal, 1992). Dessa maneira, como Bion (1996) apontou, "a identificação projetiva está subordinada à capacidade de *rêverie* da mãe" (p. 54), que não é um simples deslocamento das más experiências psíquicas por parte do bebê, mas, principalmente, uma transformação dessas experiências na mãe e a introjeção dessa mesma capacidade transformadora nos bebês. Bion definiu como elementos β as experiências projetadas pela criança, que são psiquicamente inassimiláveis e cujos elementos serão evacuados pelo mecanismo de identificação projetiva (Houzel, 2005). Os elementos α definem, por sua vez, a função de contenção da mãe, que consiste em receber e transformar essas experiências em elementos psiquicamente assimiláveis. Esse processo encontra seu ponto culminante na introjeção da capacidade de *rêverie* da mãe no bebê, um mecanismo que permitirá que a criança passe a se tolerar.

A pele, como superfície de contato por onde a comunicação é realizada, passa a fazer parte das considerações a respeito da função continente, sendo atribuídas a ela as funções de contenção e borda. Esther Bick (2002) teoriza, a esse propósito, a necessidade de que alguma "pele psíquica" seja minimamente constituída para que os processos de introjeção e projeção possam ser observados, como uma condição anterior ao nascimento do espaço interno. Dessa maneira, o modelo que possibilita a relação entre o ego e o objeto é a ligação da superfície, sem diferenciação entre interior e exterior. Todos esses processos serão entendidos como uma modalidade de existência muito primitiva, em que a criança, aderindo e agarrando-se, acaba adquirindo uma identidade: a identidade adesiva, como será definida por Bick.[7]

---

7 De acordo com o trabalho de Bick, Meltzer investiga mais profundamente a questão da identificação adesiva em crianças autistas, concentrando-se em alguns de seus fenômenos patológicos, incluindo a questão da dimensionalidade e do desmantelamento.

Seguindo o problema da função de contenção apresentada por Bion, o artigo de Esther Bick (2002), intitulado "A experiência da pele nas relações dos objetos primitivos", abre novas formas de investigação sobre a natureza e a introjeção desse objeto. "A tese é que, na sua forma mais primitiva, as partes da personalidade são percebidas como não tendo força de ligação entre elas e, portanto, devem ser mantidas juntas (...) graças à pele experimentada como fronteira", teoriza Bick (2002, p. 83). Essa ideia de partes das personalidades que inicialmente não têm conexão entre si nos aproxima do postulado de Bion sobre os elementos beta considerados psiquicamente inassimiláveis e que também não podem se vincular[8] (Houzel, 2005). A introjeção da função de contenção depende da realização de determinadas tarefas, como a primeira introjeção de um objeto externo comprovadamente capaz de conter e, em uma segunda etapa, a identificação dessa função do objeto, que será substituída por estado não integrado que deu origem à fantasia do espaço interior e exterior. Trata-se de uma maneira de compreender a aquisição do espaço interno e, portanto, externo, em que a experiência e a comunicação entre a mãe e o bebê se dão por vias sensoriais, corporais.

Esther Bick refere-se a uma busca frenética por um objeto "luz, cheiro, voz" no estado não integrado do recém-nascido, em que a melhor das hipóteses seria o "mamilo na boca" associado à maneira como mãe segura, fala e exala seu cheiro familiar (Bick, 2002, p. 228). Assim, a observação do bebê nos permite observar o

8 O conceito eu-pele foi desenvolvido por Didier Anzieu (1995) alguns anos depois de Esther Bick e seu conceito de pele psíquica. Embora não resulte diretamente dos estudos sobre identidade adesiva e do papel da pele desenvolvido por Bick, a noção de eu-pele atende ao problema da fronteira e da contenção. Essa noção foi introduzida por Anzieu em um artigo publicado em 1974, que é introduzido pela observação crítica da ausência de uma referência à superfície corporal em Melaine Klein.

desenvolvimento dessa função primária no bebê e entender como esse recipiente de objeto é experimentado como uma pele, uma pele para a psique.

A observação de Bick sobre o bebê parece ser consistente com a ideia da função de contenção proposta por Bion, na medida em que é uma função apoiada em atividades corporais em que a pele possui um papel crucial como sendo a natureza do recipiente. Bick observa que o bebê "teve que fazer o melhor com o toque de sua mãe para poder voltar a dormir" ou que um bebê, antes de entrar no banho, para de tremer com o simples toque de um algodão úmido, não porque estivesse com frio, mas porque o toque possibilita a experiência de contenção e borda. Essa passagem demonstra como a introjeção do objeto passa pela pele, o que assume um papel vital no desenvolvimento psíquico infantil. Em seguida, ela conclui: "Eu sugeriria que esse toque detenha seu poder de viscosidade, como uma restauração da sensação de um sentimento de se colar à mãe" (Bick, 2006, p. 94).

A partir dessas observações, Bick vai desenvolver uma teoria sobre um tipo de identificação[9] que se apresenta como uma "garra desesperada para sobreviver", descrevendo tipos de manifestações da ordem de uma colagem caracterizada por sua aparência bidimensional. A esse exemplo, ela relata a observação de um bebê incapaz de levar objetos à boca ou agarrar com as mãos, um bebê que manipula o seu coelho de pelúcia para adormecer tentando equilibrá-lo de maneira inteligente, mas sem agarrar-se a ele (Bick, 2006, p. 94).

---

9 Alguns anos depois, Bick sugere substituir o termo "identificação" pelo de "identidade adesiva", a fim de reforçar a ideia de que é uma modalidade existencial muito primitiva, como estipulado por Geneviève Haag (1986). Assim, em seu ensino oral, ela especifica "a ênfase que coloco agora, ao falar dessa primeira frase, é de natureza biológica", ou ainda, em seus primeiros trabalhos: "furar, aderir" é o meio de adquirir uma identidade.

Esse é o aspecto bidimensional, no qual o bebê é atraído pela superfície do objeto.

O avanço teórico de Bick, segundo Meltzer (2006), trouxe-nos uma descrição do desenvolvimento infantil e da psicopatologia que vai muito além do trabalho de Melanie Klein. No entanto, Meltzer enfatiza a abordagem absolutamente kleiniana das relações objetais e do narcisismo, as ansiedades persecutórias e depressivas dos modos de defesa e os tipos de identificação. Esse movimento de testar o objeto externo, a introjeção desse objeto e a identificação com a função que ele assume abre caminho para o estabelecimento da clivagem, a idealização do eu e o objeto, como aprendemos com Melanie Klein. Esther Bick (2006) explora de uma maneira diferente de Melanie Klein uma fase do desenvolvimento psíquico na qual o bebê não está ciente de uma separação entre ele e o objeto. Focalizando um eu primitivo no qual há introjeção, projeção e identificação desde o início, Melanie Klein se concentra no que podemos considerar como os primeiros momentos da constituição do ego. Por outro lado, o trabalho de Bick pressupõe uma situação que preexiste ao ego primitivo, para que as funções contidas sejam introjetadas e que um espaço dentro do ego possa aparecer, concentrando sua atenção nos primeiros momentos da vida extra-uterina[10] (Briggs, 2006, p. 54). Em busca de um suporte para as primeiras introjeções, as junções do olhar, da pele e das costas, entre outras qualidades sensoriais, passaram a ser objeto de

10 A "sensação de ter pele" em crianças com autismo foi discutida por Tustin em referência ao trabalho de Bick. Bick acrescenta que a criança autista tem medo de que sua pele não esteja bem presa ao corpo e que esteja desapegada. Isso ocorre porque as crianças com autismo não têm um "senso inato de conexões criativas de boca e mamilo" (Tustin, 2003, p. 80). Bick, portanto, enfatiza a importância do abraço mental e físico que a criança recebe da pessoa que lhe presta cuidados maternos: esses abraços são necessários para que a criança autista tenha a sensação de ter uma pele, um recipiente.

preocupação clínica e teórica dos psicanalistas kleinianos. Geneviève Haag fez um bom progresso nesses pontos, acrescentando à experiência da pele as interpenetrações do olhar combinadas com o contato entre a boca e a mama, com o suporte dorsal dando consistência e solidez à experiência do envolvimento psíquico, como é descrito por Houzel (2005).

A contribuição clínica de Haag (1997) nutre a ideia de que há uma condensação olho/mamilo na dupla interpenetração boca/mamilo/olhos que parece fundamental nas primeiras integrações, valorizando particularmente o olhar durante alimentação. O circuito de retorno, como ela definiu, é a experiência de troca de contato coordenado do olho entre a mãe e a criança.

Haag também insiste em outro importante apoio às costas para o desenvolvimento de um senso de restrição. O autor se refere ao trabalho de Grotstein sobre *O objeto de fundo da identificação primária*: "o objeto que torna o guardião do constância do objeto no estado nascente desde o início da vida, até que a representação dos objetos possa substituir a apresentação dos objetos". O trabalho de Grotstein refere-se a pacientes adultos que compartilham uma experiência comum: a perda de apoio nas costas. Haag insiste nesse trabalho no conceito de "representação-sentimento" (Houzel, 2005), que constitui um suporte sólido e tranquilizador, que se realiza bidimensionalmente, no nível de identificação com a presença de fundo, de forma adesiva.

A ideia é combinar a interpenetração do olhar e do mamilo na boca com a experiência de ser mantido pelas costas. É, portanto, a concomitância entre a sensação tátil nas costas e a interpenetração do olhar que dá à criança a "sensação" de algo que entra na parte de trás da cabeça e contribui para a construção de um corpo/espaço interno. Assim, a união desses fatores também contribui para a articulação entre bi e tridimensional (Haag, 1997, p. 105). O trabalho de Haag finalmente tenta demonstrar como o bebê precisa se juntar a essas experiências para sentir que seu corpo está envolvido pela pele. As junções expressas por Haag estão intimamente ligadas ao conceito de devaneio materno de Bion: esse ir e vir entre o bebê e o ambiente materno. Haag vê essa experiência como responsável por organizar os pontos da fronteira, a fronteira do ego.[11]

Haag insiste particularmente no papel de toda a atenção e "integração do toque que colabora na formação da pele e junções nas grandes articulações axiais do corpo e nas articulações dos membros" (Haag, 1997, p. 105). Essas hipóteses são baseadas na observação clínica em crianças que, nos primeiros anos de vida, sofreram um atraso no desenvolvimento, incluindo o psicomotor, em que não há desenvolvimento da exploração espacial e dos objetos. Segundo a autora, essas crianças explicaram-lhe, de maneira pré-verbal, que era necessário "redescobrir em forte relação de atenção a concomitância do toque tátil do contato das costas e a interpenetração dos olhares, desde que essa penetração esteja combinada com delicadeza" (Haag, 1997, p. 105).

Haag propõe então o conceito de um objeto lateral de identificação primária para refletir sobre a lateralização dessas identificações intracorpóreas. A ideia é que metade do corpo seja identificada com a mãe e a outra metade identificada com o bebê, cujo eixo principal é formado a partir de uma "solda". Houzel (2005) explica como essa "solda" é estabelecida entre essas duas partes que constituirão o que, na psique, pode ser equivalente ao eixo vertebral corporal, um sólido eixo psíquico, "entre a presença de volta simples e a presença lateral, instalava-se gradualmente a percepção de uma profundidade, abrindo um espaço interno nos objetos e no eu onde os mecanismos de projeção e introjeção poderiam ocorre" (p. 81).

11 A proximidade entre essas noções e a ideia de holding em Winnicott será discutida no capítulo seguinte.

A partir do trabalho de Bick sobre a experiência da pele, Haag (1991) abre novos caminhos de investigação em relação às qualidades do objeto externo e à presença que sustenta os primeiros estágios da vida. É importante também reiterar como os avanços teóricos nas identificações primitivas necessariamente levam a uma reflexão sobre a constituição de um espaço interno e a relação uni bi ou tridimensional com a realidade. Nas contribuições teóricas de Haag, a constituição de um espaço interno aparece somente após as identificações intracorpóreas.

O trabalho de Donald Meltzer et al. (2002) sobre identificação adesiva abriu uma nova via de investigação para os fenômenos psíquicos do bebê. A identificação adesiva representa uma relação que "parece reproduzir um tipo de dependência" persistente "na qual a existência separada do objeto não é reconhecida". Seu papel é, de fato, remover qualquer lacuna, qualquer distância entre o sujeito e o objeto, para evitar sofrimento e ansiedade de perda ou separação.

A questão da adesividade será muito explorada no campo da pesquisa sobre o autismo especificamente em função dos sintomas clássicos que a psicopatologia apresenta, como a ecolalia e a ecopraxia. Gostaríamos de destacar, no entanto, que os fenômenos da adesividade são úteis para a compreensão da questão originária normal do psiquismo e, principalmente, ajudam no entendimento do que virá a ser a observação do brincar no bebê.

A partir do trabalho de Bick (1968), Meltzer et al. (2002) avançam em direção à questão ainda pouco explorada da dimensionalidade. A teoria de Bick enfoca o problema da dimensionalidade com referência à introjeção do objeto continente e sua relação com o conceito de um espaço interno do ego. Meltzer et al. (2002) enfocam como as dificuldades na introjeção do objeto resultam na impossibilidade de sair de uma dimensão bidimensional.[12] Assim, o autor relacionará as questões da dimensionalidade no autismo e os defeitos de uma concepção do objeto continente. As considerações propostas por Meltzer et al. (2002) – sobre a questão da dimensionalidade como parâmetro do funcionamento mental e sua relação com a organização narcísica – serão brevemente abordadas no artigo que conclui a *Exploração do mundo do autismo*. A descrição da unidimensionalidade é definida como "fonte, objetivo e objeto dos determinados esquemas instintivos"; existe uma "relação linear da distância-tempo entre o eu e o objeto". Os objetos nesse mundo são concebidos como "potencialmente atraentes e repulsivos" e o tempo se apresentaria como "inseparável da distância, um composto de distância e velocidade" (Meltzer et al., 2002, p. 278). Ele exemplifica o autismo propriamente dito com a delimitação da experiência em um mundo unidimensional caracterizado pela ausência de atividade mental, cujos eventos não estão disponíveis para o pensamento e a memória. Nesse sentido, o espaço interno está ausente e a experiência é unidimensional.

No plano bidimensional, Meltzer nos diz que "o significado dos objetos é experimentado como inseparável das qualidades sensuais que podem ser percebidas em suas superfícies" (Meltzer et al., 2002, p. 280). O mundo bidimensional, segundo Meltzer, impossibilita a memória, o desejo e a capacidade de prever, bem como a introjeção de objetos ou a modificação introjetiva de objetos já existentes. Assim, Meltzer descreve o sentimento diante das mudanças na disposição psíquica "imutável" como um "colapso de

---

12 Meltzer et al. (2002), na continuidade do pensamento de Bick (1968), aprofundam o problema da identificação adesiva e introduzem o conceito de desmantelamento, delimitando a especificidade dos mecanismos utilizados pela criança autista. A tese apoiada por Meltzer é que a experiência do autismo não deriva de um defeito da introjeção de um objeto continente, mas do próprio reconhecimento de um objeto continente.

superfícies – fissuras, lágrimas, supuração, dissolução" (Meltzer et al., 2002, p. 280).

O plano tridimensional introduz a ideia de orifícios no objeto e no eu, onde problemas emocionais não aparecem mais simplesmente em ambos os lados de um objeto fino como papel. A experiência do tempo é bem distinta da descrita pelos planos uni e bidimensional. Assim, é um tempo que "começa a tomar uma tendência direcional adequada, um movimento impiedoso de dentro para fora" (Meltzer et al., 2002, p. 281).

Meltzer apresenta dessa maneira uma fenomenologia da identificação adesiva, pois se concentra na experiência espaçotemporal de crianças autistas, definida pela identificação adesiva. Bidimensionalidade é correlativa com um funcionamento mental em que a existência de um espaço interno não pode ser assumida. E é precisamente a ausência do conceito de espaço interno que dá origem a identificações do tipo adesivo, na superfície dos objetos concebidos como objetos sem profundidade.

Esses avanços teóricos possibilitaram o desenvolvimento de um campo de observação dos bebês que tem o brincar como uma importante ferramenta clínica e diagnóstica. O brincar no bebê é compreendido como a ação ou gesto espontâneo criativo que poder ser reconhecido pela sua natureza corpórea e pessoal. Agarrar, explorar, manipular o objeto, estabelecer o contato visual ao mesmo tempo que isso acontece, responder aos estímulos sonoros prosódicos podem ser considerados fenômenos de um brincar primitivo que indicam, a partir da sua inibição ou do seu caráter estereotipado, fatores de riscos de sofrimento psíquico.

Saboia (2015), em uma pesquisa sobre a relação entre o brincar primitivo e os indicadores de risco de sofrimento psíquico, aponta como o desinteresse em relação à exploração e manipulação de um objeto, o desinteresse em pegar ou até mesmo constituir um jogo compartilhado com o adulto é, em alguns casos, coincidente com o não estabelecimento do contato visual. Vimos, a partir de Bick e Haag, como as experiências sensoriais são fundamentais para o asseguramento do bebê, como uma busca frenética por cheiro, voz, sons, luz e, em um segundo momento, acrescentamos, texturas, cor e plasticidades variadas. Essas manifestações primitivas do brincar estão ainda anteriores ao brincar simbolizado, tendo em vista que o uso dos objetos ainda corresponde a uma dimensão sensorial e estética.

As dimensões psicopatológicas do brincar no contexto da teoria pós-kleiniana

O estudo das dimensões psicopatológicas do uso desses objetos no brincar primitivo ficou ao encargo, na teoria pós-kleiniana, do trabalho de Frances Tustin (2003) a respeito da questão do autismo e do que ela denominou "objeto-sensação-autístico". Tustin vai defender a ideia de que a criança autista, diante de uma frustração que é para ela insuportável, faz uso desses objetos para justamente impedir que as atividades de protopensamentos aconteçam. Para ela, "em vez de criar ilusões saudáveis e alucinações que o levariam a sonhar, fantasiar e pensar", ele começa a manipular demais os objetos "como remédios usados pela criança autista, que parecem estar em continuidade com essa ideia de capturar efeitos sensoriais como luz, sons, etc." (Tustin, 2003, p. 206). Tustin define os objetos-sensação-autísticos pelo uso idiossincrático da criança, como se eles fizessem parte do corpo para dar sensações que tranquilizam e desviam a atenção. Em resumo, de acordo com Tustin (2003), para a criança, o objeto-sensação-autístico é, acima de tudo, uma sensação como as sensações trazidas pelas partes de seu próprio corpo. O olhar vazio da criança autista pode ser entendido, segundo ela, como um desvio de sua atenção para uma sensualidade, a fim de evitar a consciência da separação física que vai ser preenchida pela estereotipia. O objeto-sensação-autístico se torna a ferramenta por meio da qual esse "apoderamento da sensação" é expresso. A explicação vai de encontro ao que vimos em Esther Bick sobre o desvio da atenção do bebê e o uso da sensorialidade no momento da interrupção do seu relacionamento com a mãe.

Ainda em referência à questão da espacialidade em artigo recente "Angoisses spatiales et création de l'espace dans la clinique de l'autisme", Lheureux-Davidse (2018) explora as angústias espaciais de crianças autistas em razão da saturação sensorial em que vivem e a não constituição de um sentimento de estar contido em um espaço com profundidade e volume. Reconhecendo o caráter bidimensional dessas experiências que são vividas em um contato de superfície, a autora vai chamar a atenção para as dificuldades próprias da avaliação das distâncias no espaço:

> *No desenvolvimento normal, a avaliação das distâncias no espaço é feita principalmente na troca de olhares vivos. As crianças com autismo, que não investem o olhar vivo nas trocas com seus pais, avaliam muito mal as distâncias no espaço, tanto mais quando há movimentos difíceis de perceber se são rápidos. Se eles preferem olhar para a periferia do que para a frente, o olhar periférico não avalia as distâncias. . . . Avaliar distâncias no espaço se torna muito difícil. Na maioria das vezes, estão sujeitos a ansiedades espaciais e não estão mais disponíveis para interagir com os outros... Ao se refugiar em um espaço próximo, a complexidade e a multiplicidade das informações sensoriais ao redor diminuem. Para que um espaço seja vivido como confortável, é necessário avaliar as arestas que formam os*

> *limites. Em caso de saturação sensorial, a capacidade de avaliar as bordas do espaço desaparece. (Lheureux-Davidse, 2018, p. 52)*

O artigo vai defender a ideia de que as mais diversas estereotipias do autismo encontram sentido quando estão relacionadas à função de borda do espaço corporal que não está constituído para a criança, dependendo do tipo de dificuldade espacial que ela apresenta: movimentos rápidos de agitação da mão na frente dos olhos, o balanceio do corpo para encontrar um reequilíbrio, andar na ponta dos pés. Ela vai descrever a garotinha autista que reduzia a seu espaço ao espaço corporal e que andava com um livro fechado diante dos olhos para fazer uma borda a 10 cm do corpo: "às vezes, ela girava sobre si mesma, fixando o livro na frente dos olhos, criando um fluxo visual rápido o suficiente para perceber apenas traços e não todos os detalhes" (Lheureux-Davidse, 2018, p. 52).

A autora sugere como o psicanalista, nesse caso, deve intervir para que a estimulação não se repita infinitamente, propondo a narratividade do vivido sensorial da pessoa que a acompanha, por identificação, destacando a necessidade de que essas experiências possam vir a ser compartilhadas. Como no exemplo a seguir: "uma menininha balançando uma fita com a mão direita, o braço estendido e uma almofada com a mão esquerda, o braço estendido, como um ator equilibrado, buscando sua verticalidade no espaço" (p. 55), ou ainda crianças que se refugiam no corredor e se dirigem para a frente e para trás, experimentando as bordas do corredor. A conclusão da autora é de que as crianças autistas variam a condição para se sentirem bem em relação ao espaço, amplo, estreito, mas a grande dificuldade está na flexibilidade da passagem de um tipo de experiência espacial a outro.

A técnica nesse caso consiste em produzir pela narratividade das experiências corporais internas do analista a coexistência de duas áreas do espaço, apostando que a transição de uma para a outra ficaria facilitada, ou ainda "um comentário com um cochicho, que envolve o espaço de proximidade, pode ajudar uma pessoa autista a se reorientar em seu corpo" (Lheureux-Davidse, 2018, p. 57).

Trata-se de técnicas que privilegiam a experiência compartilhada promovendo o acesso à intersubjetividade e que utilizam o brincar de uma forma absolutamente distinta do modo como fora compreendido por Melanie Klein, em função dos avanços teóricos estabelecidos pelos autores pós-kleinianos.

O artigo apresenta uma comovente intervenção clínica a propósito do problema espacial em um menininho de 9 anos que ilustra de maneira exemplar o uso clínico desses avanços teóricos:

> *um menininho autista, epilético com síndrome de West, sem linguagem verbal, na ausência de trocas oculares até 9 anos. Após uma angústia de queda, devido a inúmeras ausências epilépticas em sua primeira infância, antes de ser diagnosticado, Alain gastou toda sua energia tentando se automanter para não cair, segurando uma concha muscular em torno de sua verticalidade, as pernas rígidas sem levantar os pés e com extrema lentidão quando ele caminhava. Em casa, ele alinhava objetos que rolavam para a frente e para trás no chão a 10 cm de seus olhos, criando um fluxo visual ao redor dele que limitava seu espaço corporal. Ele pareceu tonto assim que olhou além desse limite. Quando se movia, ele se aproximou das paredes, cercas, corredores e armários para olhar 10 cm, avançando muito lentamente, pernas rígidas, sem investir visualmente o espaço além seu espaço*

corporal de proximidade. Assim que foi confrontado com o espaço envolvente, o espaço de locomoção ou o espaço profundo, ficou tonto e parou, causando um tremor por todo o corpo, indo e voltando de cima para baixo, como se quisesse verificar sua existência em sua verticalidade. Era uma maneira de focar novamente quando ele estava perdido no espaço. Sua vida foi reduzida visualmente às bordas do espaço do corpo. Ele parecia viver muito pouco em seu próprio corpo.

Em benefício de um compartilhamento emocional no contexto de uma psicoterapia que eu comecei com ele aos 9 anos, minha narratividade deu a ele acesso a uma representação de suas experiências internas. Eu me gabava da solidez das bordas de seu espaço corporal, ao qual ele se agarrava visualmente, das paredes, das barreiras e dos corredores, e acrescentei que seu corpo também era sólido e reto. Isso lhe permitiu explorar gradualmente além dessa área de grande proximidade, descobrir o espaço na área de preensão entre 10 cm e 70 cm. Por imitação, adotei em sincronia o ritmo muito lento de seus passos enquanto levantava meus pés. Ele era muito sensível à minha imitação, que lhe revelou o ritmo de sua caminhada e a existência de suas pernas. Seus olhos estavam balançando para as pernas que estavam andando e as minhas. Ele começou a me encarar. Ele era sensível à minha imitação e narrativa e se sentia mais preocupado consigo mesmo. Ele ainda não tinha a noção de unidade em seu corpo e estava mais sensível à minha narratividade quando adotei o ponto de vista de uma experiência interna de uma parte do corpo, e não de todo o corpo. Assim que senti que ele estava mais preocupado com as pernas, eu disse a ele o quanto as pernas gostavam

> *de dar grandes passos. Eu mantive seu ritmo muito lento enquanto levantava meus pés com teatralidade. Ele parecia muito interessado e começou a me imitar de vez em quando. Ofereci-lhe variações: corri por alguns passos, andei na ponta dos pés e dobrei. Divertia-o muito. Seu corpo se tornou mais habitado, mais flexível e mais vivo, acompanhado por trocas de olhares e sorrisos espontâneos, depois algumas risadas se abriram. Se ele ainda não explorou sua linguagem verbal, as trocas intersubjetivas se instalam cada vez mais, em um prazer compartilhado. A imitação de seu rosto é descongelada e acordada. Ele agora verifica frequentemente se eu olho para ele, para compartilhar o que lhe interessa como uma criança que se sente interessante e que tem o prazer de compartilhar.*
>
> *Seguindo seus interesses espontâneos em atenção conjunta, eu o acompanho na representação de suas experiências visuais entre diferentes pontos focais, de perto e de longe. . . . Atualmente, ele não está mais preso às paredes de seu ambiente, seu campo de exploração visual se expandiu, ele é um pouco mais seguro em seus movimentos e não deixa de trocar olhando para mim espontaneamente com grandes sorrisos. Ele explora seu ambiente mais facilmente, sem ser abalado, e eu sussurro de vez em quando, para que ele possa coexistir melhor em seu corpo quando toda a sua atenção tenderia a transportá-lo para fora de si. Ele adquire um verdadeiro prazer no relacionamento. O trabalho sobre a flexibilidade entre as zonas do espaço, o respeito ao ritmo e o espanto compartilhado contribuíram para isso. (Lheureux-Davidse, 2018, p. 54)*

A presença de pano de fundo das primeiras introjeções e a conquista de um espaço interno, obstruído pelo uso maciço da sensorialidade, são teorizações que vão novamente reafirmar o valor técnico do brincar, que se apresenta como um simples--complexo modo de estar com o outro – bebê, criança ou adulto – em presença compartilhada.

A teoria pós-kleiniana direcionou a pesquisa para o problema do suporte material das primeiras introjeções e expandiu em grande medida o pensamento kleiniano a partir do estudo da superfície de contato e o papel da pele para o psiquismo. O método de observação de bebês proposto por Bick, dando continuidade ao pensamento de Bion, trouxe a questão de uma posição originária do psiquismo constituída por uma identidade adesiva que é anterior à constituição de um eu primitivo, com um espaço interno já estabelecido, conforme postulado por Melanie Klein. Ao mesmo tempo, a clínica com as crianças autistas e os problemas na experiência da espacialidade viriam também a se confrontar com a ideia de um espaço interno já constituído desde o nascimento. Meltzer, com o estudo da relação entre a adesividade e a aquisição de um espaço interno, lança uma luz sobre a compreensão das experiências uni, bi e tridimensionais. Essas novas considerações vão reposicionar o brincar mais uma vez, além da sua potencialidade técnica, como um instrumento de avaliação clínica e diagnóstica do bebê a partir do modo como ele se atira ou se inibe em direção aos objetos.

O problema da espacialidade, a nosso ver, e sua relação com o uso do objeto, é o grande passo clínico e epistemológico que posiciona o brincar como um novo modelo para experiência psíquica, a exemplo do que foi o sonho para o modelo freudiano.

3. O brincar em Winnicott: três lições e dois jogos para uma aula de objeto

Muita coisa tem gosto de mais. Mas também aprendemos a esperar, pois o que uma criança deseja raramente chega imediatamente. Sim, espera-se pelo próprio desejo, até que ele se torne mais claro. Uma criança agarra tudo para encontrar o que tem em mente. Joga tudo fora, está incessantemente curiosa e não sabe pelo quê. Mas o novo já vive aqui, o outro com o qual se sonha. Meninos destroem o que lhes é presenteado: eles buscam por mais, desembrulham-no. Nenhum menino poderia dizer o que é e jamais o terá recebido. Assim, o que é nosso se esvai, ainda não comparece.

O princípio esperança (Ernst Bloch, 2005)

O começo pelo fim. Esse é o modo como Winnicott escreve a sua autobiografia, quando afirma a necessidade de poder estar vivo e presente no momento da própria morte. O método de narrar a vida à beira da morte determina a própria teoria que anima a sua longa jornada de psicanalista. O ponto de vista da morte, daquilo que não se realizou, uma antiexperiência foi certamente uma perspectiva decisiva do analista britânico para lidar paradoxalmente com os processos da vida. Coloca-se desse modo singular na tradição psicanalítica – para a qual a experiência do vivido e sua positividade seriam centrais no entendimento dos processos psíquicos –, abarcando uma infinidade de fenômenos derivados de um não acontecimento, uma não realização. Preocupa-se com as formas de angústias impensáveis, com experiências de agonia que estão mais próximas à maneira como o moribundo espera e antecipa a própria morte do que o colorido afetivo que tradicionalmente preenche a angústia diante da neurose. Trata-se de formas de adoecimento que compõem uma nova nosografia: a experiência do vazio, o sentimento de não ser real, a futilidade, o sentimento de não habitar o próprio corpo, de sentir que a vida não vale a pena ser vivida.

Foi a partir, inclusive, de uma negatividade que Winnicott encontrou a psicanálise. O então jovem pediatra, incomodado com a sua ausência de sonhos no pós-guerra, quando perdeu grande parte dos seus amigos, encontra em *A interpretação dos sonhos* (1900/2019) sua estrada real para a psicanálise.

O fim de onde gostaríamos de partir, no entanto, aconteceu dezenas de anos de intensa e criativa atividade clínica depois desse primeiro contato. Estamos em 1969 e Winnicott encaminha a paciente Veronique para Masud Khan, fazendo alguns apontamentos importantes para a condução do caso. A espontaneidade da conversa, a essa altura, versava sobre uma autora feminista de quem Winnicott havia ouvido falar:

> *Por falar nisso, quem é essa mulher? Simone de Beauvoir? Ela escreveu bastante sobre mulheres e sexo. Já que você lê tudo, deve ter lido seus livros também. Deixei a provocação de D.W.W. Eu sabia que ele estava nervoso por duas razões: a garota (veronique) era uma proposta incomoda e ele não tinha certeza se eu aceitaria tomá-la sob meus cuidados. A clínica de repouso onde ela estava ficava a uns 50 km de Londres, e eu teria que ir até lá. Depois de uma curta "desaparição" dentro de si mesmo, D. W.W. prosseguiu: "Sim, Khan. Prometi a seus pais que ligaria hoje para eles na clínica, para comunicar-lhes a sua decisão. Posso dizer que discuti a questão com você, e que você está a caminho para vê-la por volta do meio dia? O fator clinicamente importante é ver Veronique no momento em que ela recusa a comida. "Você quer dizer, como ela faz". "Isso, isso. Mas, pelo amor de Deus, Khan, não seja muito esperto com Veronique, do contrário nunca vai descobrir o que a nauseia ao comer ou ir para escola." "Você manda, D.W.W." . . . Como gesto de despedida comentou com sua costumeira ironia: "Ah, Khan, não troque de roupa. Suas botas e sua gravata de equitação darão mais segurança a Veronique do que qualquer coisa que você diga. Boa sorte, Khan". (Khan, 1988, p. 46)*

Talvez fique mais claro para o leitor saber que Winnicott já havia dito que Veronique era uma aristocrata, "assim como você, Khan", e que gostava muito de equitação. A recomendação era manter as suas botas em vez de lhe dizer coisas espertas. Em outras palavras, Winnicott condensava anos de pesquisa clínica em um conselho que tinha por objetivo garantir à menina um lugar possível onde os dois pudessem se encontrar e favorecer para que esse sentido encontre apoio na materialidade das botas de cavaleiro.

Winnicott parte dos sonhos, da ausência deles, mas foi um autor em que a materialidade ocupou um lugar de importância inédito na história da psicanálise. Ele constitui a partir da *observação de bebês em uma situação padronizada* a matriz do seu pensamento clínico, uma situação que descreve sistematicamente o encontro do bebê com uma espátula, dando continuidade, ainda que de forma inconsciente, à inquietação ferencziana sobre o grande acontecimento: um bebê esticar sua mão em direção ao móbile. Veremos Winnicott descrever de maneira absolutamente original, com base nessa observação, uma teoria sobre o desenvolvimento emocional primitivo que busca trilhar o caminho da experiência subjetiva à realidade compartilhada até alcançar a cultura, pela via, também singular, em que descoloca o núcleo da pesquisa psicanalítica de uma razão edípica para as questões que envolvem o ambiente. Nesse percurso, as formas-objeto são fundamentais: objeto subjetivo, objeto transicional, o uso e a destruição do objeto. O destaque em nossa pesquisa é sobre o modo como ele constituiu o objeto transicional, tendo em vista que é a partir daí que o brincar surge e é quando, justamente, a materialidade assume um valor que é constituinte do si-mesmo. Trabalharemos, junto com Winnicott, os fenômenos e os objetos transicionais como a descoberta decisiva da sua clínica, tanto para as questões técnicas – *setting*, manejo, transferência, intervenção e interpretação – como também para o modo de se pensar a constituição do eu. Veremos como essa descoberta vai alterar, ao mesmo tempo, a importância e o papel do brincar na história da psicanálise e o modo como o símbolo passa a ser tratado.

Este capítulo divide-se em três formas de se relacionar com o objeto, em alusão ao que Winnicott denominou como sendo uma lição de objeto a partir das observações de bebês em uma situação padronizada e do reconhecimento do desenvolvimento emocional primitivo. São eles: o período de hesitação e a forma subjetiva, a forma transicional, o uso e o descarte do objeto na sua forma objetiva. E dois jogos que derivam dessa perspectiva clínica: o jogo da espátula e o jogo do rabisco. Por último, trabalharemos três sessões do caso *Piggle* buscando compreender a importância do brincar no manejo clínico, a maneira como são utilizadas a interpretação e a intervenção e, por fim, o uso do símbolo.

Winnicott conheceu Klein durante sua análise com Strachey. Foi supervisionado por ela, analista do seu filho Fritz, e ela, da sua segunda esposa, Claire Winnicott. Apesar de ficar surpreendido por ela e reiterar diversas vezes sua grande contribuição na história da psicanálise, chama a atenção do pediatra a meticulosa pesquisa sobre a questão do originário do psiquismo da criança em desarticulação aos cuidados que lhe são dispensados. Ora, Winnicott, como a maioria dos psicanalistas de sua época, foi marcado pelos tempos de guerra em sua biografia e no modo de pensar a clínica. Trabalhou em abrigamentos de crianças evacuadas da guerra para as quais a ruptura nos processos de cuidado promovia formas de ser e sofrer muito particulares e, por essa razão, não poderia ser indiferente ao papel e a importância do ambiente no processo de maturação.

Ele valorizava, no entanto, além do uso do brinquedo no atendimento de crianças, a capacidade de Klein reconhecer a importância da realidade psíquica e sua autonomia em relação à realidade. E, apesar de criticar enfaticamente a posição esquizoparanoide e o papel da pulsão de morte nos primórdios do psiquismo, valoriza a formulação sobre a posição depressiva no sentido em que compreende que tudo depende de como o bebê é capaz de encontrar a saída do conflito entre amor, ódio e sadismo incontroláveis.

Veremos como para ele a questão da ambivalência e do sadismo, compreendidos na perspectiva do desenvolvimento emocional primitivo e na relação de dependência, encontrará um entendimento na forma de um amor impiedoso, que não sabe amar sem se empanturrar e destruir o outro do qual depende. Winnicott substitui, dessa forma, a noção de estágio e posição pela ideia de capacidade, potencial, deslocando a ênfase kleiniana na capacidade de conhecer para a capacidade de brincar como critério de saúde. Esse é o começo.

Lição 1. Winnicott, o bebê e a espátula: hesitação

O jogo da espátula: uma situação padronizada para o acontecimento do brincar

A observação de bebês e a constatação pioneira de uma "complexa estrutura mental no bebê" era, além de original, perturbadora para os analistas que "apenas enxergavam a angústia de castração e o complexo de Édipo", segundo Winnicott. A novidade foi enunciada em um artigo de 1936, "O apetite e os problemas emocionais", em que o analista apresenta as estreitas relações entre a anorexia nervosa na adolescência, dificuldades na alimentação durante a infância, distúrbios do apetite em momentos críticos e as inibições da amamentação na primeira infância – além de ser considerado o ponto de partida para a teoria do brincar em sua obra.

Winnicott, reconhecidamente influenciado por Melanie Klein, mas, ao mesmo tempo, aberto à sua experiência clínica com bebês, apresenta de modo didático as relações entre a ingestão do alimento e as fantasias que acompanham a oralidade:

> *Há uma tremenda elaboração das duas partes da fantasia que acabei de delinear, ou seja, ideias sobre o que se passa dentro da criança e, juntamente com isso, ideias sobre como está o interior da fonte do alimento, a saber, o corpo da mãe. "Penso também no que ocorre com a fonte do alimento. Quando estou com fome penso em roubar e até destruir a fonte de alimentos, e então me sinto mal a respeito do que tenho dentro de mim e penso em maneiras de me livrar disso, tão rápida e completamente quanto possível". (Winnicott, 1958a/2000, p. 93)*

A fantasia a respeito do corpo é objeto de interesse de Winnicott diante dos mais variados sintomas da clínica médica pediátrica. Criativamente ancorado na tradição[27], para usar o modelo paradoxal que ele tanto preza, Winnicott vai falar de uma "elaboração sem fim" da experiência corporal que é o que para ele, na década de 1930, constituía o mundo interno. Winnicott vai descobrir que a localização desse mundo interno parece não ter muito critério no corpo da criança. A esse exemplo conta o caso do menininho que chega para a consulta com uma dor genérica na barriga, e que parecia ainda não ter se decidido sobre onde se localizaria a dor, mas sabia que tinha algo a ver com o seu interior. Para ele, o menininho ainda nem havia decidido se estava doendo ou não, mas tinha a convicção de ter alguma coisa. "Ele acreditava que havia um bebê lá dentro, um bebê menino que não queria perder" – algo a ver com o amor pelo pai, pontua Winnicott.

A partir dessas observações, Winnicott nos prepara então para a descrição do que chamou de "o grande espetáculo". Trata-se do fato de que um bebê avança sua mão para a espátula e descobre, inesperadamente, que a situação exige "uma consideração maior". O bebê olha para a mãe e para Winnicott. Gradualmente, ele se torna corajoso, confiante, e não demora muito para colocar a espátula na boca. Ele deixa cair a espátula e fica feliz quando ela lhe é devolvida. Deixa cair propositalmente a espátula de novo e de novo. O bebê pede para descer e brinca com a espátula até perder seu interesse por ela.

Winnicott apresenta o "espetáculo" de um menininho de 11 meses diante dessa experiência de objeto, chamando a atenção para o fato de que, ao colocá-la na boca, ele incorpora uma experiência de seio bom, internalizado, e a partir daí passa a brincar com ela, deixa cair, como havia aprendido com Melanie Klein. O bebê primeiramente possui a espátula para, em um segundo momento, poder se livrar dela. Não é o caso, por exemplo, desse outro pacientezinho, de 2 anos, com uma inibição importante em relação à comida, que brinca de modo pobre e pouco criativo:

> *ele vê a espátula, mas a deixa de lado. Toca-a como que por acaso, enquanto brinca com os movimentos da mão. Nesse momento ele se volta para o outro lado. Subitamente retorna a ela, olha para mim interrogativamente, para avaliar minha reação e rapidamente desvia o rosto. . . Agora ele pega a espátula em um movimento rápido, e imediatamente bate na mesa com ela, e a deixa deitada ali. Como que alarmado pelo que havia feito, ele a evita, aparentemente em definitivo, mas tempo depois volta a tocá-la com um gesto ansioso. (Winnicott, 1941/2000)*

Winnicott enfatiza nesse caso a presença do mundo interno, seus conflitos e suarelação direta com a exploração do mundo, sem uma consideração específica para a questão do ambiente. Esse passo será delineado, alguns anos mais tarde, com a retomada do jogo da espátula, em 1941, e sua elevação à condição de uma situação padronizada de observação, precursora do que, posteriormente, se desenvolverá em torno da noção de *holding*.

A "Observação de bebês numa situação padronizada" (Winnicott, 1941/2000), em que formaliza teoricamente o jogo da espátula, pode ser considerada a cena paradigmática da clínica winnicottiana, modelo da experiência psíquica, gênese do gesto espontâneo que vai se expandir, na teoria e no desenvolvimento emocional, em direção à transicionalidade, ao brincar compartilhado, à cultura. A matriz do que será reencontrado, posteriormente, nas consultas terapêuticas, na psicanálise, segundo a demanda, e na maneira como Winnicott vai conduzir a sessão analítica (Safra, 1999).

A simplicidade que compõe a observação testemunha algumas características importantes do estilo do autor: a teorização muito próxima da experiência clínica, a escrita de quem gostaria de ser "compreendido e não copiado", o gesto espontâneo do próprio Winnicott diante do bebê. Trata-se de uma cena que condensa toda a sua produção teórica, o fato de que "a criança agarra o que tem em mente" e isso é, no limite, um princípio de esperança.

A situação padronizada foi concebida por Winnicott ao longos dos seus vinte anos de observação de bebês e permite analisar, a partir do modelo – bebê no colo da mãe –, o modo como as mães se comportam em casa, se mais ansiosas ou confiantes, e o modo como o bebê se comporta em relação a si mesmo e à realidade. Sentado no colo da mãe, na presença de Winnicott, de uma espátula brilhante ao alcance de suas mãos e sustentado artificialmente por um ambiente que aguarda com paciência o seu gesto espontâneo, o bebê realiza o que Winnicott vai descrever como sendo a "sequência normal dos eventos", sem deixar de indicar que qualquer variação em relação a essa forma é sinal de que alguma coisa não vai bem:

> Primeiro estágio *O bebê avança sua mão para a espátula, mas nesse momento descobre, inesperadamente, que a situação exige uma consideração maior. Ele está num dilema. Ou ele pousa sua mão na espátula e com os olhos abertos, olha para mim e olha para a sua mãe, observa e espera, ou então em alguns casos, retira completamente seu interesse e enterra a cara na blusa da mãe. Normalmente é possível administrar a situação de modo a evitar que qualquer reasseguramento ativo seja dado, e é muito interessante observar como ressurge, gradual e espontaneamente, o interesse do bebê pela espátula.*
>
> Segundo estágio *Ao longo de todo esse tempo, que eu chamo de "período de hesitação", o bebê não move o seu corpo, ainda que não haja rigidez. Gradualmente ele se torna corajoso a ponto de permitir que seus sentimentos aflorem, e então a situação muda rapidamente. O momento em que essa primeira fase é substituída pela segunda é evidente, pois a aceitação, pela criança, da realidade de seu desejo pela espátula é anunciada por uma mudança que ocorre no interior da sua boca, que se torna flácida, enquanto a língua parece grossa e macia, e a saliva flui copiosamente. Não se passa muito tempo, até ele pôr a espátula na boca e começar a mastigá-la com suas gengivas, ou dar a impressão de estar imitando o pai, fumando um cachimbo. A mudança no comportamento do bebê é marcante. Em vez de expectativa e quietude, agora há autoconfiança e movimentos livres do corpo, relacionados com a manipulação da espátula. (Winnicott, 1941/2000, p. 114)*

Ao "período de hesitação" Winnicott acrescenta o fato de que é impossível levar forçadamente à boca a espátula, caso o bebê não tenha superado esse momento. Em se tratando, segundo ele, de uma hesitação aguda, qualquer tentativa forçada de colocar a espátula na boca resulta em manifestações psicossomáticas, gritos e angústia. As variações possíveis nesses primeiros dois estágios dizem respeito a um retraimento maciço diante da espátula ou, inversamente, a uma atração indiscriminada pela espátula sem fazer nenhuma consideração.

A cena padrão toca, de saída, em dois pontos fundamentais: a "consideração maior" que ele denominou como período de hesitação, como o reconhecimento do mundo interno do bebê – que já havia sido mencionado no artigo de 1936 –, e a "evitação de um reasseguramento ativo", ou seja, a promoção de um ambiente que não se antecipe ao gesto e, em certa medida, às necessidades do bebê. Esse é o fundamento que instaura uma condição específica para o encontro e, ao mesmo tempo, afirma a importância da participação do ambiente, complementar às questões relacionadas ao mundo interno, na experiência do bebê e, como consequência, na qualidade da presença do analista na sessão de análise.

Cabe ainda observar que a cena, bebê no colo da mãe na presença de um homem, remete ao triângulo edípico e coloca o bebê na condição de ter que negociar com duas pessoas ao mesmo tempo – considerando-se que se trata de um bebê que aos 5 ou 6 meses já é capaz de conceber o outro como um objeto total. Embora essa observação não escape aos olhos de Winnicott, o psicanalista desloca a questão edípica para um novo campo de problemas que diz respeito ao que ele vai denominar como a tolerância dos pais em relação ao bebê e a repercussão disso no "sentimento de *self* que se desenvolve e também está relacionado aos seus desejos" (Abram, 1996/2000, p. 131). Winnicott vai argumentar que seria como se os pais concordassem com a gratificação do bebê, tolerando o conflito subjacente aos seus sentimentos, inclusive em relação a eles próprios. O bebê, pouco a pouco, vai se tornando capaz de se beneficiar da tolerância do ambiente em relação a si e seus sentimentos, experiência gratificadora cumulativa que está na base do desenvolvimento da confiança e da segurança no ambiente. Do ponto de vista do desenvolvimento teórico a tolerância é o germe do que vai ser desenvolvido por Winnicott em termos da importância do enquadre e do *holding* na sala do analista e no colo da mãe.

Esse deslocamento do problema edípico para o ambiente é um esforço em compreender como – apesar do mundo interno e suas fantasias – o bebê se atreve a querer e a pegar a espátula, às custas da confiança e, posteriormente Winnicott dirá, da sustentação ambiental. Levando seu pensamento adiante, Winnicott vai interrogar o que, afinal, representa a espátula: o seio? O pênis? E responde: muitas coisas. Veremos como a perspectiva winnicotiana do simbolismo, na brincadeira do bebê, já se direciona a uma leitura do símbolo como objeto total, referindo-se de algum modo a uma imagem de si, que se apresenta em sua totalidade e tem – a partir desse valor apresentativo e não representativo – o modo como o bebê experimenta a si mesmo e o uso que faz do objeto, para além daquilo que ele representa. Essa concepção da qualidade apresentativa será retomada posteriormente na forma como Winnicott compreende o desenho, no jogo do rabisco, como veremos, e no "símbolo da união" que se apresenta no brincar, nos fenômenos e objetos transicionais.[1]

---

1 Seguimos junto com Winnicott e Safra o conceito de *self* como fundamentalmente não representacional. "Nessa vertente, o self é visto muito mais como um conceito fenomenológico em que o caráter experiencial é enfatizado. Cada nova experiência muda a posição da pessoa no mundo, na relação com os outros. Ou seja, a cada gesto há um reposicionamento do horizonte existencial da pessoa" (Safra, 2005a, p. 21).

Voltando à discussão sobre o jogo da espátula, Winnicott observa que, nesse contexto, nunca houve algum bebê que tenha se frustrado ao descobrir, com a espátula na boca, que não se tratava de comida. Essa observação antecipa uma questão que será depois mais bem desenvolvida pelo autor, que é o fato de conceber o impulso dessa exploração sensório motora e sua fruição, como estando além de qualquer necessidade orgânica, identificando um comportamento psicológico de autoconfiança expressa, sobretudo, em um registro corporal, que, posteriormente, em sua obra, será compreendido como uma necessidade essencialmente de ser e de agir sobre o ambiente:

> *O bebê agora parece sentir que a espátula está em sua posse, em seu poder, e, certamente, disponível para propósitos da autoexpressão. Ele bate com ela sobre o tampo da mesa, ou sobre a tigela de metal que se encontra perto dele, fazendo tanto barulho quanto lhe é possível. Ou então ele a leva em direção à minha boca e à boca de sua mãe, e fica muito contente quando fingimos ser alimentados por ela. Definitivamente, ele deseja que brinquemos de ser alimentados, e se mostra perturbado se formos estúpidos a ponto de realmente levarmos a coisa para dentro da boca, estragando a brincadeira enquanto brincadeira. (Winnicott, 1941/2000, p. 114)*

A brincadeira surge e é esperada por Winnicott como a "sequência normal dos eventos". De posse dessas informações, com a espátula em mãos, Winnicott nos direciona ao terceiro estágio de exploração da espátula:

> Terceiro estágio *Bebê deixa cair a espátula. Se ela lhe é devolvida ele deixa cair novamente. Joga propositalmente. Fica entusiasmadíssimo por conseguir se livrar dela dessa forma agressiva. Final dessa terceira fase o bebê ou pede para descer para brincar com ela ou perde o interesse. (Winnicott, 1941/2000, p. 115)*

Considerada uma verdadeira aula de objeto, o jogo da espátula é a matriz que contém grande parte dos avanços teóricos que serão desenvolvidos posteriormente. Destacamos alguns: a importância do período de hesitação e sua relação com a experiência da temporalidade no encontro analítico e no encontro do bebê com o mundo externo; a qualidade da presença do analista e da sua condição de espera pelo gesto do paciente e, do mesmo modo, da mãe em relação ao seu bebê; o papel da agressividade na constituição da exterioridade. Além disso, constitui-se um modo de intervenção do analista que coloca a interpretação em um segundo plano, valorizando, sobretudo, as condições de possibilidade da realização do que Winnicott denominou como sendo a experiência completa, advinda da "lição de objeto". Trata-se da compreensão de que, dos modos subjetivos de relacionamento com o mundo à colocação dessa experiência em um domínio compartilhado – ou seja, pegar, devorar, brincar –, realiza-se uma experiência completa com o objeto que produz a condição de jogá-lo fora, de separar-se dele.

Winnicott ilustra essa ideia com o caso da menininha que, em decorrência de um grave problema de saúde, aos 9 meses parou de brincar, de se relacionar com as pessoas ao redor, com fortes convulsões que eram seguidas de intensa sonolência. Winnicott passou a dedicar- lhe vinte minutos de atenção dentro da "situação-padronizada", com a criança no seu próprio colo. A menininha, que era observada por ele, passou a morder seu dedo em todos os encontros, colocando-se a brincar de jogar a espátula durante quinze minutos em um pranto desconsolado. Em um outro encontro, chorando como sempre, mordeu novamente seu dedo sem apresentar sentimento de culpa, brincando com prazer, na sequência de morder e jogar a espátula ao chão. A intervenção ocasionou uma melhora sensível no quadro da paciente, que parou de ter convulsões e passou a dormir à noite, mostrando-se contente e satisfeita durante o dia. Onze dias depois, na ausência de qualquer convulsão e sem o uso da medicação, a menininha teve alta, mantendo a estabilidade do quadro.

A centralidade do brincar aqui é fundamental para a compreensão da "sequência normal dos eventos", ou, se quisermos, também junto com Winnicott, para o estado de saúde: colocar a experiência sob o domínio da criatividade (Safra, 1999), por meio do brincar, passa a ser, por si só, uma ação terapêutica. O brincar passa a ter um valor em si mesmo.

A "lição de objeto" é compreendida em três momentos distintos: o primeiro, que está fortemente vinculado ao mundo interno, altamente subjetivo, corresponde ao período da hesitação; o segundo, em que o gesto domina o objeto em sintonia com a experiência corporal; e um terceiro momento, em que a agressividade constrói a condição de exterioridade do objeto – quando ele sobrevive ao ataque – e garante o domínio da experiência por meio da brincadeira. Essas etapas revelam o modo como Winnicott vai pensar a passagem da onipotência para o sentido da realidade, que se desenvolverá posteriormente em sua obra em três modalidades distintas de relação com o objeto e com a própria realidade: os modos subjetivos, transicionais e objetivos e suas equivalentes relações de dependência com o ambiente. Nesse primeiro momento, cabe ressaltar como a teorização sobre a sustentação ambiental, embora esteja reconhecida, ainda permanece pouco elaborada. Esses avanços teóricos serão realizados entre os anos 1940 e 1950 com a pesquisa simultânea de uma teoria do desenvolvimento emocional primitivo e a descoberta da transicionalidade, em que o cuidado com o "reasseguramento ativo" do ambiente toma a forma real, adaptada de uma *mãe suficientemente boa*, continente de onde partem os fios transparentes que sustentarão, a partir de uma *ilusão*, a relação com a realidade. A teoria do brincar em Winnicott, partindo do jogo da espátula, é, em um primeiro momento, articulada à função diagnóstica que ele realiza na anamnese dos bebês, passando a ser reconhecida, pouco tempo depois, como uma função terapêutica em si mesma, ao mesmo tempo que se constitui como o modelo da constituição psíquica. Base fenomenológica a partir da qual ele irá desenvolver a teoria do desenvolvimento primitivo (1945/2000), ao mesmo tempo que testa novas formas de brincar, agora com crianças mais velhas, no jogo do rabisco.

Ilusão, criatividade e paradoxo: pré-condições para a capacidade de brincar

A brincadeira do bebê com a espátula e a consideração sobre sua capacidade de levar um objeto à boca e deixá-lo cair deliberadamente são consideradas para Winnicott um marco do processo maturacional que será teorizado em torno de um desenvolvimento emocional primitivo.

Esse esforço teórico e clínico parte da consolidação da ideia de que as ansiedades pertencentes às crianças pequenas, que eram tradicionalmente remetidas à questão edípica ou à sua fixação nas fases genitais, mereciam uma consideração a um período mais precoce, de modo que os casos clínicos – neuróticos, psicóticos, psicossomáticos, antissociais – poderiam estar referidos à primeira infância, como uma dificuldade no desenvolvimento emocional, até mesmo quando bebês. Winnicott ressalta que, ao mesmo tempo que se via no caso do neurótico o material pré-genital e regressivo, havia também defesas pertencentes aos períodos anteriores da vida da criança, além do fato de que muitas crianças não chegaram a "uma coisa tão normal como o complexo de Édipo"(Winnicott, 1965b/1983, p. 159).

Ancorado mais uma vez criativamente na tradição – isto é, reconhecendo a origem das neuroses no Édipo e, ao mesmo tempo, antes dele – e ainda muito alinhado a Klein, Winnicott parte da ideia de que essa maturidade está emocionalmente associada à conquista do reconhecimento da mãe como objeto total. Portanto, outra pessoa. Conquista essa que é dada, em termos kleinianos, como posição depressiva. Ele se interessa, no entanto, pela pesquisa dos estágios que antecedem essa condição, que serão pensados em relação ao sentimento e personalidade do bebê. Para ele, o desenvolvimento emocional primitivo – que antecede ao reconhecimento do outro e de si mesmo como pessoas inteiras – é fundamental para a compreensão da constituição subjetiva e, em especial, para o esclarecimento da psicose.

A discussão sobre o relacionamento em termos de duas ou três pessoas vai seguir adiante e encontrar uma nova formulação, sobretudo no texto em que trata da questão da diferença entre uso e a relação de objeto, *O uso do objeto e as identificações*, quando, a partir da ideia do desenvolvimento emocional primitivo, Winnicott postula, do ponto de vista do bebê, um modo de relação unipessoal, em que a discriminação entre o bebê e o outro ainda não está dada, e a realidade é experimentada desse modo subjetivo.

Nesse primeiro momento, no texto de 1945, Winnicottt vai descrever os processos de integração, personalização e realização que serão necessários para a chegada à condição de perceber-se em torno de um si mesmo, que é diferente do outro. Além disso, esse desenvolvimento permite a localização do si mesmo no tempo, no espaço, no próprio corpo.[2]

A questão da integração como tendência a juntar os pedaços em torno do si mesmo e mantê-los coesos, de maneira confiante, é definida como "a técnica pela qual alguém mantém a criança aquecida, a segura e dá-lhe banho, balança-a e a chama pelo nome, e também as agudas experiências instintivas que tendem a aglutinar a personalidade a partir de dentro" (Winnicott, 1945/2000, p. 224). Ao mesmo tempo, como ele nos ensina, durante alguns períodos o bebê não se importa se vive no rosto da mãe ou em seu próprio corpo "desde que de tempos em tempos ele se torne uno e sinta alguma coisa" (p. 224). Winnicott enfatiza mais uma vez a importância da sustentação ambiental para a garantia da possibilidade inclusive e o bebê nãose integrar, podendo experimentar períodos de relaxamento ou descanso. Essa condição só é dada em razão do suporte materno como precursor da experiência de si. No jogo da espátula, ela aparece como a técnica do não reasseguramento ativo do ambiente que permite que o bebê supere a hesitação. Aqui ela ganha qualidades específicas como técnica de cuidado: segurar, aquecer, nomear.

A relação entre a integração e o cuidado ambiental vai de acordo com a ideia kleiniana de que as forças benignas tendem a se aglutinar em torno de um objeto bom. A diferença, nesse caso, da

---

2 Winnicott conta o caso de uma paciente psicótica que se confundia com a irmã gêmea sentada ao lado e se surpreendia quando alguém pegava sua irmã no colo e ela mesma permanecia sentada. Ou ainda de outra que não conseguia organizar-se em relação ao tempo e à rotina porque jamais saberia dizer se uma terça-feira era a passada, a dessa semana ou a da semana que vem (Winnicott, 1945/2000, p. 223). Em relação à localização do eu no próprio corpo lembro ainda do caso de um paciente psicótico que, ao me ver grávida no hospital no dia em que eu o acompanhava, me perguntava sistematicamente: sou eu que estou aí dentro?

compreensão kleiniana, diz respeito ao fato de que, para Winnicott, esse reconhecimento – da mãe-ambiente como um objeto bom – é uma aquisição mais tardia e dependente de algumas precondições ambientais. Nesse sentido, o que será compreendido posteriormente por Winnicott como a capacidade de se preocupar, de se sentir culpado e responsável pela própria destrutividade, estaria relacionado a uma etapa sofisticada do desenvolvimento que dependerá em absoluto da "presença continuada do objeto de amor" (Winnicott, 1965b/1983, p. 160). A questão, aparentemente simples, dessa presença continuada do objeto de amor como condição fundamental para a experiência de si e para o acesso ao sentido de realidade delimita uma nova perspectiva para a compreensão do processo maturacional que não terá mais a ambivalência e, por consequência, o conflito como ponto de partida. A "presença continuada do objeto de amor" opera uma nova racionalidade teórica, que será concebida, em termos winnicotianos, como um paradoxo, que ele denomina ilusão:

> *No contexto do relacionamento do bebê com o seio materno (e não estou declarando que o seio é essencial como veículo do amor da mãe), o bebê tem impulsos destrutivos e ansiedades predatórias. A mãe tem o seio e o poder de produzir leite, e a ideia de que ela gostaria de ser atacada por um bebê faminto. Esses dois fenômenos não estabelecem uma experiência entre si até que a mãe e o bebê vivam junto uma experiência. . . . Imagino esse processo como se duas linhas viessem de direções opostas, podendo aproximar-se uma da outra. Se elas se superpõem, ocorre um momento de ilusão – uma partícula de experiência que o bebê pode considerar ou como uma alucinação sua, ou como um*

> *objeto pertencente à realidade externa. (Winnicott, 1945/2000, p. 227)*

Veremos que, do ponto de vista do desenvolvimento teórico, a ilusão é fundamentada em um modelo epistemológico que é paradoxal, diferenciando-se de Freud, para quem a noção de conflito ordenava sua epistemologia. Do ponto de vista do desenvolvimento emocional, a ilusão é um modo mediado de apresentação do mundo que o simplifica na medida exata que o bebê o suporta, até que o bebê possa encontrá-lo de maneira mais objetiva. Gostaríamos de nos deter nesses dois aspectos que o fenômeno da ilusão caracteriza para, em seguida, articularmos ao grande passo teórico clínico formulado por Winnicott a respeito da transicionalidade e sua relação com o brincar.

A ilusão é uma qualidade da experiência vivida entre o bebê e a sua mãe que, em termos práticos, deriva da sensível capacidade de adaptação da mãe às necessidades do bebê. Para Winnicott (1971a/2020), trata-se de uma devoção materna, uma sintonia que promove no bebê a ilusão de que o seio é uma parte dele mesmo ou, em seus termos, "está sob o controle mágico do bebê". O fenômeno "seio materno" acontece quando a "mãe coloca o seio real justamente onde o bebê está pronto para criá-lo e o faz no momento exato" (p. 29). Essa sincronicidade e seu efeito paradoxal confere à experiência do encontro mãe-bebê a crença de que é o bebê que cria o mundo que ele encontra.

A devoção materna pode ser compreendida como uma qualidade psíquica materna que está em sintonia com o bebê e que dispõe de uma sensibilidade orientada para o cuidado. Safra (2006a), em um esforço de compreensão da natureza dessa experiência, distingue o amor erótico da devoção materna. Derivado de *eros* – em sua acepção de um amor que devora o seio, o erotismo aparece figurado na cena *bebê no seio da mãe*, a devoção materna, por sua vez, estaria mais adequadamente relacionada à sua forma ágape – o amor que nasce da relação de identificação e empatia representada pela cena *bebê no colo da mãe.*

Da devoção materna surge o *holding* como uma provisão ambiental capaz de satisfazer as necessidades fisiológicas e psicológicas do bebê (num tempo em que essa distinção ainda não está dada) de modo consistente porque implica a empatia materna. O *holding* protege o bebê da agressão fisiológica, portanto sua sensibilidade cutânea, o tato, a queda, estabelecendo uma rotina de cuidados que é atualizada na medida em que o desenvolvimento acontece (Winnicott, 1960/1983, p. 48). Trata-se de uma "adaptação viva" às necessidades do bebê que tem como precondição a preocupação materna primária, que é o modo como Winnicott trata a sensibilidade particular da gestante desde a concepção.

Eis o segundo paradoxo. A experiência de si está radicalmente amparada na presença do outro e da comunidade. Esse *holding* que é, ao mesmo tempo, ilusão e devoção maternas expande-se para além da relação mãe-bebê. Do contorno do braço que o sustenta à perpetuação da existência do bebê em sua mente, ofertando-lhe uma experiência continente e contínua de si. A sustentação, na memória do outro, da própria existência. Aí o bebê é. Aí já era.

Em sua leitura de Winnicott, Safra (2006a) introduz um novo elemento: o bebe só pode vir a se encontrar, a se integrar, se antes tem uma mãe que é um colo e, ao mesmo tempo, silêncio, "o silêncio do corpo materno sustenta o bebê, para que ele tenha um gesto que cria um espaço de ilusão". O *holding* e a ilusão são experiências que atravessarão o desenvolvimento emocional e as tarefas maturacionais de diferentes maneiras ao longo da vida. É a partir dessa experiência de confiança, da presença continuada do objeto de amor, que o bebê vai adquirir a capacidade para se sustentar quando o outro está ausente.

O exame detalhado do cuidado materno durante o *holding* exemplifica o modo como a mãe impede que o bebê tenha consciência do cuidado que vem sendo dispensado a ele. Do seu ponto de vista, o bebê experimenta um estado de fusão em que é atendido de maneira mágica em suas necessidades, e a falta de percepção desse cuidado é fundamental. Essa experiência promove no lactante a continuidade do ser que é a base de força do ego, enquanto o resultado de cada falha no cuidado materno é que a continuidade de ser é interrompida por reações consequentes a essa falha, do que resulta o enfraquecimento do ego (Winnicott, 1960/1983, p. 51).

A experiência de aniquilamento resulta dessa falha e está associada ao campo sintomatológico da psicose. Winnicott trabalha com a perspectiva de que, quando o aniquilamento ocorre, a experiência de ser é interrompida e passa a se configurar como uma reação que interrompe o ser. A continuidade da experiência de ser é estabelecida em um ambiente favorável, capaz de absorver as irritações na área da onipotência. Winnicott rejeita a ideia de uma atuação da pulsão de morte no lactante enfatizando como a morte, o ódio e a destrutividade não seriam aplicáveis a esse momento pela incapacidade, justamente, do bebê em estar em um relacionamento com o outro como uma pessoa completa e exterior à sua realidade subjetiva. Trata-se de um importante corte epistemológico em relação à teoria freudo-kleiniana que reposiciona o lugar da pulsão de morte e da destrutividade no processo maturacional.

Winnicott vai defender a ideia de que a integração é uma tendência inata do ser humano, reafirmando, em 1969, "a existência de algo *universal* no amadurecimento emocional do indivíduo, que é a tendência integradora que pode conduzi-lo a um *status* de unidade" (Winnicott, 1971c/1999, p. 178). Essa concepção, conforme observou Dias (2003), rompe, a um só tempo, com duas ideias tradicionalmente estabelecidas em psicanálise: a ideia de um eu primitivo e a capacidade de contato com a realidade e, em segundo lugar, a dinâmica e o conflito pulsional como motores do desenvolvimento humano. Vida e morte, amor e ódio serão substituídos, no início do desenvolvimento emocional da teoria winnicottiana, pela necessidade da presença continuada do objeto de amor apoiada sobre o fenômeno da ilusão, que será abordada por Winnicott como uma dependência.

A dependência, dessa maneira, passa a ser uma perspectiva importante para a compreensão desses fenômenos e diz respeito tanto ao reconhecimento da importância do ambiente no desenvolvimento emocional quanto à incapacidade inicial do bebê em distinguir entre o que é ele e o que não é. Sabemos que Winnicott chamou de dependência absoluta essa fase do desenvolvimento emocional em que os fenômenos são vividos e antes mesmo da constituição do eu, contando absolutamente com o ego auxiliar materno como suporte. Trata-se de um momento marcadamente onipotente ou, se quisermos, mágico, em que, do ponto de vista do bebê, não existe outra realidade que não a subjetiva e os objetos são criados e encontrados, ao mesmo tempo, mantendo a permanência existencial na medida da necessidade do bebê. Nesse estado, "o bebê não teria meios de perceber o cuidado materno, não podendo assumir o controle do que é bem ou mal feito, mas apenas está na posição de se beneficiar ou sofrer distúrbios" (Winnicott, 1960/1983, p. 46).

A dependência é considerada por Winnicott (1960/1983) como o principal aspecto da infância:

> *Seria incorreto pôr a gratificação instintiva (alimentação, etc.) ou as relações objetais antes do tema da*

> *organização do ego (isto é, o ego do lactante reforçado pelo ego materno). A base da satisfação instintiva e das relações objetais é a manipulação e a condução geral no cuidado com o lactente, que é facilmente tido como certo quando tudo vai bem. (p. 49)*

Winnicott aponta duas possibilidades de provisão ambiental de acordo com as capacidades da mãe: aquele que é suficientemente bom e o que não é, onde o cuidado materno produz uma distorção que irá repercutir diretamente no enfraquecimento do ego. A teoria da dependência absoluta do cuidado materno para a experiência de si promove implicações teóricas e clínicas que são fundamentais para a compreensão da sua maneira de pensar a clínica, de um modo geral, e para o brincar, de um modo específico. Do ponto de vista teórico é a falha ambiental no momento da dependência absoluta que vai configurar o que no sistema freudo-kleiniano era compreendido como sendo uma questão do conflito pulsional, em particular a pulsão de morte. Já do ponto de vista clínico, a questão da dependência e as falhas ambientais vão introduzir uma nova compreensão da transferência, como uma experiência regressiva ao momento e à condição em que o processo maturacional ficou estagnado. Ele nos explica:

> *O trabalho de Klein nos mecanismos de defesa de splitting e de projeção e introjeção e assim por diante é uma tentativa de descrever os efeitos da falha de provisão ambiental em termos de indivíduo. Esse trabalho sobre os mecanismos primitivos nos dá a chave para apenas uma parte da história e a reconstrução do ambiente e de suas falhas provê a outra parte. Essa outra parte não pode aparecer na transferência por causa da falta de conhecimento do paciente do cuidado materno, tanto*

> *em seus aspectos bons como falhos, como existiu na situação infantil original.*

Extraindo as consequências dessa posição teórica, Fulgencio (2013) vai trabalhar coma ideia de uma ampliação da noção freudiana do inconsciente em acréscimo à noção de recalque originário e inconsciente reprimido. Ele nos explica como Winnicott considera outros aspectos do inconsciente em um momento em que a noção de recalque como mecanismo de defesa ainda não é aplicável. De acordo com Fulgencio, Winnicott considera que Freud, ao se referir à ideia de recalque originário, tenha intuído alguns fenômenos que aconteciam antes mesmo de uma distinção topográfica em termos de ego, id, superego que seriam modos de ser, acontecimentos e conteúdos inconscientes. Esses fenômenos estariam relacionados à cisão, dissociações que não permitem que uma experiência se integre à totalidade do *self*. O artigo referencia o modo como outros autores, como Phillips (2007), Loparic (2006), Roussillon (1991/2006), localizaram a especificidade da noção de inconsciente em Winnicott chamando a atenção para os aspectos dissociados, os aspectos em que a experiência pessoal fica apagada, como algo que foi vivido e não simbolizado, onde o que deveria ter acontecido não aconteceu.[3]

---

3 Gurfinkel (2017) retoma a ideia de uma clínica da dissociação que vem sendo fundamentada desde Freud e em seguida por Fairbairn, Ferenczi e Klein. Segundo o autor, Fairbairn foi o pioneiro a dedicar-se ao assunto, adotando a dissociação como um conceito-chave subjacente à psicopatologia tanto da histeria como da esquizoidia e, mais do que isso: trata-se para ele de um mecanismo básico que de modo complementar à interiorização e ao recalcamento, constitui a estrutura mesma do psiquismo humano. Em Ferenczi a divisão do eu se instala em termos de um movimento de regressão defensiva – retorno à linguagem da ternura por um mecanismo de alucinação negativa que anula a violência traumática – e um outro, paralelo e concomitante, de progressão

Esse modo de conceber os fenômenos como falhas ambientais na situação de dependência vai exigir uma ampliação da teoria da transferência e novas estratégias de cura, em que o manejo vai assumir o papel preponderante que era dado à interpretação, impactando diretamente a teoria do brincar em Winnicott.

Outro aspecto importante a considerar, ainda referente à ilusão, é que a forma como é colocada por Winnicott difere da ilusão freudiana. Garcia (2007) afirma que as formações ilusórias em Freud sempre estiveram lado a lado com a realização de desejo, podendo ser encontradas referências desde muito cedo em sua obra em articulação também à defesa contra o desamparo. O ilusório apresenta, assim, um caráter defensivo que deforma e nega a realidade (Lejarraga, s.n.). A partir do texto *O futuro de uma ilusão*, Freud (1927/1969) formaliza a ideia de que ela está relacionada tanto à defesa contra a efemeridade da vida como o lugar de onde emerge a cultura – como um representante desse aspecto protetor e defensivo. Em Winnicott, a ilusão é paradoxalmente compreendida como a via de acesso à realidade e, tanto nele como em Freud, a ilusão desemboca na cultura, como a raiz da experiência cultural, conforme veremos adiante.

A ilusão para Winnicott, por não se referir a uma distorção defensiva da realidade, é uma função sensoperceptiva responsável pela forma específica e primária de ligação com o objeto. No sentido freudiano, essa ligação era realizada psiquicamente via representação e alucinação, como um processo primário que já pressupunha alguma organização egoica, ainda que rudimentar. Winnicott, ao pensar a tarefa de integração realizada numa relação de dependência absoluta com o ambiente, utiliza uma funcionalidade psíquica que é também mais regressiva do que aquela pressuposta por Freud. Para Winnicott, trata-se de um modo de ligação

---

pré-matura (p. 386). Para Gurfinkel, a clínica da dissociação contrasta com a clínica do recalcamento e a sucede.

com o objeto como objeto subjetivo, ou seja, que está no limiar entre a apresentação objetiva e sua representação. Essa concepção coloca em uma nova perspectiva o narcisismo primário, que implicaria em uma independência pressuposta de um sujeito psicológico capaz de experimentar a si mesmo e a realidade.[4]

A diferença dessa ideia para o que vigora em Freud como a alucinação da vivência de satisfação – fenômeno, por excelência, da representação da ligação do objeto à pulsão –, proposta desde o "Projeto para uma psicologia científica" de 1895, está no fato de que a alucinação exige alguma estruturação psíquica previamente estabelecida, que seja marcada pela experiência temporal, como um aparelho de memória que funcione a partir de representações sensoriais.[5] Winnicott, ao definir a ilusão como forma primária de

4 Fulgencio (2016a) deriva dessa crítica a introdução de um novo fundamento ontológico que seria proposto por Winnicott para caracterizar a natureza humana: a necessidade de ser e continuar sendo que seria inicialmente o motor do desenvolvimento emocional, para além dos investimentos pulsionais

5 Laplanche e Pontalis (1986) apontam a relação paradoxal existente nos termos "representação inconsciente". Para os autores, o uso que Freud faz de *Vorstellung* significa justamente o fato de representar subjetivamente um objeto em sistemas mnésicos. A memória para Freud se inscreve em sistemas distintos numa cadeia associativa. O "traço mnésico" está assim relacionado a essa cadeia associativa, e não a uma qualidade sensorial que mantivesse uma relação de semelhança com o objeto. Por essa razão a *Vorstellung* freudiana se aproxima da noção linguística de significante. Uma outra consideração importante sobre a questão da representação é a distinção proposta por Freud em relação à representação de palavra (essencialmente acústica) e representação de coisa (essencialmente visual). A representação de coisa, que caracteriza o sistema inconsciente, estaria em uma relação mais direta com a coisa. Na alucinação a representação de coisa é considerada pela criança como o equivalente do objeto percebido e investida na sua ausência. Isso quer dizer que Freud vai diferenciar, embora nem sempre com clareza, o traço mnésico puro, da representação como investimento desse traço. A articulação entre a representação de coisa e a representação de palavra estaria localizada no sistema pré-consciente, enquanto o sistema inconsciente contaria com a representação de coisa

ligação psíquica com o objeto, vai trabalhar com um modelo de simultaneidade – o objeto é apresentado e criado ao mesmo tempo –, portanto apresentação, e não representação. Entra em cena nessa concepção o papel preponderante da percepção, da materialidade, da apresentação e do espaço que, no modelo freudiano do sonho, foi concebido pela alucinação, pela figurabilidade, pela representação e pelo tempo.

A ilusão cria uma relação com a realidade e com o si mesmo. Ao encontrar o seio, o bebê encontra a si mesmo, surgindo também uma experiência pessoal de um *self*:

> *No mesmo gesto, surge o objeto subjetivo (objeto derivado como que de uma consequência das necessidades do bebê; objeto, pois, criado pelo bebê, do seu ponto de vista) e a afirmação do self, tal como, por analogia, que é também um mesmo traço que criamos graficamente, o côncavo, e o convexo; e isto dura, no tempo, tanto quanto dura a necessidade. (Fulgencio, 2016a, p. 217).*

Como se trata de um processo integrativo, vale a pena pensarmos em que medida a experiência de ilusão corrobora uma forma primária de simbolização que é ainda pré-representativa e mais rudimentar do que aquela experimentada pelo bebê na vivência de alucinação descrita por Freud. A consequência teórica dessas observações nos dirigem a uma compreensão da formação simbólica que se realiza na presença do objeto e não em sua ausência, como classicamente é compreendida a simbolização em Freud. Retomando o *fort-da*, sob essa perspectiva, poderíamos dizer então que

exclusivamente. O "índice de qualidade" seria específico da consciência e resulta da ligação da imagem verbal e a imagem mnésica é responsável pela passagem do processo primário para o processo secundário.

só é possível brincar com a ausência da mãe, portanto simbolizá-la, fazendo a transposição de uma experiência passiva para uma ativa, porque houve em primeiro lugar uma experiência de ilusão e encontro com a sustentação materno-ambiental. É nesse sentido que afirmamos a ilusão, junto com Winnicott, como uma precondição para a capacidade de brincar.

A conquista da integração, da personalização e da realização como tarefas do processo maturacional depende da ilusão apoiada no fenômeno paradoxal de que o bebê cria o mundo que está lá para ser encontrado e, além disso, experimenta o si mesmo numa relação que está fundamentalmente ligada ao outro. A ilusão e o paradoxo são as condições necessárias para a emergência do brincar, nos modos como Winnicott passa a concebê-los, caracterizando uma descontinuidade em relação a Klein e o posicionando de forma definitiva na história da psicanálise, como uma perspectiva fundamental para a compreensão da gênese e do processo psíquico.

Lição 2. A espátula da boca para o chão: fenômenos e objetos transicionais

A transicionalidade: novas perspectivas teóricas e técnicas para o brincar

A localização das experiências fronteiriças, cuidadosamente observada por Winnicott desde o reconhecimento da ilusão, foi formalizada teoricamente na década de 1950, no contexto do artigo "Objetos e fenômenos transicionais". Considerado, sem dúvida, a descoberta mais importante do psicanalista inglês, esse estudo teve um profundo impacto na história da psicanálise, alterando decisivamente o referencial teórico da gênese dos fenômenos psíquicos, da teoria do símbolo, da teoria do brincar, da transferência e da localização da experiência cultural. Em um sentido amplo, a proposição dos fenômenos e objetos transicionais pode ser também considerada uma terceira tópica que se esforça em pensar as manifestações psíquicas que estão além da neurose, como proposto por Brusset (2013). Nessa mesma direção, Gurfinkel (2017) vai ressaltar como Winnicott passa a conferir um *status* teórico e epistemológico que está para além da fronteira, como um espaço paradoxal entre o externo e o interno, como uma importante ferramenta para a articulação entre o intrapsíquico e o intersubjetivo. O espaço transicional, zona de ilusão ou ainda a transicionalidade, é uma dimensão da experiência humana que não depende da realidade interna ou externa, que está entre o sujeito e o objeto percebido e, acrescentaria Green (1990), entre o amor e o ódio, entre o narcísico e o objetal. Trata-se de um fenômeno que ocorre desde muito cedo na relação da mãe e do bebê, precisamente no momento da passagem da dependência absoluta para a dependência relativa, quando, em vista do reconhecimento parcial da separação da mãe – eu, não eu –, o bebê faz uso do objeto transicional. Quando a criança começa a vislumbrar o não eu, um espaço entre ela e a mãe, ela cria um sentido de realidade não mais subjetivo, mas transicional, a primeira possessão não eu:

> *O objeto constitui um símbolo da união do bebê e da mãe (ou parte da mãe). É possível localizar esse símbolo: ele está posicionado no espaço e no tempo em que a mãe faz uma transição (na mente do bebê), deixando de estar fundida com o bebê e passando a ser vivenciada como um objeto a ser percebido, em vez de concebido. O uso de um objeto simboliza a união de duas coisas separadas, bebê e mãe, no ponto, no tempo e no*

> *espaço, do início de seu estado de separação. (Winnicott, 1971a/2020).*

O brincar é o que surge nessa fronteira, nesse espaço potencial entre a mãe e o bebêque será representado pelo "símbolo da união". Lugar de *descanso na loucura* das pressões do mundo interno e externo, lugar de encontro compartilhado que será reconhecido, posteriormente, como o espaço privilegiado do processo psicoterapêutico e das práticas de cura psicanalíticas. Ao dizer que a "psicoterapia se efetua na sobreposição de duas áreas dobrincar, a do paciente e a do terapeuta", tratando-se de duas pessoas que brincam juntas, Winnicott passa a concebê-lo, ao mesmo tempo, como técnica, como ética, como modelo do processo psíquico e da sessão analítica e adverte ainda para o fato de que, quando um paciente não é capaz de brincar, a função da análise é leva-lo até lá, como veremos de forma mais detalhada adiante.

Winnicott destaca a particularidade do interesse dos bebês pelos objetos "diferentes de mim" como uma continuidade histórica, ainda que não consciente, da pesquisa de Ferenczi sobre o que, afinal, faz um bebê dirigir-se ao móbile (sonho da outra geração). Esses objetos que podem vir a representar o seio, mas que estão também, de algum modo, referidos a uma experiência que atende outras necessidades além das autoeróticas.

O brincar passa a ter um valor em si mesmo. É, segundo ele, suplementar ao conceito de sublimação da pulsão e deve ser considerado para além do conteúdo que veicula, como uma forma que tem valor de experiência e de criação. Para ele, "essa primeira posse é utilizada com técnicas especiais desenvolvidas desde a primeira infância, que podem incluir atividades autoeróticas mais diretas ou existir de maneira independente" (Winnicott, 1971a/2020, p. 19), podendo até mesmo o som organizado ou uma palavra inteira designar o objeto transicional. São qualidades especiais desse relacionamento: o direito do bebê sobre o objeto, o afeto (amado e mutilado), a exclusividade, a resiliência aos ataques destrutivos, o entendimento por parte do bebê de que o objeto tem vitalidade (textura, calor, se move), de que não é, do ponto de vista do bebê, um objeto alucinado ou da realidade e, por fim, um objeto perde o seu valor. Trata-se do que depois será expandido para o jogo, para a capacidade de criação, a apreciação artística, o sentimento religioso e o sonho. Em sua versão psicopatológica, assume a forma de fetiche, de mentira, de roubo e de adição.

Uma perspectiva histórica interessante da criação dos objetos transicionais é o diálogo de Winnicott com o psicanalista Mosch Wulf a partir dos seus estudos sobre o fetichismo infantil. O comentário original do texto ficou suprimido das edições posteriores do clássico *Objetos e fenômenos transicionais* (1953/2000). Wulf descreve o objeto-fetiche a partir de fragmentos clínicos que poderiam ser referidos ao estudo do objeto transicional. Winnicott critica a equivalência de um e outro objeto a partir da perspectiva de que o objeto transicional está relacionado ao desenvolvimento saudável do processo maturacional, e não como um uso defensivo e distorcido da relação com a realidade. Gurfinkel (2017), identificando o importante contraponto que a obra de Wulf faz diante de Winnicott, acrescenta que entram em jogo as bases do conceito de saúde e doença que diferenciam Winnicott de uma tradição freudiana nesse aspecto. A saúde, segundo ele, "se manifesta nos fenômenos da área intermediária, seja na sua instauração quando do início do desenvolvimento, seja no brincar, no sonhar ou no mundo da cultura" (Gurfinkel, 2017, p. 378). Apesar desses contrapontos Winnicott, ao fazer referência aos aspectos psicopatológicos do uso do objeto transicional, identifica o objeto fetiche como um desses destinos.

O fato é que a vizinhança repetida historicamente entre os conceitos de objeto fetiche, objeto fóbico – também estudada de modo aprofundado por Wulf e retomada por Freud (1912/2012) em *Totem e tabu*, ao mesmo tempo que o caso Hans – e, a partir de Winnicott, o objeto transicional indica uma coincidência da questão que esbarra na presença da materialidade nas formações psíquicas. Além disso, indica como o modelo proposto desde Freud a partir da oposição entre representação e percepção vai adquirindo uma nova compreensão por meio desses fenômenos.

Voltando à questão do objeto transicional, para sua postulação, Winnicott sustenta uma teoria da ilusão-desilusão em que a adaptação materna falha em momentos, inclusive, que ele vai denominar de uma negligência ativa que prepara o bebê em direção ao princípio de realidade. Dessas frustrações derivam experiências importantes do emprego da satisfação autoerótica, do uso da atividade mental, das experiências rudimentares de memória, fantasia, sonho e do encadeamento das experiências no tempo. A ilusão – perturbada pela desilusão e a confrontação com a realidade – assume a forma dessa transicionalidade nessa etapa do processo maturacional que só é possível ocorrer graças à boa experiência materna durante a dependência. Tudo se passa como se, retomando a cena paradigmática da espátula, a sustentação ambiental que suporta a hesitação do bebê permite que ele se dirija confiante ao objeto e que possa fruí-lo, levando-o à boca. Winnicott relata a experiência para além do prazer envolvido ao manipulá-lo e mordê-lo, como uma experiência de autoexpressão e do contato com algum sentimento de si. A sequência dessa fruição é lançar o objeto ao chão, de modo que ele possa recuperá-lo, para lançar novamente.

A ação, nessa perspectiva, precede o desejo, fundamento a partir do qual a psicanálise tradicional apoia suas premissas. Para Winnicott, o controle do que está fora depende absolutamente da ação, e não só do pensamento ou do desejo; brincar demanda fazer coisas em um tempo e espaço. "Brincar é fazer" (Winnicott, 1971a/2020, p. 74). A materialidade do objeto empresta forma para o sentido, do mesmo modo que o corpo figura a elaboração imaginativa. Essas ações primitivas, que contam com a motilidade como ferramenta principal e acontecem em um momento em que a estruturação egoica não está dada, são precursoras e, ao mesmo tempo, fonte da formação simbólica que se realizará no espaço da transicionalidade. É, portanto, uma nova genealogia para o símbolo. Por se tratar de uma forma primitiva de simbolização, nesse contexto, o símbolo deixa de estar referido a um sentido que o precede, ou seja, o símbolo como um texto codificado cuja significação se desvela pelo método interpretativo. Nesse primeiro modo de significação, o sentido se realiza pelo gesto que encontra a materialidade do corpo e do mundo externo como um mediador principal. A linguagem se configuraria como um mediador secundário, efeito também de uma ação, um gesto discursivo.

Concebendo o jogo simbólico como uma expansão da transicionalidade, Winnicott o faz coincidir com um modo de relacionamento com a realidade e consigo mesmo, que está além de uma perspectiva técnica, constituindo-se como um modelo heurístico para o próprio funcionamento psíquico. Consolida, assim, uma posição teórica e clínica que lhe rendeu diferentes interpretações acerca do lugar da pulsão em sua obra, de uma maneira geral, e do brincar, de uma maneira específica.[6] Do ponto de vista da teoria do brincar, essa concepção do símbolo rompe com a tradição freudo-kleiniana de maneira radical. A atividade lúdica que tinha sido

6 Fulgencio (2006) indica como Winnicott abandonou o conceito de pulsão a partir das críticas que o autor realiza diretamente às noções de pulsão de vida e pulsão de morte, assim como no modo a partir do qual Winnicott operou essa noção em sua obra, desdobrando-a em diferentes léxicos, como instinto, necessidade e desejo.

tradicionalmente compreendida como uma expressão dos conteúdos inconscientes, que haviam sido recalcados no limite da cadeia simbólica, em função do seu componente afetivo-representacional, ou seja, em referência direta à pulsão, em Winnicott passa a ser a própria expansão de um modo de estar na realidade que possibilita a integração de experiências que, embora tenham sido vividas, não puderam ser ainda sequer representadas.

A pulsionalidade, nesse sentido, é colocada como uma razão que perturba o brincar, e não necessariamente o movimenta. Isso significa que o símbolo que se expressa na ação de brincar não é compreendido exclusivamente como estando referido ao objeto parcial que se manifesta por projeção. Quando o símbolo surge na zona da transicionalidade, ele será tomado como uma expressão da totalidade do *self*, como uma forma estética que a criança cria para experimentar a si mesma e a realidade compartilhada. Além de, sobretudo, colocar a experiência sob o domínio do eu, sob o domínio da transicionalidade ou, se preferirmos, sob o domínio da criatividade:

> *A excitação física em zonas erógenas representa uma ameaça constante ao brincar e, portanto, à noção infantil da existência como pessoa. Os instintos são a principal ameaça ao brincar e ao ego; na sedução, alguma agência externa explora os instintos da criança e ajuda a aniquilar nesta o senso de existência como unidade autônoma, tornando o brincar impossível. (Winnicott, 1971a/2020, p. 90)*

Trata-se, para Winnicott (1971a/2020), de uma experiência que, embora contenha secundariamente uma importante excitação, é uma experiência sem clímax que se baseia na "precariedade do interjogo entre realidade psíquica pessoal, a realidade e a experiência de controle de objetos reais" (p. 83). Winnicott parte do princípio de que o brincar precisa ser estudado como um tema em si mesmo, suplementar ao conceito de sublimação da pulsão, como já foi dito. Rebate o entendimento tradicional herdado, sobretudo, da teoria kleiniana, a partir do qual o brincar está associado à masturbação e às diversas experiências sensuais como uma forma sublimada:

> *Ao vincularmos tão intimamente esses dois fenômenos (o brincar e a atividade masturbatória) em nossa mente, é possível que tenhamos deixado de perceber algumas coisas. Busquei demonstrar que, quando uma criança está brincando, o elemento masturbatório encontra-se essencialmente ausente; ou, em outras palavras, quando a excitação física do envolvimento pulsional se torna evidente para a criança, a brincadeira é interrompida ou, pelo menos, perde a graça. (Winnicott, 1971a/2020, p. 71)*

Percebemos, com isso, como a ideia que concebe o brincar como uma atividade sublimatória, esboçado em Freud e formalizado em Klein, encontra uma nova figuração, colocando-se, primariamente, a serviço das exigências do eu e, só de uma maneira secundária, das exigências pulsionais.

Um exemplo de como o excesso de excitação prejudica o brincar e o processo de simbolização pode ser observado em crianças hipercinéticas. A agitação psicomotora, por exemplo, que é uma queixa comum dos consultórios e serviços de saúde mental, e vem predominantemente associada ao déficit de atenção, produz uma forma de ação diferente de uma brincadeira. Nesse sentido, trata-se de uma ação cujo movimento não alcança a forma de um gesto, como se a experiência pulsional atravancasse o uso do objeto e suas potencialidades simbólicas, por se tratar de uma excitação residual que não encontra caminhos para a representação, manifestando-se, principalmente, pela descarga motora.

Nos termos de Winnicott, "a criança considerada normal é capaz de brincar, ficar excitada quando brinca e se sentir satisfeita com o brinquedo, sem se sentir ameaçada pelo orgasmo físico de excitação local" (Winnicott, 1958b/1983, p. 37). E, nos casos de uma doença psiconeurótica, a criança ficaria impedida de usufruir do brinquedo porque, justamente, o corpo se torna fisicamente incluído.

Ao se referir a uma precariedade do interjogo entre a realidade psíquica e a realidade externa, como o lugar onde o brincar acontece, Winnicott cria um espaço, também conhecido como o terceiro domínio da realidade, em referência ao dentro e ao fora, interno e externo, uma nova tópica (Brusset, 2013), ou até mesmo uma utopia, onde será localizada a experiência cultural como expansão da transicionalidade. Assim como o brincar, a experiência cultural não é tratada por Winnicott como uma defesa do ego relacionada à ansiedade proveniente da vida pulsional. Ele está particularmente interessado, ao se referir à cultura e ao brincar, no fato de que essas experiências surgem ligadas à vida em sua totalidade, elaborando uma nova concepção de saúde que não diz respeito somente à presença ou ausência de neurose, mas à capacidade de, para além da doença, sentir-se vivo e confiante de que a vida vale a pena ser vivida. Isso quer dizer que o fato de o bebê começar a ser, sentir que a vida é real e descobrir que ela vale a pena não está relacionado às gratificações pulsionais:

> *A brincadeira que é universal e que é própria da saúde: o brincar facilita o crescimento e, portanto, a saúde; o*

> *brincar conduz aos relacionamentos grupais; o brincar pode ser uma forma de comunicação na psicoterapia; finalmente, a psicanálise foi desenvolvida como forma altamente especializada do brincar, a serviço da comunicação consigo mesmo e com os outros. (Winnicott, 1971a/2020, p. 74)*

Ao conceber a psicanálise como uma forma especializada de brincar, que é realizada pela sobreposição das áreas do brincar entre o analista e o terapeuta, tratando-se de uma experiência em que duas pessoas brincam juntas, o brincar passa a ser considerado como o modelo do método psicanalítico. Winnicott alerta ainda para o fato de que, quando um paciente não consegue brincar, o objetivo da análise é conduzi-lo até lá. A transicionalidade, de onde emerge o brincar, passa a ser o espaço privilegiado da cura a partir de uma nova teoria da ação terapêutica. Seu valor curativo está relacionado ao modo como ele integra as experiências psíquicas que não puderam ser de outro modo integradas, ao modo como ele coloca sob o domínio do eu o que não aconteceu, ao modo como ele reverte a antiexperiência em uma possibilidade de construir algo pessoal. Esse novo sentido engendra uma estratégia de cura que, por sua vez, altera o modo como a transferência vai ser pensada a partir daí.

A compreensão de que o ser humano tem uma tendência à maturação e necessita para esse processo de certas condições ambientais modifica a maneira de compreender a transferência. No encontro com o outro existe a possibilidade de continuidade do processo maturacional que ficou estagnado, tratando-se de constituir algo que não pode acontecer, que não foi devidamente realizado. Trata-se, dessa maneira, de posicionar a experiência do porvir, como aquilo que não foi constituído, com o mesmo valor clínico e teórico do que já foi vivido (Safra, 2006a).

A realidade do vivido e a realidade psíquica encontraram um lugar de destaque na compreensão da transferência na história da psicanálise, seja como reedição na atualidade da relação transferencial dos protótipos infantis, como acontecimento e fantasia de sedução, seja como repetição das experiências traumáticas com vistas à integração ou ainda na sua modalidade de resistência como um obstáculo para a rememoração do material recalcado. Lembrando, segundo Laplanche e Pontalis, que Freud (1937/1969) sempre sustentou a rememoração completa como um dos objetivos do tratamento psicanalítico, indicando que, quando ela não é possível, ficaria ao encargo das construções.[7] Em Klein, como vimos no Capítulo 2, a transferência está referida aos modos de relação com os objetos internos parciais ou totais que se projetariam na relação com o analista. Tanto em Freud como em Klein, trata-se de um modo de assimilação da experiência psíquica e da realidade que pressupõem uma estrutura de defesas arcaicas que contam, por sua vez, com uma mínima organização egoica.

A novidade[8] introduzida por Winnicott são algumas experiências primitivas que derivam da falha ambiental, que não seriam

---

7 Partindo especificamente da clínica com crianças, Gueller (2002) aborda a perspectiva das metáforas arqueológicas de Freud para pensar a função do brincar na clínica com crianças a partir de alguns elementos históricos não rememoráveis. A autora trabalha com a ideia de construção de metáforas a partir do brincar que, apoiadas sobre a estrutura do fazer de conta, produzem uma simbolização que importa menos em relação ao conteúdo do que a sua forma significante. Essa perspectiva metafórica inscreve a criança em um processo de simbolização que passa pela linguagem e conta também com a materialidade como apoio do sentido.

8 Kupermann (2008) indica Ferenczi como um precursor da clínica com pacientes severamente traumatizados que encontra na regressão e no brincar compartilhado a possibilidade de produção de sentido na experiência analítica: "Em 'Análises de crianças com adultos', de 1931, encontra-se uma formulação que revela o principal objetivo do estilo clínico ferencziano: em vez de falar da criança que habita o analisando através do instrumento interpretativo, seria

absorvidas pelo psiquismo do lactante pelo mecanismo de defesa do recalque. Experiências como o aniquilamento, por exemplo, que se defendem do que Winnicott vai denominar como angústia impensável ou agonia primitiva, justamente porque não há um eu, ou qualquer entidade psicológica unificada, capaz de se defender. Trata-se de uma privação precoce que o bebê não foi capaz de entender, uma ausência intolerável da mãe. Essas experiências vão constituir variedades clínicas muito particulares, da psicose aos estados-limite, que farão a exigência de estratégias de cura que estejam à altura dos problemas que colocam o que nos remete diretamente à reformulação no modo de compreender a transferência.

Winnicott está fazendo referência a uma sintomatologia específica que ele vai atribuir ao tipo de ansiedade que deriva dessa falha ambiental precoce: ficar em pedaços, cair para sempre, ausência da relação com o corpo, ausência de orientação. Isolamento, perda do sentimento de ser real e da capacidade de relacionamento com os objetos. Trata-se de uma modalidade de angústia diferente da angústia de castração.

Nessa perspectiva, a transferência passa a ser pensada em articulação com a regressão ao momento em que o processo maturacional ficou estagnado, tendo a análise o objetivo de fazer com que

---

preciso voltar a falar com a criança que se expressa em cada paciente em análise. Mas, para falar com ela, era crucial encontrar uma modalidade clínica para essa comunicação específica, nascendo assim a 'análise através do jogo', inspirada na incipiente psicanálise de crianças que vinha sendo desenvolvida por von Hug-Hellmuth, Melanie Klein e Anna Freud. Além disso, era também necessário que o psicanalista pudesse produzir enunciados adequados ao encontro lúdico que assim se estabelecia nas análises, adotando uma modalidade linguageira própria do infantil, a 'linguagem da ternura', bastante distinta da dos enunciados interpretativos de outrora (Ferenczi, 1933/1992c)" (Kupermann, 2008).

o paciente tenha uma experiência total com o objeto, do analista como objeto subjetivo à sua colocação fora do domínio subjetivo onipotente, como objeto transicional, com o qual pode se relacionar e fazer uso.

Winnicott (1955/2000) difere os pacientes em categorias distintas: aqueles cujas dificuldades estão em termos de relacionamentos interpessoais e já funcionam como uma pessoa inteira e para quem a análise padrão é suficiente; em segundo lugar, os pacientes que estão em processo de integração para a aquisição de um *status* de unidade, com questões relacionadas à responsabilidade e o reconhecimento da própria destrutividade que também se beneficiariam de uma análise padrão; e um terceiro grupo cujas questões estariam relacionadas aos estágios do desenvolvimento emocional primitivo. São pacientes, nesse último caso, em que a estrutura pessoal ainda não está integrada e para quem o manejo ocuparia a totalidade do trabalho como uma técnica específica. Winnicott amplia a variabilidade da técnica de acordo com a necessidade do processo maturacional do indivíduo. O manejo seria uma intervenção que atua no ambiente com um direcionamento das sessões – tendo em vista, por comparação, a necessidade de que a mãe esteja segurando concretamente a criança – por meio da sustentação implicada e sensível da presença do analista, sem fazer uso da interpretação até que determinadas condições se estabeleçam.

A regressão significa uma reversão a uma organização prévia em função de uma falha na adaptação do ambiente, reconhecendo nisso um mecanismo de defesa organizado em torno de um falso eu. Essa situação exige o reconhecimento de uma esperança de correção da falha original, representada pela própria capacidade de regredir, que será realizada pela provisão de um ambiente especializado. Winnicott a diferencia do sentido atribuído à regressão pela psicanálise freudiana, em que se trata de um retorno aos estágios de fixação pré-genitais, a partir do reconhecimento de que essas fixações aconteceriam em um momento mais avançado do processo maturacional em relação ao que ele busca compreender como sendo a falha ambiental congelada.

O sentido regressivo do processo maturacional está relacionado ao retorno no *setting* analítico à situação de dependência com o objetivo de que as experiências traumáticas decorrentes das falhas ambientais no período de dependência absoluta que foram vividas possam ser, finalmente, experimentadas. Esse processo conta com a esperança do paciente de que o trauma possa ser vivido, experimentado ao mesmo tempo que se busca uma experiência verdadeira consigo mesmo em torno de um verdadeiro *self*.

No artigo "A mente e sua relação com o psicossoma", Winnicott (1954/2000) vai se ocupar de uma modalidade de degradação do sentido da experiência em que ele divide as lembranças em duas categorias, aquelas em que o bebê consegue processar e, portanto, pensar e as impensáveis. No primeiro caso, as invasões impactam o psiquismo do bebê de modo que ele não consegue processar a experiência de maneira adequada, só sendo possível reagir. A reação à intrusão ambiental estaria no centro das distorções no desenvolvimento emocional. No segundo caso, das experiências impensáveis, Winnicott vai propor uma espécie de memorização sem representação que ele denominou como sendo um modo de catalogação das vivências. As vivências catalogadas não alcançaram a condição de experiência e só podem vir a ser verdadeiramente experimentadas na ocasião de uma regressão. Winnicott vai atribuir à catalogação o sentido de um congelamento da falha ambiental que porta nele mesmo a esperança de uma reversão, de um descongelamento, via provisão ambiental adequada.[9]

---

9 Abram (1996) identifica no estudo de Bollas (1987) da "pulsão de destino" como sendo essa força inconsciente que busca a provisão ambiental necessária,

A estrutura do falso *self*, como o modelo de defesa egoica altamente organizado e rígido desse tipo de experiência, é a psicopatologia própria dos estados dissociados que tem a regressão como importante ferramenta clínica. A partir daí Winnicott propõe uma sintomatologia que passa a ser definida em termos de "sentir-se real" ou sobre o tema do sentimento de futilidade. O desenvolvimento de um falso *self* constitui-se em uma das mais bem-sucedidas organizações defensivas destinadas à proteção do núcleo do verdadeiro *self*, o que resulta em um sentimento de futilidade. Gostaria de me repetir e dizer que, enquanto o centro operacional do indivíduo é encontrado no falso *self*, existe um sentimento de futilidade. Na prática nos deparamos com a mudança para um sentimento de que a vida vale a pena no momento em que o centro operacional transfere-se do falso para o verdadeiro *self*, mesmo antes que ocorra a completa rendição do núcleo do *self* ao ego total:

> *A partir daí, podemos formular um princípio fundamental da existência: aquilo que advém do verdadeiro* self *é sentido como real (e mais tarde como bom), qualquer que seja sua natureza, de qualquer modo sempre agressiva; aquilo que ocorre no indivíduo como reação à invasão operada pelo ambiente é sentida como irreal, fútil (e mais tarde mau). (Winnicott, 1955/2000, p. 389)*

A regressão à dependência é a adaptação suficientemente boa do ambiente às necessidades do paciente no ponto coincidente onde ele se sente real e onde pode ser curado. O ponto técnico central é a capacidade do analista em reconhecer as necessidades do paciente, adaptar-se a elas e poder ao mesmo tempo falhar. Abram (1996/2000) chama a atenção para o fato de que a falha do analista

---

um ambiente facilitador pessoal.

na transferência é essencial para a reordenação das falhas iniciais precoces desde que ocorra em uma estrutura analítica estabelecida e no momento adequado. Em referência ao modelo da mãe com o bebê, ela pode ser comparada à necessidade de desadaptação da mãe no momento adequado.

O campo transferencial no sentido winnicottiano abarca estas novas considerações técnicas que, para serem compreendidas, precisam levar rigorosamente em conta a teoria do desenvolvimento emocional primitivo e suas consequências. Winnicott elabora, a partir daí, um princípio ético-clínico e metodológico em que vigoram noções como a confiança renovada, a esperança bem como a distinção entre o desejo e a necessidade. O uso do manejo e da regressão à dependência, a "análise adaptada", foi indicado para pacientes em que a loucura domina o quadro, quando um falso *self* precisa ser demolido, na presença de condutas antissociais, quando não há vida cultural, mas somente realidade psíquica e realidade externa (Winnicott, 1965a/1983). Em todos os casos, a transicionalidade apresenta-se como um operador clínico comum capaz de promover a reanimação da matéria psíquica morta e sua apropriação subjetiva.

Em resumo, vimos como a transicionalidade assume o lugar privilegiado onde a experiência da cura analítica pode acontecer. Sua postulação altera de maneira decisiva a forma como a teoria do símbolo e o processo de simbolização são pensados, além de introduzir uma nova topografia para o acontecimento psíquico. Do mesmo modo, a forma de se pensar a transferência foi profundamente modificada, tendo em vista a importância dos processos de maturação precoce e a relação com o ambiente, a partir de onde a regressão assume um lugar técnico fundamental para as variedades clínicas que derivam das falhas ambientais precoces.

Retomando as lições de objeto, a conquista da transicionalidade leva a espátula do nosso bebê imaginário da situação-padrão da boca ao chão como uma forma incipiente de brincadeira, onde ele aprende sua segunda lição. A experiência total da lição, no entanto, depende de que o objeto agora adquira alguma condição objetiva, para além do seu controle mágico e transicional e que de um modo de relação se estabeleça um modo de uso.

A cultura como expansão da transicionalidade

"Sobre o que versa a vida?", Winnicott (1967/1975) nos pergunta a certa altura do seu ensaio "A localização da experiência cultural". Em outros termos, ele nos interroga: onde estamos quando escutamos uma música, assistimos a uma peça, escrevemos uma tese? Decerto, a experiência orgástica do encontro sexual não se compara por sua força e natureza com os estados experimentados na experiência estética que exige, como aprendemos com o brincar, uma baixa excitação para que possa ser realizada.

Winnicott critica Freud quando, ao pensar uma topografia para a mente, não encontrou um lugar para as experiências culturais com a mesma determinação com que trabalhou com o mundo psíquico. O psicanalista britânico descobre, como vimos, que o brincar não poderia ser localizado a partir da dimensão espacial clássica composta por um dentro e um fora e que a experiência cultural encontra sua forma embrionária nesse mesmo lugar: "O lugar onde a experiência cultural se localiza é o espaço potencial entre o indivíduo e o ambiente (originalmente o objeto). Pode-se dizer o mesmo do brincar. Experiências culturais começam com a vida criativa manifestada inicialmente na brincadeira" (Winnicott, 1967/1975, p. 162).

A nova topografia proposta por Winnicott como uma zona de ilusão, ou terceira dimensão, abarca a experiência cultural como expansão da transicionalidade. Dentro da sua perspectiva teórica, os processos que viabilizam o trânsito do mundo subjetivo para a realidade compartilhada – ilusão, desilusão, transicionalidade, uso do objeto – compõem uma linha de desenvolvimento que vai do objeto subjetivo ao objeto transicional, do brincar ao brincar compartilhado e a entrada na cultura. Ao mesmo tempo, essa linha de desenvolvimento propõe uma nova forma de compreender os processos de saúde que não estarão mais referidos à presença ou ausência de doença, mas à capacidade de fazer uso dos elementos da cultura e ter uma vida que valha a pena ser vivida. A experiência de estar vivo não poderia ser tomada como garantia para sentir-se real e poder existir de modo pessoal, podendo se relacionar com os objetos sem confundir-se com eles. Em razão disso, a aquisição da transicionalidade passa a definir um outro critério de saúde e uma nova nosografia: essa teoria não afeta o que conhecemos a respeito da etiologia das psiconeuroses, ou do tratamento de pacientes psiconeuróticos; tampouco se choca com a teoria estrutural da mente, formulada por Freud em termos de ego, id e superego. Mas afeta nossa visão da pergunta: sobre o que versa a vida? Podemos curar nosso paciente e nada saber sobre o que lhe permite continuar vivendo. Para nós é de suma importância reconhecer abertamente que a ausência de doença psiconeurótica pode ser saúde, mas não é vida (Winnicott, 1971a/2020, p. 161).

Existem dois sentidos de saúde inovadores que podemos destacar a partir disso: o primeiro se refere à distância que o processo de saúde toma dos parâmetros de normalidade e anormalidade; o segundo tem a ver com a própria teoria do desenvolvimento emocional primitivo, em que um derivado da experiência de ilusão aloca-se na transicionalidade e, portanto, na cultura.

Desde o início da sua atividade como pediatra e psicanalista, Winnicott trabalhava com a ideia de que "às vezes é mais normal para uma criança estar doente do que estar bem" (Winnicott, 1931/2000, p. 58). A assertiva remete à leitura dos sintomas físicos como um mal-estar psíquico, mas também se refere ao modo como ele compreende os processos de maturação, no sentido em que a regressão às modalidades primitivas de relacionamento com a realidade, marcadas pela dependência, guardavam paradoxalmente a esperança e a possibilidade de cura. É nesse sentido que os processos de saúde se distanciam dos parâmetros tradicionais de normalidade-anormalidade.

A segunda inovação na forma de compreender os processos de saúde remete à possibilidade de que a vida compartilhada seja composta por elementos que possam dar reconhecimento a si mesmo. A transicionalidade, como vimos, surge em decorrência de um processo de desilusão necessária em que a ilusão vai se apresentar daí em diante em uma zona utópica, no lugar do descanso, fora das pressões internas ou externas. A cultura como forma expandida da transicionalidade promove a saúde no sentido em que possibilita que algo do *self* possa ser criado e compartilhado. Surge com isso uma nova nosografia que é composta por sentimentos de futilidade, vazio, confusão e perda do sentido da realidade.

Esse modo de pensar a entrada na cultura rompe de maneira radical a forma como Freud trabalha e teoriza esse processo. Adam Phillips (2007) elucida essa problemática fazendo um extenso contraponto em relação à teoria da cultura nesses autores:

> *Enquanto Freud se preocupava com as enredadas possibilidades de satisfação pessoal de cada indivíduo, para Winnicott essa satisfação seria apenas parte do panorama mais amplo das possibilidades para autenticidade*

> *pessoal do indivíduo, o que ele chamará de "sentir-se real". Na escrita de Winnicott, a cultura pode facilitar o crescimento, assim como o pode a mãe; para Freud, o homem é dividido e compelido, pelas contradições de seu desejo, na direção de um envolvimento frustrante com os outros. Em Winnicott, o homem só pode encontrar a si mesmo em sua relação com os outros, e na independência conseguida através do reconhecimento da dependência. Para Freud, em resumo, o homem era o animal ambivalente; para Winnicott, ele seria o animal dependente, para quem o desenvolvimento – a única "certeza" de sua existência – era a tentativa de se tornar "separado sem estar isolado". Anterior à sexualidade como o inaceitável, havia o desamparo. A dependência era a primeira coisa, antes do bem e do mal. (p. 29)*

Nessa mesma direção, Fulgencio (2010) vai distinguir as modalidades de mal-estar que decorrem de uma e outra forma de conceber a cultura. Para Fulgencio, Freud vê o indivíduo como ser na cultura a partir da repressão de sua sexualidade, em que a moral sexual civilizada exigiria a renúncia pulsional como código e condição da entrada e participação na cultura. Winnicott, por sua vez, não remete a experiência cultural ao processo de sublimação da sexualidade, e para que a saúde aconteça o indivíduo precisaria:

> *encontrar a si mesmo e a vida cultural como uma expressão ou ampliação da área do brincar, e, nesse sentido, deve ser algo que advém da pessoa como um movimento que afirma a própria espontaneidade e não como uma reação, aceitação de uma lei, resposta a uma repressão. (Fulgencio, 2010, p. 143)*

Por essa razão, o mal-estar será concebido em Winnicott como uma impossibilidade de que, dadas as condições internas e ambientais, algo da experiência pessoal do sujeito não se realize, não responda à sua necessidade de ser e continuar, sendo que é anterior à necessidade de prazer se utilizarmos o referencial do desenvolvimento emocional primitivo. Não se trataria de um desejo insatisfeito aos moldes freudianos. Fulgencio (2010) nos lembra que, se por um lado essa expressão do si mesmo possa ser dificultada, não compartilhada e produzir um mal-estar, por outro lado, existe ainda uma outra dimensão do si mesmo que diz respeito ao seu ocultamento e que não deveria jamais ser revelado. A ameaça do desvelamento do núcleo do verdadeiro si mesmo produz uma reação defensiva que seria justamente o ocultamento dos traços do verdadeiro *self*, estruturando, dessa forma, a experiência de um falso *self*. Fulgencio reconhece assim que a vida em grupo pode se constituir como uma constante ameaça para o núcleo do verdadeiro *self* e como um paradoxo, que deve ser admitido e não solucionado. A cultura se transforma, assim, na possibilidade do encontro e do mal-estar em perder-se a si mesmo ao mesmo tempo.

Lição 3. A espátula no chão, de novo e de novo

Destrutividade e uso do objeto: condições para a externalidade

A construção da experiência subjetiva, seus desafios e patologias foi o eixo central da pesquisa psicanalítica padrão. Partindo da premissa de que o contato do sujeito com a realidade se dá essencialmente de maneira defensiva e distorcida e que, seja na neurose ou na psicose, é esperada, em algum nível, a perda da realidade, a pesquisa psicanalítica tradicional desdobrou seus esforços no sentido de compreender do que se tratava essas defesas e como minimizar o sofrimento decorrente dessas distorções. O interesse inverso, ou seja, pela construção de um senso de objetividade, precisou aguardar alguns anos para que pudesse vir a ser formulado. Do mesmo modo, a qualidade e a natureza do objeto externo atravessam o campo de problemas da psicanálise cada vez mais do intrapsíquico ao intersubjetivo.

Freud (1911a/2010) sempre considerou uma perda de realidade parcial no caso da neurose e radical no caso da psicose. A realidade é concebida como sendo insuportável em razão das "representações intoleráveis" impostas, que terminarão centralizadas em torno do conceito de castração, e de uma concessão permanente que deve ser feita em relação ao prazer. Freud defende a ideia de que, de um modo geral, existe uma "significação psicológica do mundo externo real" (Freud, 1911a/2010, p. 110) e, além disso, tanto na sua expressão neurótica como na psicótica essa perda apresenta suas formas substitutas correspondentes: as fantasias e o delírio respectivamente. O princípio da realidade produz a fantasia como um "âmbito que foi separado do mundo externo real" (Freud, 1924/2011, p. 220) como uma zona franca alfandegária que estará livre das exigências da vida. Em termos freudianos, o desenvolvimento do senso de realidade, da objetividade e da externalidade é formado a partir de uma atividade dinâmica precoce em que dois julgamentos estão imbricados: o primeiro que aceita ou recusa determinada característica e o segundo que admite ou contesta sua existência na realidade. No primeiro caso, o eu-prazer original introjeta o que é bom, fazendo-o coincidir com ele mesmo e exclui, projeta, o que é mau, sendo que o mau é o que é exterior, o que é não eu. A primeira oposição eu-mundo exterior é correlativa à oposição prazer-desprazer. O segundo julgamento é acerca da existência real da coisa representada. É realizado pelo eu-realidade que se desenvolve a partir do eu-prazer. Recolocando a questão exterior ou interior de outra maneira, não se trata agora de discriminar o que é bom ou ruim, mas também de distinguir o que é real daquilo que é subjetivo.

A prova de realidade para Freud parte da consideração de que o subjetivo e o objetivo não estão diferenciados desde o começo e que a representação se ancora inicialmente em uma percepção. Essa distinção ocorre em função dos processos imaginativos que conseguem, sob o domínio do prazer, reapresentar o objeto na ausência dele. A instauração do princípio da realidade depende, então, da perda do objeto real que proporcionou a satisfação e está submetido dessa forma ao princípio do prazer. Freud posiciona, a partir daí, a dualidade pulsional como a gênese da função de julgamento da realidade: "a afirmação – como substituto da união – pertence ao Eros, a negação – sucessora da expulsão – ao instinto de destruição" (Freud, 1925/2011, p. 280). Sua maneira de conceber o acesso à realidade, submetida ao princípio do prazer, vai se diferenciar de maneira radical de Winnicott, para quem as considerações sobre o desenvolvimento emocional primitivo e a condição de dependência são imprescindíveis uma vez que a realidade, sua natureza e materialidade participariam ativamente nesse processo.

A terceira lição de objeto está referida ao instante em que, após o período de hesitação e a experiência de pegar a espátula e levar à boca, a criança realiza o descarte, que é tanto uma brincadeira como também uma ação que testa a permanência existencial do objeto e o coloca para fora do seu domínio onipotente. Winnicott (1971a/2020) constrói sua argumentação partindo da distinção fundamental entre o que é a relação e o uso do objeto. A relação é descrita a partir dos mecanismos de projeção e identificação, enquanto o uso envolve a natureza e o comportamento do objeto. Em seus termos, "a relação é descrita a partir do sujeito individual, ao passo que o uso só pode ser descrito a partir da aceitação da existência autônoma do objeto ou do fato de que ele sempre esteve lá"

(p. 145). A questão da externalidade e da existência autônoma será colocada como uma das aquisições do processo maturacional, em que o encaminhamento da condição de relação para o uso depende da capacidade do ambiente suficientemente bom. O termo "relação" está para as questões do sujeito enquanto "uso" já coloca em cena os fatores ambientais. A análise do uso deve levar em conta a natureza e, incluímos, a materialidade do objeto não como projeção, mas como coisa em si mesma.

Reafirmando o paradoxo "o bebê cria o objeto", Winnicott passa agora a se dedicar ao estudo da sua segunda parte, "mas o objeto já está lá esperando para ser criado". A teoria sobre o uso do objeto introduz uma mudança importante no princípio da realidade, como ele nos explica:

> *o que existe entre a relação e o uso é o ato de retirar o objeto da área de controle onipotente do sujeito; ou seja, a percepção do objeto como fenômeno externo, e não como entidade projetiva, ou melhor, o reconhecimento do objeto como entidade em si mesmo. (Winnicott, 1971a/2020, p. 146)*

Winnicott passa a articular de maneira absolutamente original a relação entre a destrutividade e a condição de uso do objeto afirmando que a mudança da relação para o uso significa que o sujeito destrói o objeto à medida em que ele se externaliza e que o objeto sobrevive à sua destruição. A permanência existencial do objeto para além da sua necessidade é conferida em função de um impulso destrutivo. Ora, o ponto central dessa tese rearticula o modo como a introdução da realidade vinha sendo compreendida desde Freud, para quem a raiva e a reação destrutiva seriam efeitos da introdução do princípio da realidade. Na direção contrária dessa afirmação, Winnicott atribui à destrutividade a condição de aquisição do sentido da própria realidade, criando a condição de externalidade, desde que, reiterando novamente seu pensamento, o objeto sobreviva à destruição. Em termos clínicos, o ataque destrutivo ao analista passa a ser compreendido como uma tentativa de fazê-lo existir fora do seu controle mágico. Praticamente, isso implica em um manejo de sobrevivência do *setting* em que a interpretação é secundária.

O terceiro tempo da lição de objeto que pode ser concebido em termos de descarte reposiciona a teoria das raízes da agressividade e, ao mesmo tempo, amplia a noção dos objetivos da análise e sua condição de término.

Do ponto de vista da teoria da agressividade, o descarte reformula, como discutimos logo acima, a relação entre o princípio da realidade e a destrutividade. As experiências destrutivas do bebê, que nesse momento se expressam pelo descarte, pela garra, pela mordida, são condições fundamentais para o alcance da objetividade e da externalidade. Esse é um ponto sensível de mais um importante corte epistemológico que incide sobre a relação da destrutividade, do sadismo e do brincar. O que vamos observando é que, de maneira muito distinta, essas questões cercam o brincar e a teoria que se debruça sobre ele, tanto em Freud quanto em Klein e Winnicott.

Para Freud, como vimos, as raízes da destrutividade estão relacionadas à introdução do princípio de realidade. Winnicott, referindo-se à ideia de Freud, chama atenção para os estágios iniciais em que essa conotação da destrutividade ainda não é adequada: "que a frustração provoque raiva durante tais fases, é óbvio; mas, na nossa teoria dos estágios iniciais, precisamos estar preparados para encontrar a agressão que precede a integração do eu, integração essa que tornará possível, num estágio posterior, a raiva pela frustração instintual e que faz com que a experiência erótica seja uma experiência". O fato é que, como vimos, Freud se aproximou muito discretamente das especificidades do cuidado materno ligadas à inscrição dos princípios do prazer e desprazer. Aparece, de forma sutil, uma colocação em rodapé a esse respeito na introdução do texto "Formulações sobre os dois princípios do funcionamento mental":

> *Com razão se objetará que tal organização, que se abandona ao princípio do prazer e negligência a realidade do mundo externo, não poderia se manter viva por um tempo mínimo, de modo que nem sequer chegaria a nascer. O emprego de uma ficção como essa se justifica, porém, pela observação de que o bebê, se considerarmos igualmente o cuidado materno, quase que realiza um sistema psíquico desse tipo. Ele provavelmente alucina o atendimento de suas necessidades internas, revela seu desprazer com o estímulo crescente e a ausência de satisfação, através da descarga motora dos gritos e do esperneio, e então experimenta a satisfação alucinada. (Freud, 1911a/2010, p. 112)*

O emprego dessa ficção implica em um modelo em que a realidade, o ambiente, é um ponto fixo, apesar de Freud reconhecer a indiferenciação entre o eu e o ambiente inicialmente. Ab'Sáber (2005) indica como Freud parece considerar o ambiente como forma dada, de natureza fixa necessária para descrever o intrapsíquico. Freud, no entanto, não segue adiante na investigação sobre a possibilidade de o ambiente falhar e qual a natureza das experiências que decorrem dessa falha. Essa hipótese não estaria contida, segundo Ab'Sáber, na pesquisa de Freud porque, em princípio, o sistema freudiano sustenta a ideia de que o sujeito está referido à sua própria realidade psíquica. Descreve, portanto, "um cuidado abstrato e universal, não qualificado nas muitas tarefas humanas que a mãe deve fazer para que o seu bebê atinja a sua própria realidade" (Ab'Sáber, 2005, p. 302). A instalação dos princípios do prazer e desprazer se realizaria de forma automática e dependente exclusivamente do sujeito, condição que na relação de dependência absoluta não é possível acontecer. Ab'Sáber vai defender a ideia de que, do ponto de vista da teoria winnicottiana, é a dependência absoluta em relação ao ambiente, ou seja, a realidade, que, primordialmente, inscreve o circuito do prazer, para que ele possa vir a ser posteriormente um princípio ordenador. Antes disso, as organizações dissociativas, psicossomáticas, psicóticas e as mais variadas formas de compulsão à repetição estariam referidas ao que está além do princípio do prazer, ou seja, à realidade da dependência:

> *Como vimos, o que existe de fato para ele é uma experiência precoce de desrealização humana, uma experiência traumática originária cujo mistério é o sentido de uma relação – a relação do bebê e sua mãe nos tempos das origens. Ali onde se abre a repetição se abre à compulsão do que é sofrimento eterno, pensada por toda uma tradição psicanalítica como advinda de uma pulsão inata, Winnicott vê outra coisa – uma história específica que pode ser evocada e que envolve sempre, no mínimo dois, o bebê e sua mãe – que é também seu ambiente original, e até mesmo a sua cultura, sua grande sustentação simbólica, como ele também diria. É a história de uma falha na relação e na sustentação de um bebê por sua mãe que vai levar a produção precoce de um sujeito em negativo, marcado por afetos impensáveis e por defesas primitivas muito intensas que vão ocupar o lugar do que não aconteceu, do que simplesmente deixou de existir, do que se desrealizou, na*

> *experiência da continuidade de si. Defesas primitivas para dar conta do terror desses impensáveis, que vieram do mundo para o bebê. (Ab'Sáber, 2021, p. 9)*

Em Klein, como vimos no Capítulo 2, sobre a técnica do brincar, traz à tona a destrutividade e a coloca no centro das pesquisas sobre a gênese do psiquismo – ainda sob uma compreensão que preserva o Édipo como um ordenador da teorização psicanalítica. O ódio, o sadismo, a agressividade como expressão da pulsão de morte são compreendidos como aspectos constitutivos do indivíduo e tratados, em certa medida, a partir do seu caráter hereditário. O fato é que a questão da ambivalência em Klein é atribuída em um estágio primitivo que coincide e promove a entrada na posição depressiva, quando a criança passará a ter condições de conceber um objeto total. Winnicott, veremos, ao colocar no desenvolvimento emocional primitivo a ilusão em uma situação de dependência absoluta como fator responsável pela integração, não pressupõe que, garantidas essas condições ambientais iniciais, a criança experimente alguma ambivalência. Ao contrário, a presença da ambivalência nesse período é sinal de que o processo ilusão-desilusão não foi devidamente constituído.

Winnicott chega, como Klein, ao tema da destrutividade pelo brincar, e a reposiciona como um aspecto saudável e necessário para a condição de externalidade, modificando o modo como as raízes da agressividade vinham sendo concebidas e, mais uma vez, a intervenção técnica que passará a ser realizada a partir do manejo (sobrevivência do *setting*) e não da interpretação. Basta lembrarmos do modo como ele tratou, desde "A observação de bebês numa situação padronizada" (Winnicott, 1941/2000), o uso da mordida no tratamento da menininha com crises convulsivas, como um exemplo tanto da destrutividade como da sobrevivência do objeto como condições necessárias para o brincar:

> *A compreensão e identificação da agressividade com as atividades motoras de exploração do mundo já evidenciam a importância desse comportamento na construção da identidade e por consequência no reconhecimento da alteridade. Ao agir de modo agressivo simplesmente para explorar um objeto, a criança começa um processo de diferenciação entre ela e o mundo exterior. Com o início da capacidade simbólica a criança pode prescindir da realização concreta da destruição e sentir aliviada com suas fantasias destrutivas, conseguindo através dos sonhos e das brincadeiras dar vazão a sua agressividade. (p. 117)*

O fato é que o amor e o ódio, embora sejam experimentados desde muito cedo pelos bebês, só se colocam como uma ação que visa infligir dor ao objeto tardiamente. Essa "agressividade instintiva" à qual ele se refere, embora se torne algo que em breve possa ser mobilizado pelo ódio, é uma parte do apetite ou de outra forma de amor instintivo (Winnicott, 1964/1999). A voracidade é o termo que representa esse aspecto fusional do amor e da agressão numa relação que acontece, nos termos de Winnicott, como "amor-boca", "amor-apetite- primário que pode ser cruel, doloroso, perigoso mas só o é por acaso" (Winnicott, 1964/1999, p. 97). A motilidade do bebê seria o equivalente à agressividade: dar pancadas, agarrar, puxar. E são esses primeiros movimentos agressivos que levam ao reconhecimento de tudo que é não eu. Winnicott aponta como o sonhar e o brincar podem representar um aspecto mais maduro da relação da criança com a realidade.

Distanciando-se mais uma vez de Klein, o psicanalista vai defender a ideia de que esse amor cruel primitivo não está relacionado ao excesso de sadismo que encontra sua expressão como um exercício direto da pulsão de morte. Winnicott, como sabemos, vai rejeitar a ideia de que algo equivalente à pulsão de morte possa atuar sobre o bebê. Para ele, trata-se de estados fusionais primitivos que têm por objetivo a gratificação de um bebê que, pouco a pouco, passa a temer que essa satisfação coloque em risco aquilo que ama. O equilíbrio delicado entre sua satisfação e a destruição do objeto de amor faz com que ele odeie alguma parte de si mesmo e passe a exigir que o ambiente absorva suas necessidades frustrando-o, suportando ser odiado e sobrevivendo ao seu ódio.

A relação dialética entre o amor e o ódio vai se complexificando a ponto de que a criança seja capaz de assumir a responsabilidade pela sua própria destrutividade que está ligada ao viver, aceitando gradualmente essas contradições. Como um sinal de saúde, essa dialética reverte-se numa atitude construtiva que está na base das ações de brincar e trabalhar. Se Winnicott rejeita a posição esquizoparanoide como primeira modalidade de experiência psíquica com a realidade, ele endossa, mais de uma vez, a contribuição kleiniana acerca da posição depressiva. A contribuição mais especial de Klein, que, segundo ele, está para o valor teórico e clínico do complexo de Édipo em Freud, a posição depressiva estaria ligada ao relacionamento entre duas pessoas, diferenciando-se do Édipo, que se realiza a três e não poderia ser concebido antes de algum nível de fortalecimento egoico. Winnicott direciona sua crítica a Klein, no entanto, no que diz respeito à suposição de uma posição esquizoparanoide de saída em que os processos de cisão e persecutoriedade atuariam sobre o psiquismo. O cuidado suficientemente bom inicialmente sustentado pela ilusão e a preocupação materna primária seria o fator decisivo para a neutralização desses mecanismos. Coloca-se em questão com isso a tendência a descrever a destrutividade do bebê em termos de hereditariedade ou inveja.

O deslocamento essencial da tendência à destrutividade para a questão da dependência resulta em uma ampliação da participação da intersubjetividade nos processos psíquicos que eram predominantemente investigados a partir do intrapsíquico.

Outra consequência da teoria do uso do objeto é o modo como os objetivos do tratamento psicanalítico passam a ser pensados. Winnicott, para quem a psicanálise não é um estilo de vida, afirma que o fim da análise está relacionado com a capacidade da relação de uso do objeto, a própria análise. O analista deve estar no lugar do objeto a ser constituído narealidade fora do domínio onipotente mágico da subjetividade do paciente, tendo, portanto, sobrevivido à sua tentativa de destruição. O destino da análise, como o do objeto transicional, é poder ser dispensado, esquecido, desinvestido.

Jogo do rabisco: a ilusão como princípio esperança

O jogo do rabisco pode ser considerado uma evolução do jogo da espátula, destinado às crianças mais velhas. O jogo, de uma regra só, serve-se da experiência mútua e, para ser utilizado, deve-se levar em conta a teoria do desenvolvimento emocional primitivo e a sua relação com os fatores ambientais As instruções são simples: "fecharei os olhos e farei um rabisco a esmo no papel; você o transformará em alguma coisa e depois será a sua vez e você fará o mesmo e eu transformarei seu traço em alguma coisa" (Winnicott, 1971b/1984, p. 20), e assim ele convidava a criança.

Posteriormente, aos quarenta anos de clínica, ele observa que o jogo do rabisco foi favorecido por uma interessante condição que se deve ao fato de que muito frequentemente as crianças sonhavam com ele na noite anterior à consulta. Winnicott se surpreende ao estar lá na companhia da criança, se ajustando a uma noção preconcebida, sonhada dele mesmo, que, em suas próprias palavras, dificilmente sobreviveria ao segundo ou terceiro encontro com a criança. Ele se reconhece, portanto, na posição de um objeto subjetivo e aproxima essa situação ao que se experimentaria, talvez, numa hipnose. É pela via da confiança previamente estabelecida, já sonhada, concebida subjetivamente pela criança, que Winnicott faz as suas apostas em um fecundo trabalho que poderá se dar nas primeiras ou segundas entrevistas e cujo efeito será o de "haver dado à criança alguma esperança de ser compreendida e até mesmo ajudada" (Winnicott, 1971b/1984, p. 13). O jogo – Winnicott hesitava em considerar uma técnica, com receio de que fosse apropriado de maneira impessoal – conta com a participação ativa do analista, evitando que se estabeleça uma dissimetria própria da relação de médico-paciente.

O rabisco revelou-se um importante instrumento da comunicação da criança um pouco maior que era facilitado por sua natureza insaturada, impulsiva, seu caráter "louco", "incontinente", que estabelecia uma complexa relação entre a forma e o conteúdo e, por fim, pela confirmação de que em cada rabisco existe uma integração que provêm de si e suporta, em alguma medida, o próprio caos (Winnicott, 1971b/1984, p. 232). O rabisco é ainda, nos diz Winnicott, satisfatório em si mesmo e assemelha-se a um objeto encontrado. Ele vai defender a ideia de que essas características se aproximam dos fenômenos vividos no estágio da dependência absoluta, quando o *self* do bebê não está ainda formado. Em seus termos, quando

> *o ego é muito fraco, a menos que (como geralmente acontece) o ego da mãe lhe forneça apoio do ego. O bebê começa a viver com o ego da mãe, que lhe empresta por sua adaptação sensível às necessidades de seu bebê. (Winnicott, 1971b/1984, p. 233)*

Winnicott observou que essa posição de objeto subjetivo seria potencialmente favorável ao estabelecimento de um outro modo de relação com a realidade e a consequente produção desse tipo de objeto transicional. O rabisco, a presença sonhada antecipadamente do analista favoreceriam a chegada à transicionalidade. Do ponto de vista da ação terapêutica, a transicionalidade promove uma integração dos aspectos dissociados da experiência psíquica que é, por si só, curativa. A condição necessária para tanto estava no reconhecimento do que Winnicott chamou de uma "esperança em comunicar alguma coisa".

O jogo do rabisco foi a técnica empregada duranteas consultas terapêuticas que tinham por objetivo responder psicanaliticamente às necessidades e pressões sociais da clínica. O fato é que Winnicott não dispensava a análise tradicional quando ela podia ser realizada e colocava como única ressalva à realização da consulta uma situação de provisão ambiental deficitária que não poderia encontrar e fazer uso das transformações ocorridas durante o processo de entrevista. A principal e mais difícil avaliação a ser feita, segundo Winnicott, é o ambiente imediato da criança para quem, em caso de "fator externo adverso ou ausência consistente de cuidado pessoal" (Winnicott, 1971b/1984, p. 14), seria recomendado um relacionamento pessoal do tipo geralmente conhecido como transferência.

A consulta terapêutica tem um caráter absolutamente idiossincrático. Winnicott nos adverte para o fato de que não é possível estruturá-la em termos de regras bem definidas ou mesmo repetir os elementos de uma consulta em outra. O primeiro contato com os pacientes, mediado pelo rabisco, coloca o analista diante de uma progressiva expressão pessoal, aproveitando-se da sua condição de objeto subjetivo, como ele já havia observado. Em alguns casos, essa pessoalidade era inibida por um excesso de adaptação que deveria ser transformado com a ajuda do rabisco e sua infinidade de formas. Além da escuta sensível e hesitante do analista diante de qualquer interpretação que venha a ser dada em um momento em que o paciente ainda não está pronto para recebê-la. Winnicott busca, nessa direção, localizar o momento do processo maturacional e as condições de possibilidade para a constituição de um objeto subjetivo e um espaço potencial.

Veremos como a consulta, com a utilização do jogo do rabisco, sintetiza a produção teórico-clínica de Winnicott de maneira exemplar. O modo como faz uso da transferência, a forma como compreende o símbolo, a preocupação com o uso do símbolo, o lugar do discurso, o papel dos sonhos e as qualidades estéticas do rabisco são alguns dos temas que atravessam esse jogo e indicaremos a seguir. De um modo geral, o jogo do rabisco condensa técnica e teoricamente a tomada da materialidade para a produção do sentido que está na base do que defendemos ser o trabalho do brincar.

Bob é um menininho de 6 anos, afável, que o aguardava esperançosamente, falava de maneira excitada, às vezes até gaguejando. Winnicott omite em um primeiro momento qualquer diagnóstico inicial assinalando, no entanto, a esperança ansiosa como um critério clínico a ser devidamente considerado como sinal da capacidade de sonhar para frente, uma aposta no porvir. À sua maneira, a capacidade de ter esperança de ser compreendido. Bob, no entanto, apresenta inicialmente desenhos adapatativos. Winnicott sugere ao menino que fizesse um rabisco para que ele pudesse transformar em alguma coisa, ao que ele responde: "Posso desenhar um carro?" Na sua vez, diante do rabisco confuso de Winnicott, Bob responde, inibido, que era difícil transformar em alguma coisa. Winnicott passa a compreender sua dificuldade de transformar o rabisco em algo pessoal, como uma tentativa de se adaptar ao que ele supõe que se espera dele. Nessa fase adaptativa, ele observa que se trata de um aspecto do eu do menino, que tenta aceitar e agir de acordo, mas que não emprega impulso. A presença da impulsividade no traçado do desenho está remetida à questão tanto da vitalidade quanto da corporeidade.

Safra (2006a), em um esforço de compreensão da natureza estética dos rabiscos, identifica algumas das suas qualidades: a presença do afeto, da corporeidade e da espontaneidade. O desenho cujo traçado é realizado por impulso apresenta vitalidade, onde o corpo está presente. O desenho adaptativo, ao contrário, ao não comunicar sua vitalidade e corporeidade, não carrega em si um sentimento e não consegue fazer uma verdadeira comunicação. Winnicott vai atrás do que seria o traço essencial, um traço singular que, assim como sua teoria, pode ser compreendido, mas não copiado – um alcance do traçado que tenha a possibilidade de criar uma experiência.

Desse ponto de vista, a forma do traço, mais até do que o conteúdo do desenho, é também levado em consideração. A espessura, a singularidade, a espontaneidade, a corporeidade e a impulsividade seriam características estéticas do rabisco que indicariam a condição para comunicar algo pessoal. Além disso, interessa também a capacidade da criança de fazer uso do rabisco que lhe é ofertado, como uma condição necessária também para que o jogo aconteça.

Winnicott brinca com os pacientes do seu jogo do rabisco sem fazer qualquer interpretação inicialmente, manejando o tempo na situação clínica. A espera, a sustentação, a hesitação assumem assim um valor técnico fundamental na medida em que qualquer interpretação fora do tempo/espaço potencial pode ser desastrosa ou, se preferirmos pensar à sua maneira, uma forma de submissão. A chegada ao espaço potencial, quando ele não está devidamente constituído, como no caso dos desenhos adaptativos, passa a ser então uma função da consulta. A sinalização de que o espaço potencial está em jogo, do ponto de vista da qualidade do rabisco, é a presença justamente da pessoalidade, da corporeidade, da vitalidade, como vimos.

O pacientezinho Liro, de 9 anos e 9 meses, é um exemplo da presença de saída do espaço potencial. Esse menininho – que falava finlandês – encontrou Winnicott na presença de uma tradutora, que foi dispensada do jogo na medida em que os dois se envolveram rapidamente nos rabiscos. A presença do espaço potencial no jogo também pode ser observada pela concentração e dedicação da criança à brincadeira, no sentido em que as dimensões da realidade externa ficam neutralizadas. Trata-se da capacidade de fazer uso dessa forma de brincar que aqui fica representada pela capacidade de apoiar o sentido no gesto rabiscado espontaneamente do outro. Liro estava no hospital para realizar, por um procedimento cirúrgico, uma correção da sindactilia, uma doença congênita. O motivo da passagem em consulta com Winnicott não continha qualquer queixa psiquiátrica específica a não ser, como ficamos sabendo no final, o fato de que o menino era muito condescendente às demandas de cirurgia corretiva, estando sempre disposto à intervenção. O objetivo da consulta era para assembleia de funcionários do hospital.

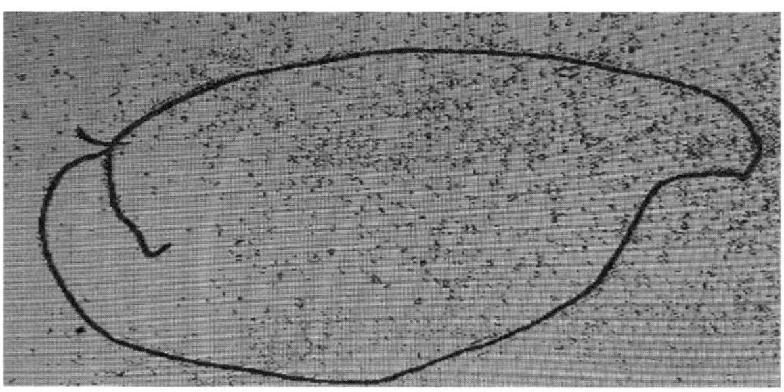

Figura 3.1 *Desenho de Winnicott 1.*

Fonte: Winnicott (1971b/1984).

Winnicott fez o primeiro rabisco (Figura 3.1), ao que o menino imediatamente respondeu: "é um pé de pato". A surpresa em relação à urgência diante da qual o menino tenta comunicar o objeto da sua incapacidade chama a atenção de Winnicott, que decide testá-lo reapresentando mais uma vez o desenho para reafirmar a questão que estava sendo colocada, assumindo, desse modo, uma função especular (Figuras 3.2 e 3.3).

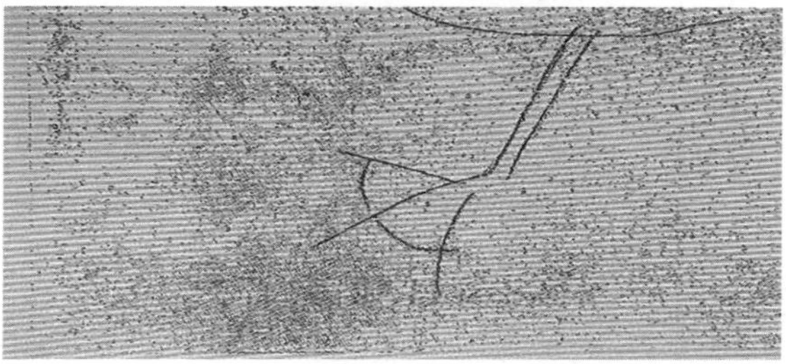

Figura 3.2 *Desenho de Winnicott 2.*

Fonte: Winnicott (1971b/1984).

Figura 3.3 *Desenho de Winnicott 3.*

Fonte: Winnicott (1971b/1984).

No quarto desenho, Liro transforma o risco livre de Winnicott em um pato nadando no lago (Figura 3.4). Winnicott observa como esse desenho apresenta um afeto positivo em relação aos patos, aos lagos e à natação, lembrando-nos do fato de que o menino vinha da Finlândia, onde este é um importante repertório cultural e geográfico. A conversa acompanha os desenhos e segue dos patos para a música, logo depois de Liro ter desenhado uma corneta. Liro comenta que gostaria de tocar flauta. Winnicott, percebendo o componente dissociado dessa comunicação diante da incapacidade do menino, propõe sua primeira intervenção transicional dizendo como deve ser difícil um pato tocar flauta. O aspecto dissociado está presente na apresentação de uma imagem de si em torno dessa incapacidade não coincidente com a comunicação verbal. A intervenção se realiza no espaço transicional já constituído, em que ele apresenta ao menino a imagem de si mesmo, articulada à sua incapacidade na zona e a partir dos elementos do jogo. O menino ri. Winnicott promove com isso a integração dos aspectos dissociados, apresentandoao mesmo tempo o pato e o piano na zona da transicionalidade.

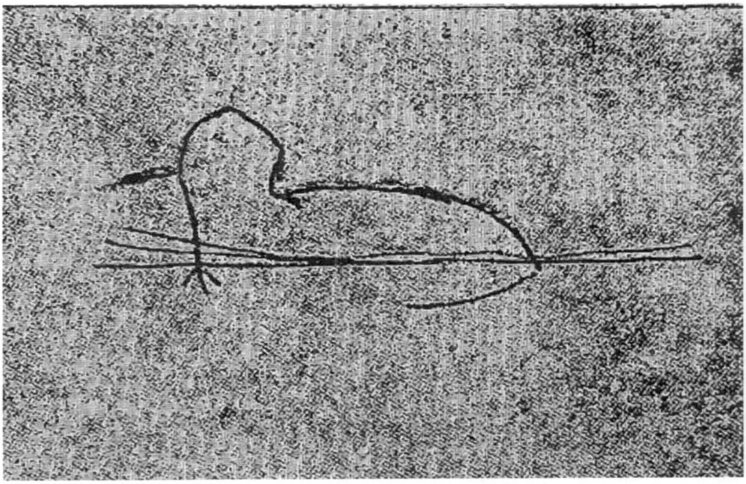

Figura 3.4 *Desenho de Winnicott 4.*

Fonte: Winnicott (1971b/1984).

Na sequência, Winnicott faz uma síntese do manejo da consulta, que guarda uma importante observação técnica a respeito do rabisco e da forma como ele era pensado:

> *Observar-se-á que não prossegui na explicação, para ele, de que estava representando sua própria incapacidade em termos de patos. Isso seria muito grosseiro pois era extremamente improvável que ele soubesse o que estava fazendo ou que tivesse qualquer intenção consciente de usar um pato para representar sua própria incapacidade. Acho mesmo que ele não era capaz de lidar com a ideia de seu sindactilismo. (Winnicott, 1971b/1984)*

Os estados dissociados não estão referidos ao conteúdo recalcado que se transpõe para a figura do pato em termos de uma representação. O desenho, como sintetiza Safra (1996), tem uma qualidade apresentativa, da ordem de um acontecimento que tem a ver com como o indivíduo representa a si mesmo no mundo. A experiência que se configura ali é construída como apresentação de *self* e, nesse sentido, não deve ser conduzida pela técnica da interpretação, e sim da intervenção transicional.

Winnicott rabisca o próximo desenho dizendo ter feito propositalmente para que o menino transformasse em uma mão. Ele o transforma em uma flor (Figura 3.5). Na sequência, o menino desenha deliberadamente uma mão deformada e surpreende-se com o resultado dizendo: "apenas aconteceu". Podemos dizer que o menino teve aqui a possibilidade de ter uma experiência com a mão deformada que, até então, estava dissociada. Não se trata, como supomos na lógica do recalcado, de um *insight*, como um resgate do sentido inconsciente, mas de uma experiência que pode ter sido vivida naquele momento. Esse momento de integração dos elementos dissociados sinaliza para Winnicott que o menino estava pronto para abordar o tema da sua incapacidade mais diretamente, e é quando ele lhe pergunta sobre os sonhos. Um princípio fundamental da consulta terapêutica já havia sido cumprido até aqui: a integração dos elementos dissociados e a colocação desses mesmos elementos sob o domínio da criatividade, sob o domínio do eu.

Figura 3.5 *Desenho de Winnicott 5.*

Fonte: Winnicott (1971b/1984).

O caso Liro é exemplar do uso que Winnicott faz do espaço potencial quando ele já está constituído e há, por parte da criança, a esperança de poder ser compreendida, a pessoalidade, a corporeidade e a espontaneidade na comunicação.

Com Robin, de 5 anos, Winnicott acreditava que o passo em direção ao desenvolvimento seria dado espontaneamente com a provisão ambiental da família e da escola, seguindo seu princípio teórico clínico fundamental de que a tendência ao desenvolvimento é espontânea quando as condições ambientais forem adequadas. A questão de Robin estava relacionada à recusa da escola em associação com o conflito pessoal da mãe. Essa mãe temia, sendo ele seu último filho, que ao ir para a escola ela perdesse a relação de dependência que envolve a dinâmica familiar com uma criança pequena. O menino, por sua vez, apresentava sintomas em consonância com esse sentimento da mãe que o remetiam a uma posição regressiva de quando ele dependia dela para satisfazer suas necessidades. Winnicott fica em dúvida quanto à possibilidade de o menino conseguir fazer o jogo do rabisco aos 5 anos, mas começa sem grandes esperanças. Robin não fez uso do primeiro rabisco de Winnicott (Figura 3.6).

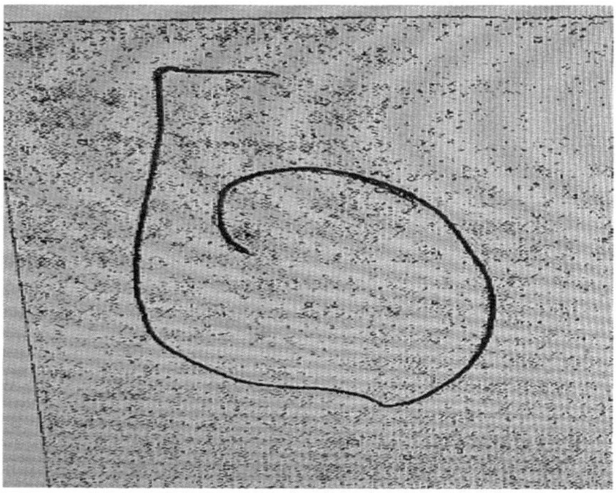

Figura 3.6 *Desenho de Winnicott 6.*

Fonte: Winnicott (1971b/1984).

Winnicott, na sua vez, transforma o rabisco de Robin em uma aranha (Figura 3.7).

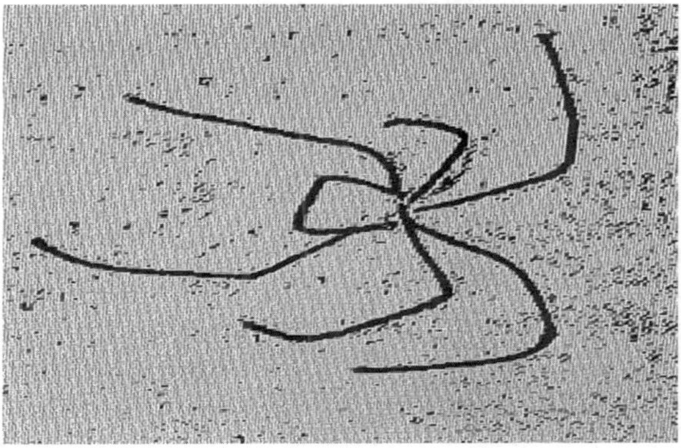

Figura 3.7 *Desenho de Winnicott 7.*

Fonte: Winnicott (1971b/1984).

Na sua vez, ele começa colocando cabelos ondulados e Winnicott observa que ele mesmo tinha os cabelos ondulados. Acrescentou um rosto dando a impressão de figura humana e disse que era um peixe (Figura 3.8).

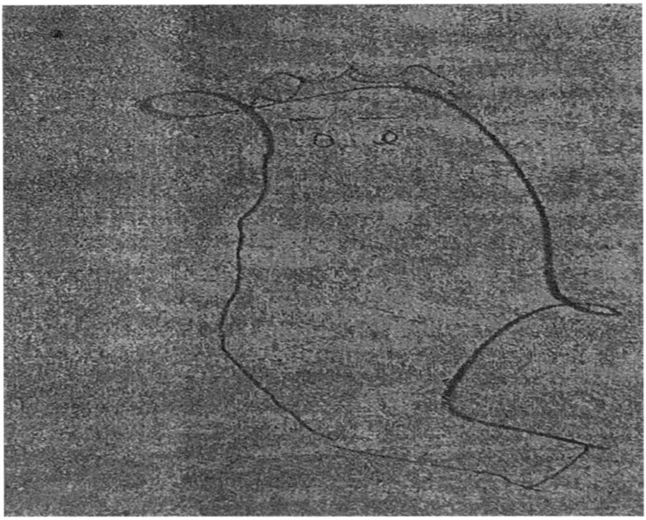

Figura 3.8 *Desenho de Winnicott 8.*

Fonte: Winnicott (1971b/1984).

"Nesse ponto fiquei esperançoso. Ali estava um desenho primitivo que lhe era pessoal e lhe agradava, havendo ele então começado a jogar de uma maneira criativa" (Winnicott, 1984, p. 39).

Winnicott reconhece a presença do traço essencial com a possibilidade de brincar com a forma dar início à comunicação pessoal do menino. Nosso interesse por essa consulta está no modo como, a partir daí, ele vai trabalhar a questão do simbolismo no jogo do rabisco. O símbolo é tratado como uma apresentação de si mesmo, uma expressão da totalidade do *self*, e não uma leitura de zonas erógenas e objetos parciais.

Robin faz um rabisco que Winnicott vai transformar numa cobra. A cobra, em uma análise projetiva tradicional do desenho, pode facilmente estar referida a um símbolo fálico, um objeto parcial. No entanto, Winnicott nos adverte:

> *se se pegar o material primitivo e as raízes do que um pênis pode significar para uma criança, ver-se-á que o desenho feito pela criança de uma cobra pode ser a configuração do eu (*self*) que ainda não usa braços, dedos, pernas e artelhos. Longe de ser um objeto parcial, uma cobra no sonho ou na fobia pode ser um primeiro objeto integral. (Winnicott, 1971b/1984, p. 18)*

Winnicott faz um traço especial em que trabalha a espessura da linha aumentando as possibilidades do uso criativo do desenho, que adquire uma "espécie de valor que os rabiscos devem ter" (Winnicott, 1971b/1984, p. 40). Robin não fez nada com o rabisco e falou: "claro que isso já é uma jarra" (Figura 3.9).

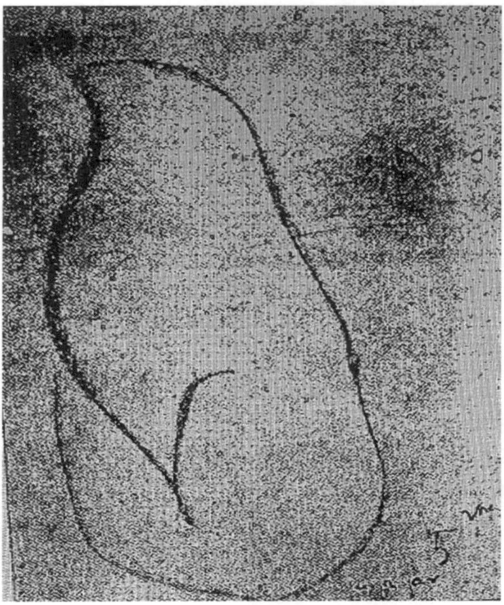

Figura 3.9 *Desenho de Winnicott 9.*

Fonte: Winnicott (1971b/1984).

Ao que Winnicott responde: "Bem, você transformou em alguma coisa ao lhe dar um nome!" (Winnicott, 1971b/1984, p. 40). Para Winnicott esse é o exemplo de um "objeto pronto" que é o fenômeno simultâneo de criação e encontro com o objeto, a base do fenômeno da ilusão. O valor clínico dessa interação está no reconhecimento da atividade criativa do menino pela nomeação e pela prevalência da ênfase no gesto, na ação criativa, e não necessariamente no conteúdo do símbolo. Trata-se da oferta de uma experiência de ilusão, em que o objeto aguarda para ser encontrado como um objeto subjetivo.

Convém observarmos que a linguagem, o discurso, nesse sentido, passa a ter o valor de um gesto, de uma ação criativa. Winnicott vai trabalhar com o discurso não em relação ao que ele representa, mas como um gesto discursivo que tem valor de criação em si mesmo.

No próximo rabisco, Robin desenha um porco com um rabinho bem particular. E mais uma vez as questões da forma se sobrepõem ao conteúdo. Chama a atenção de Winnicott a singularidade do desenho do porquinho e um rabo que indica a presença de humor. Tomando como um sinal de saúde a antissubmissão do desenho, como um gesto de liberdade e confiança. Fizeram um pato, um rabisco que o menino não soube usar e, depois, novamente uma cobra, que agora era um "desenho totalmente seu", segundo Winnicott. No próximo desenho, também uma cobra, Winnicott observa que os detalhes lembravam uma ereção simbólica e nada diz a respeito (Figura 3.10).

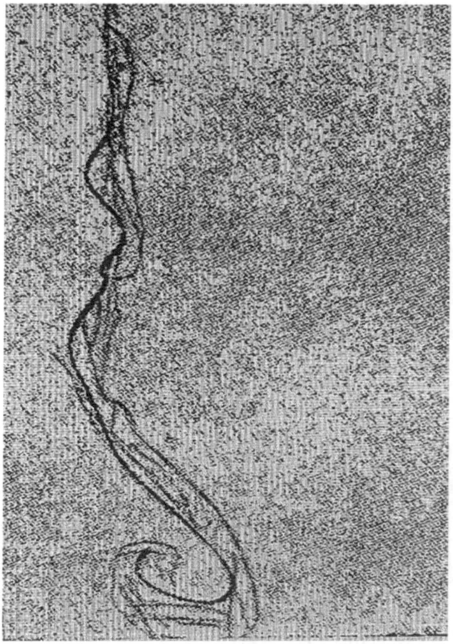

Figura 3.10 *Desenho de Winnicott 10.*

Fonte: Winnicott (1971b/1984).

Fizeram um chão de terra e depois novamente uma cobra enrolada que estava feliz (Figura 3.10).

Como vimos, a cobra não foi interpretada em termos fálicos ou de objetos parciais. A compreensão é de que se trata de um objeto total, da totalidade do *self* no momento em que o desenvolvimento emocional primitivo ficou retido e o representa, em um primeiro momento, em termos de uma afirmação de si mesmo. Em seus termos, "uma declaração de sua própria ida em direção ao mundo" e, em um segundo momento, enrolada, em uma situação de dependência absoluta do ambiente para a sua sustentação. Essa leitura foi o que permitiu a Winnicott apresentar o conflito de Robin entre uma cobra ereta e afirmativa e uma cobra enrolada que repousa sobre o solo:

> *Enquanto isso prosseguia, ele passou a tocar o rosto com o dedo e a brincar com o lápis no rosto. Notei o sentimento de relacionamento entre a cobra enrolada e essas ideias infantis, mostradas no seu modo de manusear o rosto. Lembrei-me também de que a sua mãe me contou que, quando ele era muito pequeno, em vez de usar um objeto transicional, costumava preferir o rosto dela e ficava acariciando-o até dormir. . . . fiz referência à cobra feliz em termos de ele mesmo enrolado no colo da mãe, sentindo-se salvo e protegido do mundo. Senti confiança em que agora chegaríamos em uma declaração, feita por ele, de seu conflito, uma declaração feita em termos de sair para o mundo e crescer versus dependência regressiva. (Winnicott, 1971b/1984, p. 45)*

O conflito estava declarado e, sob o domínio da criatividade, vai ser superado com o final da consulta. Parece claro para Winnicott nesse relato que, embora ele soubesse de saída quais as questões do menino, de nada adiantaria expô-las fora do espaço potencial. A consulta tem por objetivo, nesse sentido, superar os elementos dissociados a partir de uma experiência de jogo. Existem ainda dois desenhos significativos dessa consulta que vão de encontro ao modo como Winnicott vai trabalhar os símbolos.

A Figura 3.11 é um rabisco que o surpreende e que Winnicott transforma em um pássaro (Robin), sempre pautado pela ideia de que ele estava fazendo um desenho de si mesmo. Robin diz que o pássaro estava segurando um rifle, aproveitando uma linha que atravessava o desenho. Winnicott compreende essa passagem como sendo uma continuação do tema principal. O perigo da afirmação de si, "eu sou", quando a direção é um movimento para frente e, portanto, para fora do colo da mãe, para dentro do mundo. Um último rabisco de Winnicott e Robin o transforma numa cobra com seu pequeno rifle (Figura 3.12).

Figura 3.11 *Desenho de Winnicott 11.*

Fonte: Winnicott (1971b/1984).

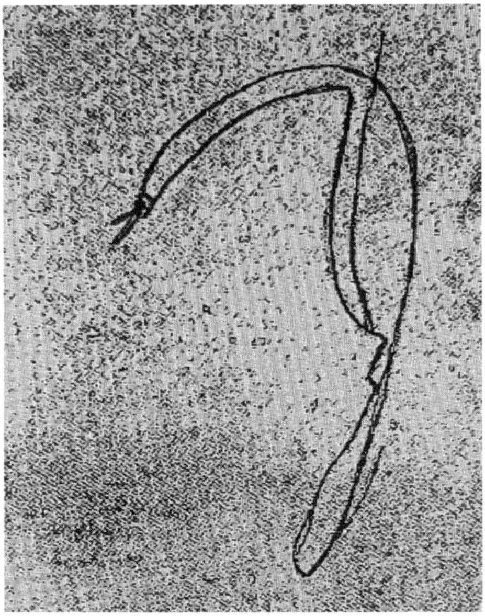

Figura 3.12 *Desenho de Winnicott 12.*

Fonte: Winnicott (1971b/1984).

Outro aspecto estrutural das consultas é a abordagem que Winnicott faz dos sonhos. De um modo geral, quando o espaço potencial já está estabelecido, Winnicott costuma perguntar sobre os sonhos. A consulta, afinal, tinha a intenção definitiva de se aproximar do "material real do sonho", sonhos sonhados e lembrados. Notamos que a narrativa do sonho, nesse contexto, também é orientada sob a mesma razão do rabisco. Isso quer dizer que o enfoque não incide sobre o conteúdo especificamente do sonho, mas sobre a ação discursiva que é integradora da dissociação entre o estado do sono e da vigília, o trânsito entre a forma subjetiva do sonho e a realidade compartilhada da vigília. Esse trabalho que incide sobre o sonho lembrado guarda a sua função terapêutica em relação à integração desses estados dissociados, e não em relação ao desvendamento do seu conteúdo inconsciente.

Essa nova razão opera um corte paradoxal na tradição freudiana da interpretação dos sonhos porque, ao mesmo tempo que leva em consideração as premissas da interpretação tradicional, introduz aí um novo elemento da ação terapêutica com a integração dos estados de *self* dissociados. O trabalho do sonho em si mesmo, a experiência do tempo em si mesma, o brincar em si mesmo são objetos da ação terapêutica pelo seu valor apresentativo de *self* e não representativo.

Winnicott nos ensina que é preciso fazer um julgamento hábil quando, na conversa ou no desenho, emerge algum material que se encontra no nível do sonho, uma comunicação significativa. Esse é o momento, segundo ele, de perguntar se a criança costuma sonhar.

No caso da menina Eliza, 7 anos, ela já inicia a consulta com comunicações significativas e produz, a uma certa altura da consulta, um desenho altamente imaginativo: "Isso é uma coisa indo por um túnel. Pode ser uma toupeira". "Senti que havia aí um simbolismo infantil de defecação, ou nascimento, ou relacionamento sexual, e deixei o problema sem interpretação" (Winnicott, 1971b/1984, p. 59). Na sequência, transformou o dela "numa espécie de pato que se vê no escuro", e Winnicott nos sinaliza que "estamos próximos das ideias que nos vem à mente pouco antes de dormir. Estávamos próximos do material do sonho" (Winnicott, 1971b/1984, p. 59) (Figura 3.13).

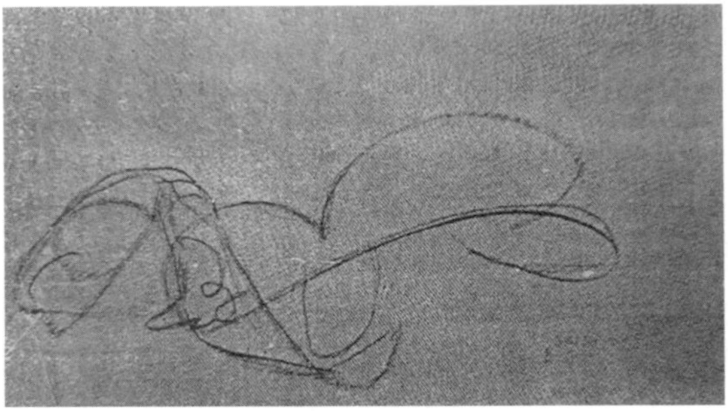

Figura 3.13 *Desenho de Winnicott 13.*

Fonte: Winnicott (1971b/1984).

Winnicott pergunta sobre seus sonhos e ela não consegue falar, mas diz que eram horríveis. Ele então compreende como, de fato, havia uma coisa horrível que é parte dela mesma, mas que não sabia lidar com isso. Na Figura 3.14, ela transforma o rabisco dele em "uma coisa feroz que tinha dentes e orelhas grandes e um curioso olho grande, tão grande que podia ver no escuro" (Winnicott, 1971b/1984, p. 62).

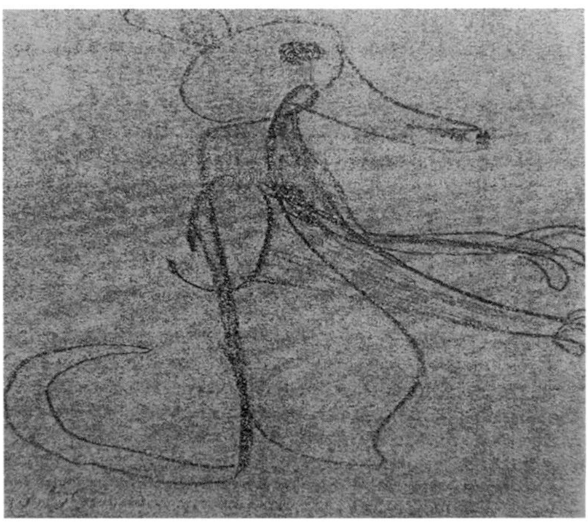

Figura 3.14 *Desenho de Winnicott 14.*

Fonte: Winnicott (1971b/1984).

Na Figura 3.15, ela desenhou deliberadamente.

Figura 3.15 *Desenho de Winnicott 15.*

Fonte: Winnicott (1971b/1984).

> *uma coisa muito difícil para ela dizendo que precisava ser muito corajosa. Era "um sonho assustador". Começou por fazer o escuro e depois desenhou uma cama com ela mesma deitada: Depois disso, começou os detalhes da coisa que saltava nela. Essa coisa tinha os joelhos encolhidos (do modo que ela descreveu quando desenhou um canguru e também me mostrou com seu próprio olho). Tinha um pé grande, um pequeno e um olho. Do seu ponto de vista essa coisa é "tão horrível quanto possível". (Winnicott, 1971b/1984, p. 65)*

Winnicott explora ideias relacionadas à estimulação sexual, deixando-a saber sobre a masturbação e os sentimentos de culpa que estão relacionados e, na sequência, evitando romper a confiança já estabelecida, dá-lhe a escolha de ela desenhar o que quiser, e ela desenha um canguru.

Nesse caso, o tema do sonho é o que traz à tona a ferocidade que estava dissociada em Eliza e relacionada, segundo Winnicott,

> *ao medo de coisas que ela imaginava estarem crescendo dentro da barriga da mãe, baseado em uma visão ingestão-retenção-eliminação (ou pré genital) das funções orgânicas. E ligada aos seus próprios impulsos agressivos, sua raiva pela mãe, que se estava afastando dela por causa da sua nova gravidez e seu acesso de medo ao imaginar objetos horríveis dentro da mãe. (Winnicott, 1971b/1984, p. 73)*

É interessante notar como Winnicott leva em consideração nesse caso o simbolismo pré-genital e as zonas erógenas que envolvem a produção gráfica da menina sem, no entanto, fornecer qualquer interpretação sobre esse conteúdo. Para ele, a principal ação terapêutica dessa consulta são as descobertas da própria menina que terminam por capacitá-la a "usar o sonho que teve, mas do qual ela não conseguia obter completo benefício até que conseguiu produzi-lo e desenhá-lo" na consulta terapêutica (Winnicott, 1971b/1984, p. 73). A "essência da terapia" não é produzida por interpretações, mas pela ajuda dada à criança para descobrir o que já havia nela mesma, ou seja, colocar a experiência sob o domínio do eu, da criatividade. Acrescentaríamos, ajuda em apoiar o sentido na materialidade e fazer uso dos símbolos.

Voltando ao caso de Liro, na sequência do rabisco em que o menino desenha a própria mão defeituosa, como uma reação à negação da sua incapacidade, Winnicott lhe pergunta sobre os sonhos, ao que Liro responde: "Meus sonhos são bonitos, na maioria das vezes. Há muito tempo não tenho um sono desagradável" (Winnicott, 1971b/1984, p. 28). O assunto do sonho não rende muito, mas é o que antecede um desenho em que apresenta o ângulo exato da sua mão esquerda que estava sobre a mesa:

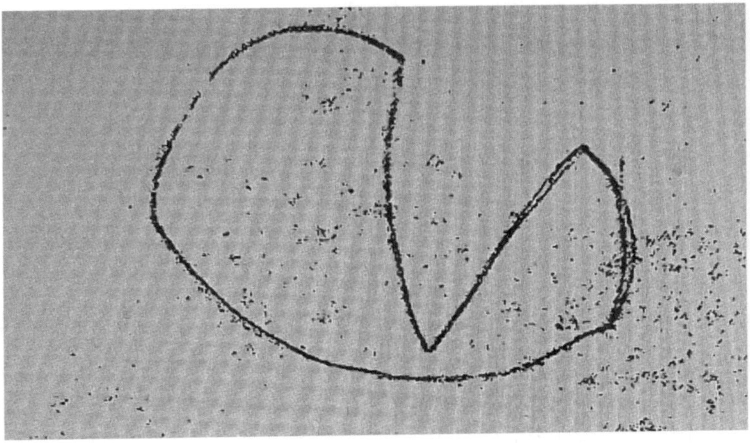

Figura 3.16 *Desenho de Winnicott 16.*

Fonte: Winnicott (1971b/1984).

Winnicott pode então lhe dizer diretamente: "Parece com sua mão esquerda, não é?" Liro passa a falar sobre a sua mão de forma inédita, objetivamente, contando das operações. O sonho, nesse caso, teve uma função disparadora de acesso à objetividade do seu problema, podendo falar dele de uma maneira que até então não havia acontecido. O sonho é usado como uma função negativa, da realidade da sua deficiência.

Caso Piggle – O brincar em perspectiva

> *Será que o senhor tem tempo para ver a nossa filha, Gabrielle, de 2 anos e 4 meses de idade? Ela tem preocupações que a mantêm acordada à noite e que algumas vezes parecem afetar sua vida em geral e seu relacionamento conosco, embora isso nem sempre aconteça. (Winnicott, 1977/1987, p. 21)*

O trecho da carta dos pais endereçada a Winnicott, que dá início à análise de Piggle, pareceu-nos semelhante às preocupações iniciais do então jovem pediatra acerca dos próprios sonhos e da sua incapacidade momentânea para sonhar. A busca pelo livro *A interpretação dos sonhos* foi seu primeiro contato com a psicanálise e o motor da sua criatividade clínica e teórica em busca então do que seria o material real do sonho. O caso, seguindo as premissas do jogo da espátula e da consulta terapêutica, quando Winnicott havia consolidado os fundamentos da sua pesquisa teórica e clínica, direciona o sonho – ou o que restou do sonho – em outro sentido, onde o brincar emerge como a técnica e o modelo da experiência psíquica ao mesmo tempo. Como consequência, essa perspectiva introduz um modo diferente de conceber a transferência e o processo de simbolização.

A inventividade do autor, no entanto, renovada a cada esforço de adaptação do *setting* às necessidades do paciente, criou uma forma de pensar o encontro terapêutico, a psicanálise segundo a demanda que, assim como as consultas, reconfigura a disposição do *setting* clínico. Retomada por Safra (2005b) como um trabalho que é realizado e finalizado durante uma sessão analítica, a psicanálise sob demanda destitui o analista, ao final da sessão, da sua função e do seu lugar. A definição da necessidade e da demanda do paciente é orientada a partir da forma como o analista lidou com o manejo clínico, no manejo do tempo de sua criação e destituição, seguindo, dessa maneira, as premissas do jogo da espátula para uma lição de objeto e reafirmando, nesse contexto, o modo de lidar com a transferência a partir do processo maturacional do paciente.

Winnicott realiza o trabalho com a criança com a participação ativa dos pais, que se comunicavam com ele por cartas, telefonemas e presencialmente durante a sessão. Ele dispensa o uso da caixa lúdica ou qualquer procedimento que tente produzir um ambiente neutro, favorável às projeções. Trata-se de construir um espaço potencial entre o analista e a criança que leve em consideração o gesto dos dois, à semelhança do que vimos nas consultas terapêuticas. Do mesmo modo, há uma urgência e um valor diagnóstico do ambiente onde a criança vive para que se possa dar condições de uso do trabalho realizado para a criança. Nesse sentido, Winnicott segue alinhado aos pais em um trabalho conjunto de cuidado com a menina ao mesmo tempo que dedica sua atenção às ansiedades que surgem nos pais:

> *Ela se aborrece e fica deprimida com facilidade, o que não se notava antes, e tornou-se inesperadamente consciente de seus relacionamentos e, de modo especial, de sua identidade. A angústia intensa e o ciúme manifesto pela irmã não perduram por muito tempo, não obstante a grande intensidade de sua angústia... Ela tem um papai preto e uma mamãe preta. A mamãe preta vem atrás dela à noite e diz: "onde estão os meus mamás?" (mamar = comer. Apontava para os seus seios, puxava--os para fazê-los maiores). O segundo elemento de fantasia começou mais cedo, refere-se ao bebê-car. Todas as noites ela pede, repetidas vezes: "Me fala do bebê-car, tudo sobre o bebê-car". A mamãe preta e o papai preto*

> *estão frequentemente juntos no bebê-car . . . contei-lhe que tinha escrito ao Dr. Winnicott que entende de bebê-car e mamãe preta; desde então ela parou com suas súplicas noturnas. Duas vezes me pediu: – Mamãe, me leva ao Dr. Winnicott. (Winnicott, 1977/1987, p. 23)*

Winnicott vai adotar, como vimos, o mesmo princípio metodológico das consultas em que a intervenção só era realizada quando o espaço potencial estava consolidado, quando então alguma comunicação significativa podia surgir. Se nas consultas essa comunicação era avaliada pelo desenho, no atendimento da Piggle, o brincar assume a função do desenho.

Decidimos trabalhar três das quinze sessões que compõem o caso Piggle. Essas sessões foram selecionadas e serão analisadas de acordo com a centralidade da técnica do brincar na condução da sessão: o uso que Winnicott faz do símbolo e a natureza da intervenção clínica em comparação à interpretação da forma, como foi tradicionalmente estabelecida por Freud e Klein. Ao mesmo tempo, essas consultas ilustram de forma exemplar como o tema da ambivalência presente no brincar passa a ser abordado por Winnicott e de que maneira os traços fóbicos da menina, condensados na figura do *bebê-car* e da *mamãe-preta*, serão integrados.

Primeira consulta

Piggle chega anunciando que era "tímida demais" (Winnicott, 1977/1987). Winnicott a conduz à sala junto com a mãe e "faz amizade com um ursinho que estava no chão, ao lado da mesa". A intervenção configura imediatamente um espaço transicional que afirma para a menina, que também chegou com um ursinho, que ele reconhece esse seu modo de ser e estar diante da realidade. Essa intervenção pretende livrar a menina da necessidade de se adaptar à suposta demanda do analista, deixando um espaço aberto em direção ao sonho que ela guardava para viver com ele, à criação dele, de acordo com sua própria necessidade. A mediação do brinquedo é fundamental nesse caso, figurada pela amizade com o ursinho, para preservar o espaço potencial das intrusões da realidade, um excesso de Dr. Winnicott que não conduziria à comunicação significativa que ele buscava. Winnicott pede que ela traga o ursinho até ele para que ele possa apresentar-lhe os outros brinquedos. Piggle leva o ursinho e os dois começam a brincar. Com a consolidação do espaço potencial, Piggle diz repetidamente: "aqui está um outro, aqui está um outro... aqui um outro", referindo-se indiscriminadamente aos vagões e locomotivas. Winnicott toma a fala da menina como uma comunicação significativa e intervém dizendo: "O outro bebê, o bebê Such" (modo como Gabrielle chamava a irmã). A interpretação de Winnicott mobilizou a narrativa da menina sobre a chegada da irmã: "Eu era um bebê. Eu estava no berço. Eu estava dormindo. Eu tinha acabado de tomar mamadeira" (p. 26). Sabendo que Piggle não havia usado mamadeira, Winnicott chama a atenção para o fato de que a menina via, naquela época, provavelmente, a irmã como sendo ela mesma, e diz para a menina: "havia então outro bebê".

O nascimento da irmã, na história de Piggle, tinha deixado uma marca importante da apresentação do não eu em um momento em que a menina ainda não estava suficientemente pronta para lidar com a separação em relação à mãe. Nos termos de Winnicott, podemos pensar em uma desilusão precoce que estagna o processo maturacional da criança e perturba o acesso à transicionalidade. Segundo Safra (2005b), a desilusão precoce antecipa tanto a experiênciade alteridade, promovendo uma experiência de separação antes do gesto da criança, como introduz, também fora da condição maturacional da criança, a questão da ambivalência. Quando essas questões surgem fora do tempo do processo maturacional da criança, essas experiências não são integradas e, portanto, não podem ser colocadas sob o domínio do eu. Winnicott dá sequência à sessão observando as ações da menininha e procurando integrá-las pela produção de um sentido:

> *Ela apanhou um objeto redondo com uma peça no centro, que deveria ter pertencido ao eixo de um vagão, e perguntou: "De onde veio isso?" Expliquei-lhe exatamente do que se tratava, perguntando-lhe em seguida: "De onde veio o bebê?". "O berço", ela respondeu. Nesse momento pegou a figura de um homenzinho e tentou empurrá-la para dentro do assento do motorista de um carro de brinquedo. Não conseguiu, pois ele era grande demais. Tentou passá-la por outros meios, inclusive pela janela. "Ele não entra, está agarrado". Pegou uma varinha, enfiou-a dentro da janela e falou: "a varinha entra". Falei algo sobre o homem pondo alguma coisa dentro da mulher para fazer o bebê. Ela falou: Eu tenho um gato. Da próxima vez vou trazer meu gatinho, outro dia. (Winnicott, 1977/1987, p. 26)*

Winnicott toma o gesto da paciente como uma continuidade da pesquisa iniciada sobre a questão da origem dos bebês e lhe devolve a pergunta que ela tentava formular: de ondevêm os bebês? A intervenção aqui, embora nos remeta ao método do esclarecimento sexual como terapêutica, está orientada no sentido de constituir algum significado para uma experiência que não pode, até então, ser pensada em função, justamente, da precocidade do confronto com a alteridade, antes mesmo que a criança tivesse constituído alguma experiência que diferenciasse o eu e o não eu. Essa perspectiva, que só pode ser compreendida quando se leva em consideração o desenvolvimento emocional primitivo, reorienta a forma como as fantasias sobre a procriação e as fantasias sexuais infantis vinham sendo concebidas tradicionalmente na análise de crianças.

A título de comparação, vimos como Melanie Klein aborda essa mesma questão diante da brincadeira, no caso Peter, de cavalos que se chocam, diante da qual ela interpreta que ele estava mostrando para ela como o pai e a mãe chocavam seus genitais e ele acreditava que era por isso que seu irmão tinha nascido. Do ponto de vista do conteúdo, a informação veiculada pela interpretação é a mesma. O que difere uma da outra é a forma como a transferência e a constituição psíquica são pensadas. Winnicott não traduz um sentido oculto da ação de brincar em uma verdade até então inacessível. Ele toma o gesto da menina como uma ação que inaugura a possibilidade de ela pensar, sob o domínio do eu, as suas próprias experiências e, nesse caso, constituir uma resposta para o enigma da chegada dos bebês. Ele cria o sentido, não interpreta o símbolo. Do ponto de vista do desenvolvimento emocional primitivo, a chegada à condição de símbolo exige uma sofisticação psíquica para a qual Piggle não estava ainda preparada.

Winnicott passa então a perguntar sobre os seus sonhos. Vimos como a pergunta sobre o sonho representa um momento estruturado da consulta quando uma comunicação significativa é posta em ação e tem por objetivo promover a integração dos conteúdos dissociados. É uma ação que tem um valor terapêutico em si mesma. Piggle responde que sonha com o bebê-car, mexe com os brinquedos, tira a fita do carneirinho e coloca ao redor do seu pescoço. Winnicott pergunta: o que o bebê-car come? Ela diz que não sabe:

> *Apanhou uma pequena lâmpada de superfície fosca, na qual estava desenhada a figura de um homem. Pediu: "desenha homenzinho". Desenhei outra vez o rosto*

> *de um homem na lâmpada. Ela pegou as cestinhas de plásticos de morangos e perguntou: "Posso colocá-los aqui dentro?" Começou então, com modos decididos a guardar tudo dentro das caixas. Havia bugigangas por todos os lados e, mais ou menos, oito caixas de tipos diferentes. Disse-lhe: "você está fazendo bebês como se estivesse cozinhando: pondo tudo junto". Ela faz algumas observações: "Eu tenho de arrumar tudo. Não posso deixar o lugar desarrumado". (Winnicott, 1977/1987, p. 26)*

Winnicott faz a associação entre o bebê-car e a oralidade. Fazer bebês como se prepara uma comida é um modo de comunicar à paciente um aspecto da sua fantasia sádico-oral em articulação ao enigma da chegada dos bebês. Percebemos nesse ponto como Winnicott leva em consideração o repertório da teoria kleiniana, em que a fantasia pré-genital surge intimamente articulada ao sadismo. O ponto divergente, no entanto, diz respeito ao modo como Winnicott vai, na sequência, abordar a questão da ambivalência que surge imediatamente depois dessa comunicação, a partir dela. A menina que se dispõe, *com modos decididos,* a arrumar tudo antes de partir está colocando em pauta a questão da ambivalência e do quanto o outro e ela mesma suportam a sua própria destrutividade. A ambivalência, como vimos, numa perspectiva abraham-kleiniana, está relacionada ao predomínio do sadismo durante a fase oral em um momento em que a criança concebe parcialmente o objeto como outro. Em termos kleinianos, trata-se de uma posição depressiva em que o impulso reparador entra em ação. No caso Piggle, no entanto, a tese é de que a ambivalência surge diante da confrontação com uma falha ambiental em que o mundo não eu é apresentado em descontinuidade com a experiência de ilusão. Seguindo essa direção, o manejo será orientado, sempre dentro do espaço potencial, a favor de uma experiência de constituição desse limite eu/não eu. Apostando, como é próprio da teoria winnicotiana, que a situação regressiva transferencial retornará ao momento em que o processo maturacional ficou paralisado, na situação de dependência relativa.

A sessão clínica com a menininha parece cumprir o arco que realiza uma experiência completa, a partir das lições de objeto, se quisermos usar o nosso modelo do jogo da espátula. Ainda que as questões de Piggle não estejam encerradas, o que é importante nesse processo é a colocação em marcha do sentido atribuído a uma série de experiências em torno do tema da origem dos bebês que atravancavam o processo maturacional da menina. De posse da instauração dessas novas experiências ela pode partir e solicitar um novo encontro quando achar necessário. Essa posição que é, ao mesmo tempo, metodológica, clínica e ética, propõe um novo objetivo para o tratamento psicanalítico e uma nova concepção do que seriam os processos de saúde. A superação dos estados dissociados e a colocação dessas experiências sob o domínio do eu assume o objetivo do encontro analítico, ao mesmo tempo que o processo de saúde passa a ser pensado em torno da esperança de produzir um sentido, na presença do outro, para determinadas experiências, tornando-as parte do repertório pessoal.

Segunda consulta

> *Piggle (2 anos e 5 meses) chegou à porta em companhia do pai e dominou a situação. . . . A menina quis entrar no consultório, mas isso não era possível no momento; ela dirigiu-se com o pai para a sala de espera, onde começaram a conversar. . . . Quando eu estava pronto, ela*

> *entrou despreocupada, caminhando diretamente para os brinquedos que se encontravam atrás da porta, na metade posterior da sala. Apanhou um trenzinho e disse o nome do objeto . . . (Winnicott, 1977/1987, p. 35)*

Piggle retorna ao consultório do Dr. Winnicott em uma condição diferente daquela que chegou na primeira consulta. Confiante, apropriada do espaço e, principalmente, fazendo uso das conquistas da experiência de transicionalidade da sessão anterior, quando pode então deixar o pai sem hesitar na sala de espera. Esse novo modo de estar junto com Winnicott não exigiu que, dessa vez, fosse feita a intervenção transicional com o ursinho, como da outra vez.

Disposta a brincar, voltou seu interesse para o trem e pegou a lâmpada com o desenho de um rosto, da brincadeira da sessão anterior. "Faz ela vomitar", pede a Winnicott, que desenha uma boca no alto da lâmpada. Esvaziou um balde cheio de brinquedos no chão, pegou um objeto com um orifício no meio e perguntou: "o que é isso? Você entende de bebê-car". Winnicott tenta fazer a menina dizer o que seria o bebê-car e arrisca uma interpretação: "*É* o lado de dentro da mãe de onde o bebê nasce". Ela responde: "Sim, o lado de dentro preto". Piggle apanhou o balde e propositalmente encheu-o de brinquedos até transbordar. Winnicott tenta atribuir algum sentido àquele gesto apoiando-se na brincadeira que havia feito e com a qual a menina havia concordado, em que o balde era a barriga de Winnicott, e comunica à Piggle:

> *Winnicott: Winnicott é o bebê de Piggle; ele é muito voraz porque gosta tanto de Piggle que é sua mãe, e comeu tanto que está vomitando.*

> *Piggle: O bebê de Piggle comeu demais. (Falou do fato sobre ter vindo a Londres em um trem novo)*
>
> *Winnicott: A coisa nova que você quer tem relação com o bebê Winnicott e a mãe Piggle; e Winnicott amando Piggle, comendo Piggle e vomitando Piggle.*
>
> *Piggle: Sim, é. (Winnicott, 1977/1987, p. 36)*

A produção de sentido, é importante observar, surge apoiada na materialidade e não se dá espontaneamente, como um sentido prévio a ser revelado por associação, mas vai sendo esculpida pelo gesto e pela ação de brincar. A técnica do brincar promove aqui uma experiência em que Winnicott passa a representar para a menina o bebê voraz que era ela mesma na relação com a mãe. Traz à tona pela performance lúdica o bebê que ela era – e que, durante um tempo, ficou confundido com a própria irmã bebê – como uma tentativa de dar materialidade, corpo e vida a esse bebê dissociado. Winnicott trata nesse momento de lançar luz às características do amor impiedoso com seu componente de voracidade que são próprias do momento maturacional da menina, em que ela reconhece a alteridade materna parcial e precocemente, ou seja, em um momento em que ainda não consegue se responsabilizar pela sua própria destrutividade que é experimentada na ação contínua de amar, devorar e se empanturrar do outro.

Essa condução técnica orienta um novo modo de brincar que surge na sessão, propriamente transicional:

> *"Põe mais olhos e sobrancelhas", pediu Piggle. Já havia olhos e sobrancelhas. Tornei-os mais nítidos. Ela então apanhou e abriu outra caixa. Dentro, encontrou animais. Imediatamente examinou tudo e tirou os dois animais maiores e mais macios, um carneirinho e um*

> *veadinho, ambos de lã. Colocou os animais para comer o que estava na caixa e acrescentou outros brinquedos aos animaizinhos que lá estavam: "Eles estão comendo a comida deles". Abriu a caixa de comida pela metade, com a tampa da caixa. Houve aqui uma espécie de fenômeno transicional, no qual entre ela e mim estavam os animais grandes de lã, alimentando-se de sua comida; a comida constituía-se, principalmente, de animais. Interpretei, portanto, como se ela me tivesse contado aquilo como um sonho. Falei: "Aqui estou eu, o bebê Winnicott, vindo do lado de dentro de Piggle, nascido de Piggle, muito voraz, muito faminto, gostando muito de Piggle, comendo os pés e as mãos de Piggle". (Winnicott, 1977/1987, p. 37)*

A brincadeira se transfere do bebê voraz Winnicott, filho de Piggle, para o animalzinho que passa a representá-lo, agora numa zona de transicionalidade:

> *E, então quase foi para a cadeira que associava com a mãe, mas dirigiu-se para a cadeira azul que associava com o pai. Sentou-se nela e disse que era como o papai. Falei outra vez sobre Winnicott como o bebê Piggle. Eu: Você é a mamãe ou o papai? Piggle: Eu sou a mamãe e o papai também. (Winnicott, 1977/1987, p. 37)*

A sequência desses eventos demonstra o efeito da intervenção e da interpretação winnicottiana em direção à transicionalidade, quando a menina passa a ser capaz de assumir outro papel que não ela mesma, que não o bebê voraz que ela não podia deixar de ser. A brincadeira abre um lugar para as identificações com o pai e a mãe e a possibilidade de ela experimentar a si mesma de outra maneira.

A menina se dirige ao pai na sala de espera e Winnicott faz uma anotação com relação à dúvida que a menina possa vir a ter sobre a capacidade do pai de tolerar suas ideias, de poder estar ora no seu lugar, ora no lugar da mãe. Safra (2005b) chama a atenção para o uso especial que Winnicott faz da função de *holding* aqui:

> *Ele sustenta o que lhe é outorgado, pois ela ainda precisa manter essa dissociação. Perceber o próprio amor impiedoso pela mãe é aterrorizante e, agindo do modo como faz, Winnicott sustenta para ela a possibilidade de ir até às salas de adultos e se sentar na cadeira do pai. O analista, em nenhum momento, interpreta o jogo. Interpretar poderia pôr a perder o jogo e retirar de Piggle o movimento em que ela, por meio da sua criatividade, recupera a figura dos pais como projeto de si mesma. (p. 62)*

Piggle volta para a sala e pede para ficar com um brinquedo. Winnicott diz que ele é um bebê muito voraz e quer todos os brinquedos para ele. Repetindo sempre, bebê quer todos os brinquedos. Intervém: "*Você tem medo do bebê Winnicott voraz, o bebê que nasceu de Piggle, que gosta de Piggle e que quer comê-la*" (Winnicott, 1977/1987, p. 37) Mostra ao pai o bebê monstro que ela havia criado, faz acrobacias no seu corpo e desce de cabeça por entre as pernas do pai dizendo: "eu também sou um bebê" (Winnicott, 1977/1987, p. 37):

> *Eu: Eu quero ser o único bebê. Eu quero todos os brinquedos.*

> *Piggle: Sim, mas eu quero ser o único bebê; não quero saber de outros bebês (subiu para o colo do pai e "nasceu" outra vez).*
>
> *Piggle: Eu sou o bebê também.*
>
> *Eu: Eu quero ser o único bebê. (e com um tom de voz diferente) Devo ficar com raiva? Piggle: Sim.*
>
> *Fiz um barulhão, derrubei os brinquedos, dei socos nos joelhos e falei: "Eu quero ser o único bebê". (Winnicott, 1977/1987, p. 39)*

Gabrielle continua o jogo "Eu quero ser o bebê também". "Você não deve ser o único bebê" (Winnicott, 1977/1987, p. 37) E, então, nasceu outro e mais outro e, em seguida, ela falou: "Eu sou um leão" e fez barulhos de leão. Eu tinha de sentir medo, porque o leão ia comer-me. O leão parecia ser uma resposta à minha voracidade como o bebê Winnicott que queria ter tudo, e ainda ser o único bebê... "Acabei de nascer e não era preto lá dentro" (Winnicott, 1977/1987, p. 40).

A função fóbica assumida pela qualidade de ser preto, mamãe preta, ver preto etc.vai ganhar força nas próximas sessões de Piggle, quando ela passa, imediatamente após essa sessão, a ter muitos pesadelos com a mamãe-preta e pedir à mãe que ela fosse ver o Dr. Winnicott. Embora a mamãe-preta não se constitua propriamente como um objeto fóbico, no sentido em que não está apoiado na materialidade de um objeto externo, trata-se, aos moldes de Hans, de um destino para a ambivalência. Winnicott não vai tratar as questões do ódio e da destrutividade, como vimos, como inerentes à condição da criança, mas vai atribuir às falhas na experiência de ilusão como uma das razões pelas quais a ambivalência surge precocemente, como vimos, no momento em que a fronteira eu/não eu ainda não está delimitada.

A condução freudiana clássica em relação à fobia e aquela de Winnicott nesse momento são bem diferentes. Se no primeiro caso Freud atribui, via interpretação, uma significação inconsciente recalcada relacionada ao ódio do pai, no caso de Winnicott, ele faz uso da intervenção transicional por meio do brincar, atento à situação transferencial regressiva à condição de ilusão, em que os objetos subjetivos da menina encontram na relação com ele como um valor compartilhado, independente da sua significação. Veremos na consulta a seguir como se dá a integração dessa mamãe-preta.

Nona consulta

(Gabrielle com 3 anos e 4 meses)

Piggle entra sem nenhuma hesitação na sala de Winnicott e diz:

> *Eu já vi ele antes várias vezes (quando pegou um dos animais macios da confusão geral de brinquedos pequenos. Apanhando alguns trenzinhos.) isso aqui é de encaixar no vagão; às vezes Susan fica mesmo excitada de manhã. Eu grito para adultos: "Susan tá excitada"! Ela fala: "Minha irmã grande tá de pé". Ela acorda mamãe e papai de noite; um monstrinho. Mama! Papa! Ela tem de tomar uma mamadeira de noite! (Quase me descrevendo Susan ao invés de ela própria). (Winnicott, 1977/1987, p. 103)*

Winnicott intervém a partir do modo como a menina manipula os brinquedos, com um jogo de encaixar vagões, dizendo que ela estava tentando formar algo unindo muitas partes, e que isso significava formar alguma coisa unindo Susan, Winnicott, mamãe e papai e, ao lado, faz o comentário de que estavam em desenvolvimento os objetos totais. Ele formula essa comunicação também despois que Gabrielle fala do resfriado da irmã, pede um lenço e Winnicott diz que certamente ele também ficaria resfriado amanhã. Ele faz uso então do encadeamento dessas ações discursivas e de brincadeira.

Gabriela conversa consigo mesma:

> *Nós decidimos que Susan é de fato um monstrinho. Sobre a mamãe preta. Ela vem toda noite. Eu não posso fazer nada. Ela é muito cheia de caprichos. Ela vai para minha cama. Eu não posso encostar nela. "Não, essa é minha cama. Eu vou ficar com ela pra mim. Eu tenho de dormir nela". Papai e mamãe estão na cama num outro quarto. "Não, essa é minha cama. Não! Não! Não! Não! Essa é minha cama". Essa é a mamãe preta. Alguém tá querendo fazer bonito. Duas molequinhas (outra vez, evidentemente, um comentário de alguém sobre duas crianças). Papai podia dizer que eu sou maldosa."*

Gabrielle descreve a mamãe preta como uma mulher que disputa com ela o seu lugar, que ocupa o mesmo lugar infantil dela:

> *Winnicott: o que é ser maldosa?*
>
> *Piggle: Pessoas que são teimosas. Eu sou teimosa às vezes. (Aqui houve uma referência à viagem de trem*

> *para Londres.) Nós fomos no metrô. Olha! (pegou o brinquedo que é o animal macio). Susan ficou triste porque Gabrielle ia para Londres. Oh! Quando minha irmã grande vai voltar? Ela precisa da minha ajuda para usar o peniquinho. Hoje de manhã, eu destampei a privada; ela veio pra perto de mim; queria que eu tirasse alguma coisa para fazer cocô. Eu tenho uma grande preocupação toda noite. É a mamãe preta. Eu quero minha cama. Ela não tem uma cama. Não tem capa de chuva, então eu tenho de ficar molhada. Ela não toma conta das suas menininhas.*
>
> *Eu: Você está falando sobre sua mãe e que ela não sabia cuidar de você. (Winnicott, 1977/1987, p. 104)*

Winnicott, sem interpretar, coloca a menina em relação com uma mãe que não sabe cuidar das menininhas, a sua própria mãe. Gabrielle, por sua vez, distingue duas mães, a mãe boa que cuida e a mãe com rosto preto que não cuida, referindo-se à mãe ambiente concreta e real e não a um feixe de projeções que formariam uma imago de mãe:

> *Eu: Você a odeia?*
>
> *Gabrielle: Eu não sei o que está acontecendo comigo. Meu Deus, a mamãe preta me empurra pra fora da cama, e eu tenho uma cama tão gostosa. "Não Piggle, você não tem uma cama gostosa" (aqui ela dava dentro da experiência). "Não Piggle, você não tem uma cama gostosa". Ela fica com raiva da mãe. "Você arrumou uma cama tão horrenda para essa menina horrenda". A mamãe preta gosta de mim. Ela acha que eu estou morta. . . . Ela não entende de crianças ou de bebês.*

> *Eu: Sua mãe não entendia de bebês quando ela teve você, mas você lhe ensinou a ser uma boa mãe para Susan. (Winnicott, 1977/1987, p. 105)*

Winnicott reitera a intervenção anterior, atribuindo uma realidade da experiência para a menina e sinalizando que, com a ajuda dela, a mãe pode se transformar e hoje é boa. As falas de Piggle, como se fosse a mãe preta, sinaliza para Winnicott que ela se encontrava nesse momento em um campo altamente subjetivo não compartilhado da realidade, a mãe preta como seu objeto subjetivo. Piggle fala agora das suas necessidades em relação à mãe por meio da irmã: "Gabrielle: 'Susan fica terrivelmente triste se eu vou fazer compras, e ela fica feliz quando eu volto. Oh! Mamãe, mamãe, mamãe! Eu não quero uma irmã grande e boa que beija, quando ela fica triste e para ir embora'" (Winnicott, 1977/1987, p. 105).

Winnicott, mais uma vez, não interpreta a dissociação, deixando que a menina possa entrar em contato com a experiência cindida, por meio do brincar, de ser a filha saudosa da mãe, momento em que ela supera a dissociação. Ao lado, faz a seguinte anotação: "experiência de contato entre o *self* e a mãe boa (antes da vinda da irmãzinha) agora perdida. Experiência de perda, lembrança da experiência boa" (Winnicott, 1977/1987, p. 106).

Em uma espécie de solilóquio, Gabrielle verbaliza a dúvida sobre Winnicott ser capaz ou não de entender de pesadelo. Winnicott afirma que a mamãe preta pertence ao sonho e que ela é diferente das pessoas reais, configurando a realidade onírica como uma possibilidade de alocar a mamãe preta. Gabrielle conta então um sonho: "Eu tava deitada completamente imóvel com minha espingarda. Eu tentei atirar nela. Ela simplesmente foi embora. O senhor sabe o que que as pessoas fazem comigo? Eu tava dormindo. Eu não conseguia conversar. Foi só um sonho". Gabrielle, de posse desse campo onírico, verbaliza uma ação em que ela assume a responsabilidade pela sua destrutividade em relação à mãe. Na sequência, Gabrielle pegou lava-olho azul, colocava e tirava da boca produzindo ruídos de sucção e poder-se-ia dizer que ela sentiu algo muito próximo a um orgasmo generalizado.

Winnicott, em referência à última cena, sublinha o fato de que essa ação era altamente significativa porque superava a dissociação em relação à mãe boa, podendo ter uma experiência gratificante ao entrar em contato com ela. Gabrielle diz ainda que gostava muito dela e que a mamãe preta é a minha mamãe ruim. A superação da dissociação permite que a criança viva uma experiência de ambivalência e que ela possa ser também integrada. Ele nos ensina: "O incidente com o lava-olho e a experiência orgástica pareceram-me o ponto em que Gabrielle descobriu a mãe boa perdida juntamente com sua própria capacidade orgástica, a qual foi evidentemente perdida com a mãe boa" (Winnicott, 1977/1987, p. 108). Piggle pode partir.

4. Fundamentos para uma razão lúdica: estética, espaço e materialidade em perspectiva

> *... e para mim toda arte chega a isto: a necessidade de um significado suprassensorial da vida, em transformar os processos de arte em sensações de vida.*
>
> Hélio Oiticica, catálogo da Whitechapel Experience

A primazia da experiência estética no desenvolvimento emocional primitivo

A ilusão é o campo fundante da experiência estética para Marion Milner. Contrapondo-se à tradição firmada desde Ernest Jones (1920) e Melanie Klein, em que o símbolo seria proveniente de uma equação necessariamente defensiva, a autora propõe a possibilidade de um símbolo pré-lógico. Partindo de um campo de experiências estéticas que podem se apresentar de modo plástico, material ou corporal, Milner (1987) defende a ideia de que não se trata de um deslocamento de um objeto a outro, mas do fato de que vários objetos podem estar referidos à mesma experiência.

Essa concepção do simbolismo não defensivo coloca em questão uma premissa freudiana clássica de que o processo de criação visaria preservar a experiência a partir da recriação de um objeto que está perdido. O encontro com o objeto, para Freud, é sempre um reencontro. Para Milner, a fugacidade dessas experiências e a dificuldade de encarná-las em uma forma exterior colocam em risco sua representação na vida reflexiva. No ponto de vista da autora, a busca pela representação do objeto perdido é secundária em referência ao papel primário da criação e está referida à posição depressiva no sentido em que ela possibilita à criança o reconhecimento de objetos externos totais. Nesse sentido, mais do que representar o objeto perdido, a obra de arte para o artista ou o brincar para a criança é uma coisa essencialmente nova que ela criou, ao atribuir uma forma estética, significativa e real. Em resumo, para Milner (1987), "o grande inovador na arte não é recriar no sentido de fazer de novo aquilo que foi perdido (ainda que ela o faça), mas fundamentalmente criar aquilo que é, porque ela está criando a força para perceber aquilo que é" (p. 228).

Partindo da pesquisa sobre a ilusão nas artes plásticas e também no uso do brinquedo, Milner vai adotar uma perspectiva de que tanto um quanto o outro são mediadores da relação entre realidade interna e externa. Designado como meio maleável, ou seja, o meio a partir do qual é possível intervir na materialidade imprimindo algo do mundo interno, dando forma ao mundo externo. A ideia se expande para a situação analítica como um meio também maleável, capaz de acolher as expressões estéticas do *self*, que incluem sons, gestos, objetos, ruídos apresentados muitas vezes numa ordem simbólica não discursiva, mas sensorial.

Por se tratar de um modelo de constituição do símbolo muito primitivo, a experiência estética nos auxiliará em grande medida como uma perspectiva filosófica, tradicionalmente referida ao estudo do belo e da arte e também em referência à sua etimologia como a ciência do sentido, da sensação, que nos parece indispensável para seguirmos adiante. Adotaremos a perspectiva estética junto a Safra (2005c) como

> *fenômeno pelo qual o indivíduo cria uma forma imagética, sensorial, que veicula sensações de agrado, encanto, horror etc. Essas imagens, quando atualizadas pela presença de um outro significativo, permitem que a pessoa constitua os fundamentos ou aspectos de seu* self, *podendo então, existir no humano. (p. 20)*

Para Milner (1987), o momento estético está relacionado à experiência de fusão sujeito e objeto em que, para encontrar o "familiar no que não é familiar", é necessário um momento de suspensão e a capacidade de tolerar uma perda temporária do *self* suspendendo a ação discriminante do ego.

A bem dizer, a questão estética assumiu um lugar central no desenvolvimento da psicanálise a partir de Meltzer, que, vindo da experiência clínica com crianças autistas e também fortemente marcado pelo trabalho de Ester Bick sobre a observação de bebês, teorizou sobre o conflito estético, também a partir da pesquisa de outros autores contemporâneos, como Isaías Melsohn (1996), Christopher Bollas (1987), Gilberto Safra (2005c), Rene Roussillon (2004) e Anne Brun (2014).

Meltzer designou o conflito estético como uma experiência que antecede o conflito de separação, frustração e privação e que tem a ver com a confrontação com a beleza da mãe e o enigma em relação ao seu interior. Willians (2018) chama a atenção para o fato de que isso produziu uma reorientação decisiva nas questões epistemológicas da psicanálise:

> *O conflito estético pressupõe olhar para o desenvolvimento mental como uma função estética, fundada no princípio da reciprocidade entre a mente interna infantil e seus objetos internos, a começar com a real resposta do bebê à mãe-enquanto-o-mundo, que serve como protótipo de todas as explorações mentais subsequentes. É a complexa experiência da beleza do mundo, juntamente com o desejo de conhecê-lo, que põe em movimento a peculiar atividade humana de criar símbolos, uma função do nível estético da mentalidade (Meltzer, 1986, p. 200). Símbolos, tal como relacionamentos íntimos, representam nosso "esforço para falar do sentido interior das coisas" e são atos comuns em tributo ao princípio da beleza no mundo (Willians, 2018, p. 70)*

A questão epistemológica colocada por Meltzer revela o caráter indissociável entre a pesquisa sobre o simbolismo e a questão estética. O trabalho psíquico, seja ele oriundo do sonho ou das formações sintomáticas, é um trabalho sobretudo estético. Pensamos que não seria diferente com o trabalho do brincar.

Além disso, por se tratar justamente de experiências primitivas ligadas à questão estética, a percepção, que se mantivera tradicionalmente secundária na teorização psicanalítica, ganhou também destaque nesse novo campo de problemas. A psicanálise contemporânea concebe a percepção como sendo o "espaço intermediário entre a realidade externa e a realidade psíquica, peça central, portanto, na compreensão das relações do sujeito com o mundo e com os outros" (Coelho, 1999, p. 98). Isso significa que o estudo das relações concretas entre o psiquismo e os objetos encontra na pesquisa sobre a percepção uma chave de compreensão que ficou à margem das reflexões sobre os processos inconscientes.

Coelho (1999) destaca alguns trabalhos contemporâneos que deslocaram a ênfase do inconsciente e das representações para o campo perceptivo consciente, que introduziram questões importantes ao mesmo tempo relacionadas à dicotomia sujeito-objeto. Partindo de Ferenczi e o estudo da realidade traumática, o autor identifica em Winnicott uma ênfase clara também na reinterpretação do estatuto da realidade e da percepção, e também a partir de Bollas.

A condensação dessas perspectivas, que envolvem a materialidade, a espacialidade, a questão estética e a percepção, formula o que estamos denominando razão lúdica, quando o brincar assume o papel paradigmático da clínica contemporânea.

Somando-se a essas questões, a perspectiva winnicottiana da cultura, como expansão da transicionalidade, isto é, de acesso à cultura – que é anterior à questão edípica e, com isso, um redimensionamento dos critérios de saúde –, reposicionou a psicanálise mais alinhada aos processos de vida e de cultura do que à tradição clínica-médica, à qual estava frequentemente referida.

A gênese e a formação do símbolo, extensamente pesquisadas pela tradição psicanalítica, encontram também correspondência nas reflexões da filosofia contemporânea que se ocupam das questões estéticas. Partindo do problema do sentido da obra de arte e seu valor significante, a questão formulada do ponto de vista filosófico consiste em discriminar qual seria a relação entre a impressão e a projeção na formação de uma experiência estética.

Colocando de outra maneira, a questão é: em que medida o sujeito se deixa impressionar pela experiência estética, o quanto isso equivale a identificar as qualidades sensoriais do objeto e em que medida o objeto é criado a partir das projeções do sujeito, colocando em cena as representações que habitam o mundo psíquico.

Retomado em mais de um momento por psicanalistas contemporâneos, o trabalho de Susan Langer a respeito do problema da expressividade da obra de arte, da formação do símbolo e de formas simbólicas não discursivas contribui de forma contundente para a reflexão psicanalítica que está relacionada à materialidade, ao espaço e ao que estamos tentando circunscrever como uma racionalidade lúdica.

Melsohn foi um dos pioneiros a estabelecer uma reflexão crítica para a reformulação dos fundamentos da psicanálise a partir das formas simbólicas não discursivas. Segundo ele, "são modos de constituição e de percepção não organizados lógico-gramaticalmente; o sentido dos símbolos assim constituídos se manifesta diretamente da sua expressão" (Melsohn, 1996, p. 195).

O símbolo discursivo estaria para a representação simbólica de conteúdos que não estão presentes, enquanto o símbolo não discursivo é veículo de expressão do universo emocional, sem significação, apenas sentido:

> *A significação me remete sempre a um saber dos objetos ou fatos indicados na proposição, saber que implica distância entre o sujeito e os objetos representados. O sentido, que nunca se exprime sob forma proposicional, desvela e nos põe em contato com uma presença. Devemos entender por presença uma totalidade de sentido existente no conteúdo sensível que é dado à consciência; é por isto que presença se opõe à representação. Por isso símbolos não*

> *discursivos são denominados por Susanne Langer símbolos presentificadores. (Melsohn, 1996, p. 196).*

O valor então apresentativo e não representativo do objeto é, para esse autor, erroneamente compreendido como uma dimensão inconsciente, quando, na verdade, trata-se de conteúdos que fazem parte do plano da consciência. A radicalidade da proposta desse autor, apoiada no trabalho de Langer, está em atribuir aos símbolos não discursivos e não representativos o valor de instrumentos para a concepção da vida emocional e propor uma distinção não mais entre consciente e inconsciente, mas entre forma discursiva e não discursiva, ou expressiva, dos conteúdos de significação, aos quais correspondem, respectivamente, as funções representativa e expressiva da consciência:

> *As formas não discursivas estão impregnadas de expressividade; elas são essencialmente não representativas, embora possam incluir elementos representativos, como acontece na poesia, por exemplo. Elas são, no entanto, articuladas no plano do sentido. Nelas não há separação entre signo e sentido. As formas não discursivas são manifestações de relações diretas com o mundo, relações de imantação e posse que presentificam concepções emocionais do mundo. Nelas, repito, sentido e expressão, signo e sentido estão unidos. (Melsohn, 1996, p. 200)*

Melsohn (1996) considera a expressividade como o movimento inicial da vida responsável pela construção simbólica. Trata-se de uma forma pré-reflexiva da consciência, com caráter de vivência, para apreender o mundo exterior em referência ao mundo interno. A obra de arte, para continuar a comparação com a questão da materialidade no brincar, "comunica o sentido diretamente independente do discurso . . . não tem um sentido oculto, um sentido que não seja manifesto" (Melsohn, 1996, p. 201).

A crítica realizada por Melsohn à psicanálise incide sobre a tentativa de transpor para o nível da comunicação discursiva a sessão analítica que se manifesta no universo expressivo. Entendemos que, com o desenvolvimento teórico da psicanálise, que vem apoiado, sobretudo, pela escuta clínica de crianças e bebês, foi preciso incluir de maneira permanente o campo da expressividade e das relações simbólicas não discursivas. Defendemos a ideia de que a racionalidade lúdica é o que se desenvolve a partir dessa inclusão e ampliação do campo psicanalítico, colocando, conforme viemos ressaltando, o brincar no centro dos interesses clínicos, teóricos e epistemológicos da psicanálise.

A natureza de uma parte da psique que vive em um mundo sem palavras foi também a preocupação do psicanalista Christopher Bollas (1987), partindo da análise da experiência que o bebê tem do seu primeiro objeto, a mãe, denominado por ele objeto transformacional, como um "processo ligado ao ser do bebê e às alterações do seu ser" (p. 40). A mãe é experimentada pelo bebê como um processo de transformação que perdura na vida adulta. Bollas alerta para o fato de que, por se tratar de uma identificação dada antes de a mãe se constituir como outro, é uma relação em que a ilusão – tal qual a concebemos no sentido winnicottiano – opera a identificação que o bebê faz da mãe como agente da sua transformação.

Bollas estabelece uma relação de derivação dos processos transformacionais em fenômenos transicionais. O objeto transformacional antecede, dessa maneira, o objeto transicional e prepara o campo das experiências do bebê, que agora passarão a ser vividas por meio desses objetos, base das equações simbólicas. A busca por esse objeto, que é um marco da transformação do *self*, está remetida aos tempos primitivos de ego pré-verbal e o seu encontro configura uma situação estética de fusão com o objeto: "um encontro silencioso que desafia a representação" (Bollas, 1987, p. 66). A experiência estética é uma memória sem representação referente a um momento em que a comunicação acontecia por meio da ilusão de ressonância entre o sujeito e o objeto.

Nesse sentido, a experiência estética como parte do conhecido não pensado, do vivido antes de poder ser processado, encontra repercussão no que tratamos como o símbolo não discursivo que se forma na presença do objeto, e não necessariamente como representação da sua ausência.

Seguindo na mesma direção de Meltzer a respeito da primazia da experiência estética no desenvolvimento emocional, Bollas (1987) atribui ao idioma de cuidado da mãe e a experiência do bebê a primeira experiência estética humana:

> *O prazer misterioso de ser envolvido por um poema uma composição uma pintura, ou por assim dizer, por qualquer objeto, reside naqueles momentos em que a mãe dá forma ao mundo interno do bebê, pois ele não podia lhes dar forma ou ligá-los entre si sem a proteção dela. (p. 68)*

Safra (2005c), em vista dos fenômenos de vivência de futilidade, falta de sentido da vida, morte em vida, que caracterizam a clínica contemporânea, entende que o analista nessas condições deve dar continuidade ao desenvolvimento emocional desde o lugar onde este ficou estagnado. O modo de articulação e simbolização, próprio dessas circunstâncias, não requer do analista um deciframento, mas que ele possibilite "a apresentação do *self* em gesto e formas imagéticas (sensoriais) sustentados pela relação transferencial na qual o indivíduo se constitui e se significa na relação com o outro" (Safra, 2005c, p. 14).

Essas articulações são coincidentes com o trabalho de simbolização não discursivo e o modo de apresentação, e não necessariamente com a representação do *self*, que produz um deslocamento da questão do desejo em sua relação com o discurso para os problemas da ordem de constituição do *self*, como é sustentado pela clínica winnicottiana. Safra (2005c) também faz uso da pesquisa dos símbolos "apresentativos" de Langer em distinção ao símbolo discursivo, acrescentando que seu funcionamento como símbolo depende do fato de estar envolvido em uma apresentação simultânea e integral e que o símbolo só pode ser compreendido pela articulação da totalidade dos elementos que compõem aquela estrutura.

Nesse sentido, trata-se de um símbolo constituído na presença (está ligado à simultaneidade) e na integralidade (não está referido aos objetos parciais, mas à totalidade do *self*). Se quisermos retomar o exemplo do paradoxo da criação para Winnicott, essa perspectiva se torna mais clara: o bebê cria o seio na medida em que o encontra, dado simultâneo, e, ao fazê-lo, experimenta a si mesmo, integralmente.

A questão estética surge aqui mais uma vez na centralidade da pesquisa da clínica psicanalítica, uma vez que a expressão do *self* se dá por meio de símbolos estéticos que estão articulados ao campo sensorial. Para Safra (2005c), o analisando busca encontrar no analista não propriamente a transformação do *self*, nos termos de Bollas, mas a função e o campo que lhe possibilitarão emergir como ser existente e inserido na cultura. Em suas palavras, o analisando

> *busca a experiência pela qual poderá criar a constituição e a evolução de seu* self. *Essa experiência organiza-se em vivência estética que dá origem aos símbolos do* self. *Temos por esses vértices todo um âmbito de trabalho e investigação no campo psicanalítico. (Safra, 2005c, p. 30)*

Os chamados símbolos do *self* são imagens, objetos destacados da materialidade que apresentam seu estilo de ser. A intervenção, nesse caso, não precisa estar pautada necessariamente pelo discurso e a materialidade assume uma posição importante no processo. É nesse sentido que afirmamos, como consequência direta dessas teorias do campo psicanalítico contemporâneo, o brincar como o modelo, como o exemplar da teoria da técnica.

Safra (2005c) expande a dimensão estética para os fenômenos de intuição, empatia, identificação projetiva, a linguagem pré-verbal e, sobretudo, como fundante da ilusão, no modo como Winnicott a concebe, como um fenômeno do campo estético e não necessariamente cognitivo.

A consideração pela materialidade: o brincar como resposta ao enigma plástico da realidade

A descoberta do objeto transicional, no plano do desenvolvimento teórico da psicanálise, introduziu de maneira decisiva as questões relacionadas à materialidade. Por se tratar de um objeto que está colocado no domínio da realidade compartilhada em sua materialidade, ao mesmo tempo que adquire um valor simbólico para a criança inaugura, possibilita-lhe, por meio da ação, realizar alguma coisa. Além do que ele significa ou pode vir a significar que a criança pode fazer uso dele e ter uma experiência.

O fato é que a inserção do problema da materialidade no campo psicanalítico abre para uma perspectiva que coloca a fala, o discurso, em um plano complementar, em que a ação, o gesto e o acontecimento têm um valor em si mesmo. Trata-se de um deslocamento, do representativo para a materialidade que introduz, ao mesmo tempo, o problema da espacialidade no centro dos interesses da racionalidade psicanalítica. O espaço em questão diz tanto respeito à teoria kleiniana sobre a investigação da criança da superfície do corpo materno, as condições de estabilidade do eu e constituição de um espaço interno, quanto à pesquisa sobre o *setting* e sua importância no processo clínico.

A partir dessa perspectiva que recentra o interesse sobre a materialidade e o espaço, o brincar assume um papel preponderante como modelo do método psicanalítico e da experiência psíquica. Com isso, a intervenção e o manejo também prevalecem em relação à interpretação.

Entendemos que o problema da materialidade aparece também nas formações simbólicas que decorrem das relações concretas entre o psiquismo e a realidade, nas formas do objeto fetiche, objeto fóbico, objeto transformacional, o meio maleável e o objetos sensação-autístico. Trata-se de formas de simbolização primárias, que contêm um caráter não discursivo por serem compostas de elementos que não necessariamente estão no campo das representações. O estudo dessas formas simbólicas não simbolizadas, admitindo desde já o paradoxo, diz respeito não só às formações defensivo-patológicas como também à condição inaugural, ou "apresentacional", se quisermos usar a terminologia adotada por Langer, que inscrevem a significação psíquica, mais do que representam o que já foi significado.

Roussillon (2008) concentra uma parte da sua pesquisa a respeito desses objetos e da consideração pela materialidade afirmando que os objetos materiais "colam ao sujeito porque lhes dizem respeito e refletem também suas potencialidades psíquicas desmaterializadas e propriamente representativas" (p. 38). O autor desenvolve uma pesquisa sobre os modos como a criança se apropria subjetivamente da sua capacidade de representar, denominada por ele como a "representação da representação", que é um aspecto autossimbolisante.

Retomando o conceito de meio maleável de Milner, o autor distingue uma classe de objetos que são mais dispostos a essa função de representante da representação e indica como esses objetos diferem dos objetos a serem representados pelo seu caráter de inutilidade e pouca representatividade. Roussillon se refere aqui aos objetos como um pedaço de tecido, uma massinha de modelar, objetos menos estruturados, complexos, com um potencial sensorial mais contundente do que representacional. O advento da subjetivação da atividade representativa ocorre, então, quando a criança encontra o meio maleável que torna possível a própria exploração da atividade representativa. Segundo Roussillon (2008):

> *A massinha de modelar não representa nada por ela mesma, mas ela é apreensível, deixa-se pegar pela mão, sempre prestes a ser aproveitada, sempre disponível, ela é informe, indeterminada e se presta à exploração das formas primárias de liberdade, é porque ela é informe e, ao mesmo tempo indestrutível, que ela pode tomar todas as formas, que ela se transforma em diferenças quantitativas e variações qualitativas, que ela transforma a força em sentido. Mas ela é confiável, fiel, ela conserva a forma dada para a atividade da criança. (p. 47)*

Em um segundo momento, essa simbolização será transferida para a função de representação da linguagem. O autor destaca, no entanto, um momento intermediário entre o meio maleável e a linguagem, que é a própria captura da experiência do brincar como o representante do processo de simbolização simbólica. Nesse sentido, a experiência de encontro com o objeto "meio maleável" vai se difundir ao próprio brincar.

A realidade da simbolização faz emergir um novo tipo de realidade do objeto que também estaria nessa utópica área da experiência transicional. O termo *objeu* foi tomado emprestado do poeta francês Francis Ponge por Fédida (*L'absense*) e, posteriormente, por Roussillon (2004). A expressão que aglutina as palavras *objet* [objeto] e *jeu* [jogo, brincadeira] assume diferentes amplitudes semânticas na obra desses dois psicanalistas.

Roussillon, fazendo referência a Ponge, propõe um uso complementar ao *objeu* de Fédida como o objeto do brincar e o brincar como objeto da psique. A reunião da alucinação, da percepção e da motricidade permite que o *objeu* passe a ter valor psíquico, passe a ser tomado materialmente, explorado e que nele se deposite alguma experiência subjetiva. Graças, enfim, a esse conjunto de propriedades perceptivas e motoras, o *objeu* abre um processo de simbolização e, ao mesmo tempo, de transferência da experiência subjetiva no objeto material, ou seja, a materialização da experiência subjetiva.

As propriedades estéticas do *objeu* assumem aqui uma grande importância. Dependendo da necessidade e do momento, essas propriedades variam, podendo ser animadas ou inanimadas. Trata-se, por fim, de condições que viabilizariam a apropriação subjetiva de um determinado objeto. O autor vai destacar algumas condições que despertariam interesse particular para a configuração do *objeu*, como objetos sem forma própria que oferecem ao sujeito a liberdade de dar a eles a sua forma.

Para o autor:

> *existem estados psíquicos informes e indeterminados que requerem* objeux *análogos, existem experiências de formas primeiras que convidam à exploração da sua deformação/transformação. Se existe então* objeux *que valem pela sua forma própria, que seduzem a alucinação pelas suas propriedades sensoriais específicas, outros devem oferecer sua maleabilidade para permitir experiências de objeto transformacionais. (Roussillon, 2004, p. 92)*

Roussillon vai defender a ideia que se alinha ao nosso campo de pesquisa: a de que o brincar pode fornecer um modelo que é complementar ou alternativo ao modelo do sonho de compreensão do que está em jogo no campo psicanalítico.

A razão pela qual o autor justifica sua posição é clínica e, ao mesmo tempo, epistemológica. O sonho seria uma atividade "narcisista, solipsista, que é, ao menos quando é produzido, uma relação de si a si mesmo, como diz N. Abraham. Ele não permite pensar o lugar do outro e não permite pensar o lugar que o outro lhe dá. O impacto do outro, o que o define não somente como um objeto – objeto da ou pela pulsão –, mas como um outro sujeito com seus desejos e necessidades próprios, que só frouxamente apreensível no sonho (Roussillon, 2008, p. 52). Acrescenta ainda que se trata de um modelo que supõe abstrair a motricidade e a percepção e efetuar um processo de simbolização fundado sobre a ausência do objeto, e mesmo sobre a renúncia ao objeto. E destaca o fato de que se trata de um modelo que não atende às necessidades de uma clínica de sujeitos em que a atividade representativa transborda em afeto e ato que, por sua vez, subvertem a apreensão simbólica.

De fato, acreditamos que o modelo do sonho seja insuficiente para refletir sobre algumas especificidades da clínica contemporânea e em casos de crianças muito pequenas, embora seja indispensável para a compreensão das neuroses. A ampliação do campo clínico da psicanálise, estendendo-se para casos graves, casos-limite, crianças e bebês exigiu que se produzisse uma reflexão que estivesse à altura do seu tempo e da singularidade da subjetividade contemporânea.

De acordo com Roussillon, a ênfase da relação dialética entre o modelo do sonho e o modelo do brincar está colocada sob a perspectiva da intersubjetividade e da possibilidade que o brincar oferece de incluir o outro e pensar o impacto do outro no psiquismo e o entre-jogo do sujeito e do objeto. Ele propõe, a partir disso, três formas de brincar que correspondem aos tempos do trabalho psíquico em uma sessão:

> *Inicialmente existe o brincar solitário, o brincar autossubjetivo em que o outro só está lá como um espectador, testemunha. O jogo do carretel é um bom exemplo. Essa brincadeira pressupõe a presença de um espectador, mesmo se ele não estiver presente na brincadeira, ele supõe a capacidade de estar só diante da pulsão na frente do outro. Ele me parece ter uma função autossubjetiva, representa um momento no qual o sujeito brincando se dá, sob forma simbólica, uma parte da sua experiência, ele a reflete na brincadeira com a ajuda dos objetos materializados, visíveis, mas esse jogo supõe um espectador, ao menos potencial, uma testemunha, ele pressupõe esse olhar exterior a quem é*

> *interessado mesmo que ele finja não saber. (Roussillon, 2008, p. 53)*

A constituição dessa forma de brincar pressupõe um outro momento denominado entre-jogo, em que se desenvolve e se descobre entre o sujeito e um outro, que está implicado para além da condição de objeto da pulsão, mas como sujeito com sua subjetividade seus desejos e necessidades próprios.

Se o *fort-da* está para a forma solitária da brincadeira, o jogo da espátula corresponde a esse entre-jogo, do solitário ao intrassubjetivo. Por fim, o jogo intrassubjetivo próprio do trabalho do sonho e do espaço narcísico, sem o outro, sem testemunha na instância intrapsíquica desmaterializado e alucinado. A conquista dessa forma complexa de elaboração psíquica depende das formas entre-jogo e solitárias da brincadeira.

Roussillon, na tentativa de entender ainda em que medida a atividade simbólica é a condição necessária para a reflexividade e a apropriação subjetiva, distingue o brincar manifesto do brincar latente. No primeiro caso, o do brincar manifesto, é a atividade o comportamento de brincar que nem sempre assume o compromisso simbolizante ou de estar referido a uma experiência transicional. O brincar manifesto atenderia a uma necessidade de controle e apoderamento, mais do que convencionamos chamar simbolização.

O brincar latente é uma parte do brincar manifesto e que se oferece à revelação de um outro sentido, um sentido ainda inconsciente, ou, nos termos de Winnicott, potencial. Isso significa que o brincar apresentaria níveis de simbolização distintos, potenciais ou virtuais. Trata-se de um endereçamento de conteúdos inconscientes, em um sentido amplo, que inclui as formas inconscientes não representadas, simbólicas não discursivas, em busca de reconhecimento.

Extraindo as consequências dessas considerações, entendemos como o efeito de reflexividade do brincar está na apropriação subjetiva da própria experiência de brincar. Por experiências entendemos a inscrição de uma matéria psíquica como uma forma condensada de percepções, sensorialidade e pulsionalidade que são enigmáticas. Ao dormirmos, o sonho se constitui e se apresenta como um "enigma pictórico", nos termos de Freud. A vigília, no entanto, produz um sonho diurno, que é a apropriação subjetiva da realidade que se apresenta como um enigma plástico, em que a materialidade é fundamental e o brincar é o método, por excelência, dessa apropriação.

Em outros termos, Milner (1987) sugere que, do mesmo modo que sonhar protege o sono, o sonhar diurno consciente e inconsciente são necessários para manter acordado aquilo que é criativo, em um estado que a autora denomina como suspensão do pensamento. Trata-se de um estado que não é necessariamente defensivo como reconhecemos ser a fantasia, mas algo próximo de um devaneio, que é a suspensão do pensamento em um ambiente que está minimamente protegido.

Outra consideração a ser introduzida a partir dessas reflexões é a anterioridade e, talvez, a primazia do brincar intersubjetivo em relação ao brincar intrapsíquico e as consequências clínicas e teóricas que podemos derivar daí. Roussillon retoma o *fort-da*, chamando nossa atenção para a correspondência entre a "presença-ausência" – acrescentamos o esconde-achou – dessa brincadeira, com a relação "pegar-cair" das brincadeiras dos bebês, e estabelece uma relação dialética entre essas oposições na medida em que elas vão se modificando durante o processo de apropriação subjetiva. Pensamos que essas relações reafirmam a prioridade do brincar intersubjetivo – ainda que o outro-sujeito não seja reconhecido pelo bebê – em relação ao brincar intrapsíquico: o jogo da espátula antecede e funda o jogo da presença-ausência.

A dimensão pulsional do brincar ganha uma nova compreensão se considerarmos essas perspectivas teóricas e a colocarmos também em uma relação dialética entre os componentes de apoderamento e da satisfação da pulsão, conforme a formulação do primeiro dualismo pulsional freudiano.

Retomando a reflexão desenvolvida por Denis, no Capítulo 2, o apoderamento seria o componente da pulsão que visa a apropriação do objeto com o uso do aparelho do apoderamento constituído pela musculatura e pelos órgãos de sentido. A brincadeira de pegar-cair, como o jogo da espátula, em um primeiro momento, atende às necessidades de apropriação e controle do objeto. Só em um segundo momento, ao levar o objeto à boca, inscreve-se a dimensão da satisfação pulsional.

Lembramos que Freud deriva a crueldade da pulsão de apoderamento sem reconhecer a sua procedência a partir das origens da pulsão sexual – o apoio e as zonas erógenas –, identificando o sadismo como produto dessa modalidade pulsional. Freud vai indicar que nesse estágio, referente à organização pré-genital sádica anal, a intenção não é danificar ou destruir o objeto, mas colocá-lo sob o seu controle. O aparelho de apoderamento vai ser incorporado nas formulações posteriores da teoria das pulsões ao que faz oposição à pulsão sexual e está contido nas pulsões do eu ou de autoconservação. Ele passa a ser representado também pelas funções da atenção e da consciência e se alinha ao princípio da realidade, em contraposição à atividade fantasmática que está alinhada ao princípio do prazer. Freud está nesse momento trabalhando com a ideia de que os objetos exteriores podem ser decompostos em prazer, que será introjetado e representado, e desprazer, que será expulso e reconhecido como não eu, uma função que está diretamente relacionada ao aparelho de apoderamento.

É interessante notar o destino curioso do aparelho de apoderamento no desenvolvimento teórico das pulsões: este será deletado em sua especificidade, com o advento do segundo dualismo pulsional, diluído entre o que compõe a pulsão de morte e as questões da repetição e do irrepresentável. Isso nos fez perder de vista as funções de controle e domínio primárias do brincar como apoio do sentido na materialidade para viabilizar a simbolização.

O fato que gostaríamos de destacar é como o enigma plástico ou material da realidade se oferece ao trabalho do brincar manifesto como apoio para o brincar latente, produzindo formas simbólicas que ainda não adquiriram a condição de representatividade, mas estão a serviço do trabalho simbólico não discursivo pré-verbal. Na atividade clínica, é importante considerar que existem diferentes níveis da ação de brincar que podem estar simultaneamente remetidos à função de controle e de simbolização de determinadas experiências diante das quais a intervenção do analista é radicalmente distinta. Se no brincar manifesto a sustentação do enquadre e o jogo intersubjetivo são fundamentais, no brincar latente a interpretação e o desvendamento do sentido inconsciente em relação às questões intrapsíquicas são também indispensáveis.

Essas considerações teóricas ganham corpo clínico na proposta de mediação terapêutica realizada em caso de patologias graves como a psicose e o autismo, em que as formas de simbolização primárias são imprescindíveis para o processo analítico. Anne Brun (2014), a partir do trabalho de Milner, vai trabalhar com a ideia de que os dispositivos de mediação terapêuticos por um meio sensorial (pintura, música, colagem, modelagem) permitem mobilizar as formas de simbolização primárias porque colocam forma à materialidade. O trabalho com os mediadores fornece um apoio para qualidades sensoriais específicas que, de certa maneira, reenviam às primeiras experiências de relação de objeto. A psicanalista francesa introduz, no entanto, sob esse enquadre a hipótese de uma cadeia associativa formal no processo terapêutico que não diz respeito somente às formas propriamente ditas, mas ao conjunto da "linguagem sensório-motora" das crianças. Trata-se de uma forma de associatividade não verbal que se desdobra com o meio, uma "associatividade ligada ao gesto, à sucessão de sequências, ao encadeamento das formas e às deformações que o sujeito submete o meio" (Brun, 2014, p. 13). Toda a dinâmica sensório-motora que compõe o meio, a escolha do instrumento, a postura corporal, a técnica, será cuidadosamente observada pelo psicanalista, assim como o encadeamento das sessões de mediação ao longo do processo.

De acordo com Brun (2014), a ação terapêutica se realiza por meio do impacto das estimulações sensoriais e o encontro entre a sensorialidade e a materialidade do enquadre com o intuito de reatualizar as experiências sensório-motoras-afetivas que não puderam ser traduzidas em linguagem verbal:

> *O trabalho da mediação suscita mensagens corporais, visuais, cinestésicas, mímico-gesto-postural, e veremos que, se os terapeutas as levam em conta como pictogramas ou significantes formais, que, por definição, são vividos pelos sujeitos como estranhos a eles mesmos, sem ser apropriados, será possível transformar ao longo do trabalho terapêutico em verdadeiras mensagens. (p. 15)*

A autora propõe uma referência para a avaliação clínica da associatividade nas mediações terapêuticas com pintura com crianças psicóticas e autistas. Em um primeiro momento, o desenho não apresenta figuração e se expressa em um registro de pictograma onde são indissociáveis o corpo, o espaço psíquico, o espaço externo. Em seguida, ocorre o surgimento das formas figurativas ainda sem o destacamento do fundo. Por fim, em um terceiro momento, a criança assume a figuração e a reflexividade como a capacidade de ver, de se escutar e se sentir. Em resumo, esse processo descreve uma posição colada à folha, sem distinção do eu e do pincel, à possibilidade de se destacar da folha fazendo uso de alguma representação que possibilita, ao mesmo tempo, a passagem de um modo de relacionamento bidimensional à tridimensionalidade. A condição de associatividade é garantida pelo analista por meio da tradução dessas mensagens, da transposição do que a criança faz como movimento em sonoridade.

As mediações terapêuticas com crianças com psicose e autismo produziram uma importante ferramenta para avaliar, a partir da brincadeira, os processos de transformação do trabalho terapêutico. Brun (2019) vai identificar quatro tipos de organizadores da brincadeira:

1. Brincadeiras de exploração sensório-motora e de "mantelamento" sensorial: para um jogo intersensorial.
2. Brincadeiras com as formas sensório-motoras: para um "entre-jogo" formal ou para formas primárias de simbolização.
3. Brincadeiras de espelho sensorial aos jogos sensório-motores em duplicado: para um jogo intersubjetivo.
4. Jogos com as representações e com as palavras: para um jogo intrassubjetivo com reflexividade.

Nesse contexto, o objetivo seria descrever modalidades de emergência das formas de simbolização primárias por meio de brincadeiras que estariam ao nível sensório-motor, como uma retomada dos processos inacabados de brincadeiras compartilhadas com o ambiente primário, seguindo a lógica das mediações terapêuticas. O psicanalista que participa dessa mediação tem um papel de fazer empréstimo do próprio corpo e da própria sensorialidade no processo de simbolização a partir da associatividade sensório-motora em uma perspectiva que é, ao mesmo tempo, intersensorial e intersubjetiva.

De acordo com Brun (2019):

> *trata-se, de fato, de iniciar ou reiniciar jogos sensoriais arcaicos, para permitir que pacientes que sofrem das chamadas patologias "graves", crianças ou adultos, passem de um caráter sensorial caracterizado pela falta de integração sensorial, para formas de composição sensorial que ocorrem com o surgimento de jogos sensoriais compartilhados com os clínicos: são esses jogos sensório-motores compartilhados que reintroduzem a potencialidade de uma simbolização sensório-motora. (p. 234)*

O primeiro tipo de brincadeira que opera nesse enquadre, brincadeiras de exploração sensório-motora e de "mantelamento" sensorial para um jogo intersensorial, é definido como a utilização de ritmos compatíveis de fluxos sensoriais provenientes do objeto e faz partes de brincadeiras típicas mais arcaicas da vida do bebê. Trata-se de uma brincadeira direcionada aos casos de exploração sensorial que são caracterizados pela autossensualidade. A vinheta clínica a seguir, extraída do trabalho de Brun (2019), ilustra de maneira exemplar como se dá a intervenção:

> *Alain, uma criança supostamente autista de 8 anos, vagueia sem parar de parede a parede na sala, roçando as paredes com a mão e ofegando ruidosamente, como se sufocando, várias vezes por minuto. Seu olhar é evasivo e ele não se relaciona com ninguém do grupo. Após cinco sessões, ele começará a tocar em apenas um objeto entre o material à disposição das crianças, os rolos de tinta, que tenta descascar a toda velocidade dispersando os pedaços e correndo de repente. (p. 237)*

As psicanalistas sustentam o movimento de exploração sensorial da criança, mesmo que isso custe alguns rolos com o intuito de não devolver para ele a ação como uma forma de destrutividade. A analista se aproxima da criança, descasca um pouco a mesma matéria e depois oferece materiais, como papel crepom e lenço de papel, que contenham a mesma sensação. Em seguida ela rasga o papel e o espalha diante do menino, que parece fascinado pela queda que acontece lentamente. Ela passa a dizer em entonação alegre: "ffffff, chhhhhh, voa, é leve, e desce lentamente" (Brun, 2019). Uma outra analista mostra à criança como ajuntar os pedaços de papel em uma folha colocada no chão, o que faz com que a criança pare de deambular pela primeira vez, concentrando na folha, o que a analista entende como sendo "um primeiro contorno-continente e figurando um dentro e um fora".

É interessante observar que as intervenções são concretas, verbais e corporais e, além de não incidirem sob a questão da destrutividade, não ficam remetidas a nenhum sentido previamente concebido, permanecendo abertas ao acontecimento do brincar e à associatividade decorrente dele, como um símbolo não discursivo. A brincadeira de transposição sensorial é uma técnica que busca expressar um modo sensorial em outra modalidade, tentando estabelecer correspondência entre as diferentes formas sensoriais cinestésicas, sonoras, visuais, musculares. Por exemplo, ao ver e tocar um objeto duro fazer um som equivalente à dureza por meio do uso exagerado de onomatopeias. Em resumo, Brun (2019) define a intervenção como uma exploração com a criança das sensações que o meio maleável promove a partir da materialidade, propondo discriminações sensoriais por meio da entonação da voz.

O segundo operador, brincadeiras com as formas sensório-motoras: para um "entre-jogo" formal ou para formas primárias de simbolização, as brincadeiras vão acontecer em torno do processo de destruição/encontro do objeto que é semelhante ao jogo da espátula descrito por Winnicott. As formas sensoriais e motoras ainda não estão referidas a uma figurabilidade e os significantes formais da brincadeira se apresentam como isto cai, isto cola, isto dobra, isto desdobra. Trata-se de uma exploração sensorial que já principia uma brincadeira intersubjetiva.

As brincadeiras de espelho sensorial às brincadeiras sensório-motoras em duplicado: para um jogo intersubjetivo, é a terceira proposição dessa esquematização. A brincadeira do espelho sensorial, que é também uma teatralização, é a mimese exagerada da ação da criança com transposição sensorial que reenvia à criança a sua destrutividade e termina por ajudá-la a tomar consciência das suas próprias emoções. A psicanalista exemplifica a transposição de um rabisco em grito exagerado, passando do cinestésico ao sonoro. Da mesma forma, as brincadeiras sensório-motoras duplicadas fornecem um sentido para os atos e gestos aparentemente sem sentido dessas crianças com patologias graves. De acordo com Brun, apesar de não estarem remetidas a um sentido formalizado, essas mensagens testemunham a experiência de não encontro com o objeto e precisam ser lentamente dotadas de sentido discursivo, como veremos na vinheta a seguir:

Durante o seu primeiro grupo de pintura terapêutica, Joachim, um menino de seis anos, grita, luta assim que se fecha a porta, bate principalmente na enfermeira, mas também em tudo que passa ao seu alcance, rasga também os lençóis colados ao parede, e os terapeutas devem agarrá-lo, repetidamente para impedi-lo de bater nas outras crianças. Assim que deixa de ser contido corporalmente por um adulto, às vezes escorrega no chão próximo à porta, ou se joga com violência no chão, às vezes começa a digitar novamente. Se ele é presenteado com uma folha de tinta, ele a rasga e também tenta arrancar todas as folhas presas à parede.

O terapeuta tem então a ideia de colar novamente o lençol que arrancou da parede, evocando o medo de que a mãe desapareça da sala de espera e que tudo se estilhace e se rasgue na oficina. Do meu lugar de observador por escrito, também falo com ele sobre seu medo de que possamos nos tornar tão maus quanto ele nos diz, sobre seu terror de que o prendamos ou o agridamos. A criança rasga o lençol remendado novamente, o terapeuta silenciosamente cola-o de volta e começa uma alternância entre rasgar a criança e remendar os pedaços pelo terapeuta. Nos grupos seguintes, estabelece-se uma espécie de ritmo entre a criança e a psicóloga Joachim; ela rasga o lençol cada vez com mais delicadeza e espera que a terapeuta volte a colá-lo para rasgá-lo novamente...

Por algumas sessões, a psicóloga vai colocar a folha de tinta no chão, na orla do ateliê, e Joachim, primeiro no corredor colado à mãe, vai aos poucos entrando em um jogo com o psicólogo: ele vem para andar o lençol, a

> *psicóloga finge avançar e Joachim retira-se apressadamente, introduzindo uma brincadeira do tipo "pega-me mas eu fujo de ti". Joachim vai gradualmente aceitando que a terapeuta desenhe o contorno de seus pés no lençol, depois o de suas mãos. Realiza-se um recolhimento corporal no lençol, primeiro com as pontas das mãos e dos pés, depois a psicóloga vai pintar toda a silhueta de Kim em um lençol, pintura que a criança contempla com atenção e depois júbilo. Essa criança começará a pintar, no chão e depois na parede, bem na beira da porta e, finalmente, a mãe e a criança concordarão que fechemos essa porta, que nunca será reaberta.*
>
> *Então, depois de quinze meses em grupo, Joachim tira chaves e portas, que ele recorta, gruda na parede com uma dobradiça para abrir e fechar. Ele brinca de esconder coisas como tesouras atrás de sua porta de papel, que abre e fecha de tanto rir. Não é mais a figura de um significante formal de pele rasgada, mas "Uma porta se abre e se fecha, aparece, desaparece e reaparece se dobra e se desdobra", essas são as primeiras representações de não inter-relações. destrutiva com o outro, que vem acompanhada de um jogo de oculto/achado com os terapeutas. O interior e o exterior estão constituídos, os ataques corporais cessaram. (Brun, 2019, p. 250)*

Por fim, as brincadeiras com as representações e com as palavras: para um jogo intrassubjetivo com reflexividade, consistem em brincadeiras nas quais a conquista da tridimensionalidade já está garantida, os limites e discriminações aparecem constituídos em uma estrutura narrativa ficcional.

Observamos como a teoria do brincar, muito pautada por uma consideração pela materialidade, assumiu a centralidade da pesquisa clínica em casos graves com falhas na estruturação do eu e nos processos de simbolização. Essas considerações reforçam a emergência de uma racionalidade que é complementar à racionalidade onírica, mas que não pode, portanto, ser reduzida a ela.

A psicanálise foi para o espaço: além do princípio da realidade

No desenvolvimento teórico da psicanálise, o espaço assumiu diferentes sentidos. Na ideia de espaço, incluímos as questões topográficas, uma teoria de espaço interno, espaço externo, a realidade e, por fim, uma teoria sobre o *setting* e o dispositivo clínico.

A hipótese topográfica, como uma das perspectivas utilizadas por Freud para descrever o aparelho psíquico, não consiste em um trabalho de localização, mas se define a partir das relações entre os espaços consciente, inconsciente e pré-consciente, dentro de um modelo que foi desenvolvido a partir do estudo fundamentalmente da neurose, ordenada pelo recalque como defesa prioritária. Com a introdução de novos problemas clínicos, que demandavam a compreensão da gênese e do desenvolvimento do eu em relação ao papel dos objetos e do ambiente, foi necessário rever a primeira hipótese topográfica em uma proposição que se consolidou até o final da sua obra e que conhecemos como a segunda tópica freudiana delimitada como ego, id, superego.

O psiquiatra Bernard Brusset (2013), atendendo às necessidades de compreender as questões contemporâneas da clínica psicanalítica, propõe uma reflexão sobre a terceira tópica que deriva desses avanços teóricos. Segundo Brusset (2013), os chamados "funcionamentos psíquicos em exterioridade" são tributários da realidade interna, mas não estariam acessíveis clinicamente. O autor define em três grupos quais seriam os pontos de ancoragem dentro da teoria freudiana para o que ele denomina como terceira tópica:

> *– a projeção, do animismo à paranoia, e a identificação projetiva nas suas diversas formas nas quais a identificação projetiva afetiva primária, dita normal, criadora do vínculo (o modelo da relação continente-conteúdo segundo Bion encontra aqui sua pertinência). Em oposição a ela a identificação projetiva patológica ou excessiva, expulsiva, marcada pela destrutividade, que por clivagem ultrapassa os limites do mundo interno e do mundo externo, o eu e o outro, o objeto do qual a subjetividade é negada e a alteridade utilizada (projeção identificatória: "se eu fosse você"). Ela coloca a questão das relações complexas entre o irrepresentável, a representação e a percepção, o alucinatório e a figurabilidade aquém da linguagem;*
>
> *– o intrapsíquico e o intersubjetivo: a dupla polaridade do narcisismo da objetalidade, quer dizer, a relação de identidade e a relação de complementaridade na pluralidade dos seus graus de diferenciação e indiferenciação entre o* self, *o objeto, e, necessariamente, o terceiro, a função terciária.*
>
> *– o funcionamento psíquico do paciente e, dito de outro modo, do analista, na referência aos dois princípios de prazer e de realidade e sua articulação com o espaço intermediário da transicionalidade winnicotiana: o uso*

> *do objeto, a criatividade, a simbolização nos vínculos interpsíquicos e intersubjetivos. (Brusset, 2013, p. 160)*

Em resumo, o campo fenomenológico das questões clínicas que definem uma terceira tópica versa sobre as alterações do limite entre dentro e o fora, entre o eu e o sujeito e o objeto, representação e percepção, como uma metapsicologia, segundo Brusset, que "integra o modelo pulsional e aquele das relações recíprocas entre o sujeito e o objeto. Ele assume o limite epistemológico das oposições binárias" (Brusset, 2013, p. 160).

Se o esforço freudiano consistia em postular e descrever a realidade psíquica ordenada pela neurose, e tomando a realidade externa como um ponto fixo, na psicanálise contemporânea esse trabalho se dá inversamente, pela intensa pesquisa sobre a realidade, sobre as qualidades psíquicas, sensoriais, estéticas do que é o não eu. Uma pesquisa que talvez se empenhe em discutir além do princípio da realidade, como um ponto fixo, imutável, a despeito das suas contingências históricas, materiais e sociais.

Brusset (2013) vai articular a postulação de uma terceira tópica a um outro modo de pensar o trabalho psicanalítico para além da neurose, que reposiciona o analista no tratamento com o deslocamento da ênfase nas questões da intersubjetividade. E, acrescentaríamos, pela proposição de um modelo de cuidado e de experiência psíquica, que tem o brincar como o modelo paradigmático.

Em um outro sentido, uma pesquisa sobre o espaço também é realizada a partir do percurso e da extensão da ideia de projeção na teoria freudiana e nos desenvolvimentos teóricos que o precederam. A ideia de projeção é tributária de uma teoria matemática, geométrica e também ótica que ganhou força nas teorias psicológicas, como o compartilhamento entre o subjetivo interior e o objetivo exterior, definindo-se como "uma localização espacial de um estado de consciência, de uma sensação assim projetada fora de si, que coloca o dentro fora" (Brusset, 2013, p. 55).

A noção de projeção em Freud aparece tanto em seu aspecto defensivo patológico quanto em uma relação estruturante, normal e necessária por ser determinante da atividade perceptiva. Brusset (2013) identifica como a teoria da projeção em Freud abre grandes perspectivas: a projeção e o pensamento anímico, a projeção na origem do sonho e da transferência, a projeção paranoica, a alucinação e o delírio. O fato é que a teoria da projeção apresenta uma subversão tópica fundamental para a compreensão da teoria do espaço no desenvolvimento da psicanálise.

Melanie Klein parte e radicaliza a ideia freudiana de uma constituição do eu que é dada na relação entre a projeção maciça dos aspectos negativos da realidade para o exterior e a assimilação dos aspectos bons ao próprio eu como um fundamento do narcisismo. Conforme vimos no Capítulo 2, na pesquisa dos psicanalistas pós-kleinianos, sobre os destinos da projeção, a identificação projetiva, o continente e a capacidade de transformação desses conteúdos projetados e, por fim, a superfície de contato como um pano de fundo para as introjeções, a noção de espaço se atualiza e consolida como um ordenador tão importante quanto a temporalidade para o Freud.

Lembrando que a noção de espaço também passa, a partir daí, pela intimidade transferencial entre o analisando e o analista, podemos identificar como esses avanços teóricos orientam uma lógica distinta, se compararmos com a perspectiva freudiana, da própria noção de transferência. O passado que é atualizado na relação transferencial da teoria kleiniana é o início da vida psíquica com seus objetos. Isso faz com que a transferência na situação clínica kleiniana esteja menos relacionada com o desejo confundido em sua temporalidade e mais relacionada com o deslocamento dessas relações projetadas no espaço.

Winnicott, por sua vez, vai suspender as dicotomias dentro-fora, interno-externo, eu e não eu, com a proposição de um espaço potencial da atividade transicional, espaço do brincar, da criatividade, localização da experiência cultural. Trata-se de uma teoria, conforme vimos no Capítulo 3, da relação indissociável entre o sujeito e o objeto como condição necessária para a integração psíquica.

Além da questão do espaço potencial, Winnicott vai desenvolver, como é próprio da sua metodologia, uma pesquisa sobre o espaço em si mesmo, as referências geográficas, culturais, os objetos que o compõem e a necessidade de uma "companhia viva" ou ainda um "objeto animado inteligente" (Alvarez, 1994).

O *placement* é uma noção importante desenvolvida dentro da pesquisa winnicottiana, que coloca a ideia de lugar e espaço como uma modalidade clínica. Trata-se da oferta de um lugar que tenha alguém capaz de auxiliar no processo de constituição do *self*, estagnado em razão de alguma circunstância da vida. A teoria do *placement* de Winnicott é uma derivação da experiência com crianças evacuadas em tempos de guerra ou que tenham necessitado de um cuidado residencial em alguma medida. Winnicott nos relata o rápido aprendizado de que a

> *ação terapêutica, em alguns casos, era feita pelas paredes e pelo telhado; pela estufa de vidro, que fornecia um alvo magnífico para pedras e tijolos, pelas banheiras absurdamente grandes, para as quais era necessária uma quantidade enorme de carvão, tão precioso em tempo de guerra, caso se quisesse que a água quente chegasse ao umbigo de quem quisesse tomar banho.*

> *A terapia estava sendo realizada pelo cozinheiro, pela regularidade da chegada das refeições à mesa, pelas colchas das camas quentes e coloridas. (Winnicott, 1964/1999, p. 251)*

A ideia veiculada pelo artigo em questão, "A assistência residencial em terapia", sistematizou uma prática de cuidados em casos de tendência antissocial ou casos mais graves, propondo um modelo que rompesse com a característica asilar tradicional das instituições que se ocupavam dessas crianças. Para além dessa questão política, sua reflexão sobre o *placement* fundamenta um modo de lidar com pacientes graves que coloca o espaço como um verdadeiro operador clínico. As "experiências de um lar primário satisfatórias" eram a provisão de cuidados ambientais adaptados às necessidades das crianças com o intuito de experimentarem, por meio do encontro com o outro humano, sua própria destrutividade, a ambivalência decorrente dessa situação, sua capacidade de reparação e discernimento entre a fantasia e a realidade, capazes de estabelecer "uma relação operacional com a realidade externa" (Winnicott, 1964/1999, p. 64).

Segundo Safra (2006), na modalidade clínica do *placement*, o paciente pode vir a experimentar algo novo, e não somente tentar corrigir algo da experiência disruptiva:

> *Se a relação mãe-bebê não foi suficientemente boa, estaríamos frente não a uma superação daquilo que houve, mas na possibilidade de o paciente vir a se relacionar objetivamente com aquilo que houve. Não se trata de fornecer por meio do placement uma experiência emocional corretiva, mas da possibilidade de vir a*

> *se posicionar de forma diferente frente àquilo que houve. (Safra, 2006b, p. 18)*

A teoria da ação teapêutica, nesse caso, é focada no desenvolvimento de experiências de continuidade, confiabilidade, segurança e sustentação da experiência de si pelo provimento desses cuidados que se inscreviam materialmente na realidade externa. Trata-se de uma intervenção na realidade.

O *placement* também está presente na sugestão de Winnicott à família do menininho que passava por um importante processo regressivo para o qual a tolerância ao sintoma por parte da família era indispensável:

> *Eu disse à mãe que o menino precisava de sua ajuda, pois estava claro que ele havia perdido algo na idade de dois anos, e que teria que voltar para lá para procurar o que perdeu. Ela compreendeu rapidamente dizendo: "Muito bem, se ele precisa voltar a ser um bebê, que venha então para casa, e se puder ir me explicando o que está acontecendo eu dou conta". O lar funcionou como o hospital psiquiátrico de que o menino precisava, um asilo no pleno sentido da palavra. (Winnicott, 1953/2000, p. 176)*

Winnicott identifica o papel preponderante do consentimento da família para que o menino pudesse adoecer e viver seu processo regressivo em casa "recebendo aquilo que toda criança tem direito, ou seja, um período em que é natural que o ambiente se adapte ativamente às suas necessidades" (Winnicott, 1953/2000, p. 184). É esse também o caso da menina Kathleen, um caso psiquiátrico tratado em casa em que o Winnicott trabalha com os pais a adequação da casa às necessidades regressivas da criança.

É importante observar como o princípio da realidade, uma constante pouco definida a partir de Freud, passa a ser objeto da intervenção do psicanalista. O princípio de realidade esteve colocado para Freud desde as "Formulações sobre os dois princípios do funcionamento mental" (1911a/2010) como uma experiência negativa diante da qual surge a frustração e a renúncia à satisfação pulsional. Os processos psíquicos derivam da pressão das necessidades internas diante da insatisfação do princípio da realidade. As circunstâncias reais do mundo externo seriam a razão dos processos de deformação e perda do contato com a realidade, assumindo um caráter defensivo patológico.

A partir de Winnicott, com a teoria da desilusão, as experiências de perda e de separação ganham uma nova conotação que está colocada para além de um trabalho de luto permanente, mas também se afirmam como um trabalho de esperança e construção do sentido da realidade. E é como efeito da desilusão que o brincar surge no sentido de ofertar o acesso à realidade, não necessariamente deformá-lo.

Anne Alvarez (1994) coloca em questão o valor absoluto da experiência da ausência do objeto e das perdas para o desenvolvimento emocional e para a aquisição da condição de simbolização. A autora acrescenta outros "ingredientes vitais" que potencializam a experiência da perda e que não dizem respeito necessariamente à ausência do objeto. A título de exemplificação, podemos observar como Alvarez descreve a sessão de uma menininha de 9 anos, Molly, que perdeu a mãe subitamente aos 2 anos. Apesar do pai cuidadoso e dedicado, a menina sofreu uma privação precoce e maus-tratos iniciais decisivos para a ruptura da experiência de continuidade do ser e confiabilidade na sustentação do ambiente.

A sessão que descreve seguiu a uma interrupção inesperada da análise, reativando então os sentimentos de abandono:

> *Ela (Molly) lançou-me um "Não fale. Você não é minha amiga". Eu comentei a distância que havia sido uma longa pausa, e que ela estava querendo saber se ainda éramos amigas. "Você não é minha amiga"... Disse-lhe que ela gostaria que eu estivesse na sala, como sempre, esperando-a para quando ela entrasse, e que eu faria isso. (Alvares, 1994, p. 181)*

Nesse primeiro momento, a analista interpreta o gesto da criança em referência à experiência de perda reativada pela interrupção da sessão, afirmando-lhe sua disponibilidade, confiança e a previsibilidade do seu amor. A menina, aos olhos da analista, toma o afastamento como uma reedição traumática da morte da mãe, chave a partir da qual a menina tenderia a interpretar todas as experiências de descontinuidade:

> *ela subiu na mesinha e equilibrou-se com os pés sobre o trinco da porta e as mãos no topo da porta aberta (uma posição muito perigosa). Olhando de cima para mim, ela riu: "Você está apavorada?" Ela moveu a porta. "Eu deixei você apavorada?" Desenvolvi aquilo dizendo: "Será que você me apavorou mortalmente?" Ela afirmou com seriedade tranquila, convencida: "Posso fazer você morrer". Eu disse que é difícil imaginar que nós continuaríamos vivas – ou que continuaríamos a ter nosso tempo juntas quando ela estava zangada comigo.*
>
> *"Vamos lá". Ela pulou para baixo. "Vamos brincar de esconde-esconde". Eu fiquei de costas enquanto ela se*

> *escondeu quatro vezes. Todas as vezes havia um grande deleite em ser encontrada, e eu ofereci a interpretação evidente a respeito de estar perdida (cada uma fora da visão da outra) e de ser encontrada, ligada à recente interrupção às férias que estavam por vir. (Alvarez, 1994, p. 182)*

A criança brinca com o seu desaparecimento e produz o encontro. A cena que parece repetir a experiência da perda introduz também um novo elemento, que é a capacidade da menina de fazer o outro procurar por ela. Alvarez (1994) vai defender a ideia de que não se trata de dizer que a criança estaria negando o que havia acontecido ou então testando a preocupação da terapeuta com ela, mas experimentando o seu poder de trazer o objeto para junto dela, com alegria e divertimento como elementos de realidade, produzindo um deslocamento da questão "o que esse objeto faz?" para "o que eu posso fazer com ele?". Trata-se, nos termos de Alvarez, não necessariamente de um trabalho de luto, mas de regeneração. Poderíamos dizer que a criança, ao perder a mãe em condições que seguiram muito adversas, perde um território onde ela existia e era cuidada. Território esse que é recuperado como uma reintegração de posse, por meio do brincar.

Do ponto de vista da técnica, é interessante observar dois níveis de comunicação: o primeiro que se dá pela narrativa, quando a menina diz que não é amiga e se coloca em risco, e o segundo em que ela brinca de desaparecer. No primeiro caso, a interpretação da analista remete a um sentido representado, ainda que inconsciente: você tem medo de que eu desapareça quando fica muito zangada. Ao brincar, ela produz uma intervenção que está além daquilo que é dito e reafirmado sobre a disponibilidade interna da analista. A brincadeira é a experiência dessa disponibilidade.

A escuta de uma parte do psiquismo formado sem palavras e que, por essa razão, não está temporalizado nos conduz à racionalidade e à operação lúdica, seguindo o mesmo trajeto que conduziu Freud ao *fort-da*. Esse espaço de intervenção assume uma qualidade virtual, se tomarmos a virtualidade do ponto de vista filosófico, que diz respeito à potência, à possibilidade de vir a ser.

A teoria do espaço na psicanálise é também uma teoria sobre o que Roussillon denomina como dispositivo clínico, que é a referência a certas condições e regras de construção e instauração que atendam ao propósito de integração, simbolização e apropriação subjetivas. De acordo com Roussillon (2019):

> *O dispositivo deve, então, encarnar a elaboração e a simbolização, mostrá-la, convidá-la. Ele deve apresentar, de fato, as condições de possibilidade, os meios as ferramentas que ele propõe, e especificar, por meio da apresentação deles, os objetos ou disposições graças aos quais ela poderá se dar. Ele coloca em ato a disposição de espírito que comanda sua instauração, é "um fato expresso" para a metabolização simbólica das experiências subjetivas, isto é, sua simbolização. Tudo no dispositivo deve ser construído e ordenado para esse uso: dizer em "coisa" a simbolização e suas condições nesse encontro clínico, dizê-la "em fato", "em ato". (p. 133)*

Essa perspectiva articula a questão da materialidade ao espaço e aos processos de simbolização, uma perspectiva da "simbolização materializada" (Roussillon, 2019, p. 134), no sentido em que o dispositivo clínico produz símbolos e formas de simbolização que são próprios da sua materialidade, dos objetos que compõem aquele tempo-espaço. De acordo com essa perspectiva teórica, parte da transferência do espaço interno da simbolização e do funcionamento psíquico vai se realizar para o próprio dispositivo, condição que coloca o enquadre como aquilo que "simboliza a simbolização".

A internalização dessa estrutura enquadrante, como referência ao processo de simbolização, passa a ser um dos objetivos da análise dos casos em que justamente os processos de simbolização são precários e encontram na racionalidade lúdica o modelo para pensar o processo psíquico.

Considerações finais

O percurso e a extensão da teoria do brincar na história da psicanálise com o objetivo de identificar os diferentes modelos a que ele se apresenta é o caminho que parte de Freud, Klein e Winnicott em seus pontos de continuidade e inflexão, a partir dos quais se desdobram questões fundamentais para a clínica psicanalítica.

Há pouco mais de cem anos, Sigmund Freud debruçava-se sobre o enigma pictórico do sonho, fazendo sua decifração coincidir com o modelo da cura para os sintomas neuróticos. O sonho passa a se constituir como o modelo paradigmático da experiência psíquica, dos processos de simbolização e da teoria da ação terapêutica, fundamentando assim uma racionalidade onírica em que a temporalidade e a representatividade operam como coordenadas principais.

Partindo dessa racionalidade, Freud se aproximou do brincar em diferentes momentos da sua obra, que convencionamos organizar conforme as teorias do primeiro e do segundo dualismo pulsional. No primeiro dualismo pulsional, vimos como Freud aborda a teoria do brincar como embrião dos processos criativos e da fantasia da vida adulta. Na análise do caso Hans, no entanto, embora o brincar faça parte do campo das observações de Freud, o psicanalista não parece fazer distinção da sua especificidade em relação aos sonhos, narrativas e fantasias do menino. Operava então, dessa forma, uma lógica para a ação terapêutica, que é análoga àquela dos pacientes adultos, alinhada à racionalidade onírica. O mesmo ocorre com a teoria da formação do objeto fóbico como um símbolo. Esse objeto fóbico está regido pelas leis da simbolização onírica, muito embora essa formação simbólica se dê por meio de uma relação concreta entre o psiquismo e a realidade na presença materializada do objeto, e não como uma forma alucinada do desejo infantil.

Do ponto de vista da teoria da sexualidade, Freud aborda o brincar no momento em que está às voltas com a descrição de um aparelho de apoderamento, para compreender a gênese do sadismo. A ideia freudiana é compreender a presença de um funcionamento primitivo independente da sexualidade, ligado a um aspecto sensorial, que corresponde ao aparelho muscular da boca, ao conjunto de execuções da mamada, ao toque, à visão, à audição e à voz presentes nas brincadeiras infantis. O apoderamento seria então o componente da pulsão, em consideração aos meios de relação com o objeto, da sua percepção e seu domínio necessários para a realização dos objetivos sexuais da satisfação: olhar, pegar, se interessar.

O objeto de apoderamento não é o mesmo que o objeto da satisfação da pulsão. Se no segundo caso o encontro com o objeto imprime pela via da satisfação uma representação, no primeiro caso, como objeto de apoderamento, o objetivo seria apenas o controle, a manipulação implicando uma ação do sujeito. A importância do reconhecimento do objeto de apoderamento como distinto do objeto de satisfação é fundamental para a compreensão no brincar das formas de simbolização que estão aquém da representatividade e da satisfação. Trata-se de formas de simbolização em que o objeto tem um valor de controle, apresentativo, não discursivo e que não está referido a um sentido prévio. A pesquisa identifica como a natureza de domínio da pulsão está presente e é um importante operador clínico nos trabalhos contemporâneos com crianças com patologias graves e mesmo adultos que possuem o processo de simbolização prejudicados.

Se a psicanálise contemporânea parece retornar a esse aspecto do funcionamento psíquico – que não está referido a uma satisfação sexual e fora das condições de representatividade –, Freud adotou um caminho distinto, fazendo, então, a proposição de um novo dualismo pulsional que integra, sob o signo da pulsão de morte, seu antigo aparelho de apoderamento e as experiências. Essas experiências não são temporalizadas e, portanto, integradas, e terminam por promover um colapso nas condições de representação. O irrepresentável surge aqui como um problema metapsicológico que coloca o brincar ao lado das neuroses de guerra, da compulsão à repetição, dos traumatismos severos, abrindo um campo de pesquisa sobre a importância da materialidade e os limites da representatividade.

Dando continuidade ao paradigma do segundo dualismo pulsional freudiano, Melanie Klein, a partir da análise de crianças, introduz o brinquedo e eleva o brincar à condição de técnica, fazendo o brincar equivaler ao sonho. A psicanalista inglesa, fortemente influenciada pelos trabalhos de Ferenczi e Abraham, apresenta uma compreensão do mundo psíquico infantil que pressupõe o reconhecimento de um superego precoce, derivado da elaboração do complexo de Édipo. A introdução da técnica do brincar em Klein produz três importantes desdobramentos teórico-clínicos: a ideia de objeto interno, uma nova compreensão da transferência e o destaque para a relação entre o sadismo e os processos de simbolização.

Em resumo, a técnica do brincar permitiu o acesso aos modos de relacionamentos precoces com os objetos primordiais e sua centralidade na constituição psíquica que vão configurar a noção de transferência em uma perspectiva kleiniana. A ideia de transferência deixa de ser um dado temporal, como um desejo confundido em sua temporalidade, e passa ser um dado espacial, a partir das pesquisas contemporâneas acerca do papel de contenção, transformação e elaboração dos objetos exteriores. Esse campo de pesquisa vai fundamentar um estudo em que a espacialidade assume um papel central, seja na própria experiência espacial dos sujeitos – espaço interno, externo, adesividade e as bi ou tridimensionalidades –, seja no espaço que se refere ao dispositivo clínico psicanalítico.

Donald Winnicott apresenta a brincadeira da espátula como o modelo paradigmático da sua teoria e forma clínica. A brincadeira, denominada por ele como uma lição de objeto, sintetiza os diferentes modos de relação com o objeto: subjetivo, transicional e objetivo. Winnicott localiza a emergência do brincar no desenvolvimento emocional primitivo como um resquício da experiência de ilusão que se inscreve no confronto e na constatação de separação entre o sujeito e o objeto, como forma também embrionária da experiência cultural. A descrição dos fenômenos e objetos transicionais circunscrevem a questão da materialidade na psicanálise, ao mesmo tempo que a pesquisa sobre a ilusão e sua forma de simbolização correspondente, que se apresenta na presença e na simultaneidade do objeto, constitui-se como um campo de experiência, que é também estético. A partir de Winnicott, com o valor do brincar colocado sobre si mesmo e não necessariamente sobre o que ele representa, a racionalidade lúdica ganha a força de um modelo que é complementar à racionalidade onírica e está fundamentado pelas coordenadas do espaço e da materialidade.

O fundamento para uma racionalidade lúdica é a síntese, em uma perspectiva transmatricial, das pesquisas que colocam o brincar no centro dos interesses da psicanálise e que se desdobram em problemas relacionados à questão do espaço e da materialidade. Para tanto, considerou-se a primazia da experiência estética no desenvolvimento emocional primitivo e a formação de símbolos não discursivos, que não estão referidos a uma significação já estabelecida, bem como a importância do enigma plástico da realidade, a partir do qual a experiência do brincar busca produzir sentido.

A articulação das perspectivas do brincar na teoria psicanalítica é um campo pouco explorado em razão dos cortes epistemológicos que incidiram sobre a história da psicanálise e que reorganizaram diversas vezes a teoria do brincar. A centralidade que essa perspectiva assume nas pesquisas clínicas contemporâneas testemunha um esforço de convergência desses diferentes modelos que requerem ainda novos trabalhos para o desenvolvimento do campo, dentro e fora da psicanálise.

Referências

Ab'Sáber, T. A. M. (2005). *O sonhar restaurado*. Editora 34.

Ab'Sáber, T. A. M. (2016). *Freud e o ensaio Além do princípio do prazer*. L&PM Editores.

Ab'Sáber, T. A. M. (2021). *Winnicott: experiência e paradoxo*. Ubu.

Abraham, K. (Ed.). (1970). *Teoria psicanalítica da libido sobre o caráter e o desenvolvimento da libido*. Imago.

Abram, J. (1996). *A linguagem de Winnicott*. Revinter, 2000.

Anzieu, D. (1995). *Le moi peau*. PUF.

Alvarez, A. (1994). *Companhia viva*. Artmed.

Bédere, S. (2009). En passant par Hans, la trajectoire de Herbert: panorama sur la phobie. *Figures de la psychanalyse*, *18*(2), 133-151.

Benjamin, W. (1928). *Reflexões sobre a criança, o brinquedo e a educação*. Editora 34, 2002.

Bick, E. (1968). The experience of the skin in early object relations. *International Journal of Psychoanalysis*, *49*, 484.

Bick, E. (2002). L'expérience de la peau dans les relations d'objets précoces. In *Explorations dans le monde de l'autisme*. Payot.

Bick, E. (2006). Considerations ultérieurs sur la fonction de la peau dans les relations d'objets précoces. In *Une espace pour survivre: l'observations du nourrisson selon Esther Bick: articles cliniques et derniers développements*. Collection Tavistock Clinic (pp. 86-97). Éditions de Hublot.

Bion, W. (1982). *Refléxion faite*. Odile Jacob.

Bion, W. (1996). *Aux sources de l'expérience*. PUF.

Birman, J. (2012). *O sujeito na contemporaneidade*. Civilização Brasileira.

Birraux, A. (1994). *Eloge de la Phobie*. PUF.

Bloch, E. (2005). *O princípio esperança*. Eduerj.

Bollas, C. (1987). *A sombra do objeto: a psicanálise do conhecido não pensado*. Escuta.

Botella, C., & Botella, S. (2007). *La figurabilité psychique*. Editions in Press.

Briggs, A. (2006). *Un espace pour survivre: l'observation du nourrisson selon Esther Bick: articles cliniques et derniers développments*. Éditions de Hublot.

Brun, A. (2014). De la sensori-motricité à la symbolisation dans les médiations therapeutiques pour enfants psychotiques. In A. Brun & R. Roussillon, *Formes primarires de symbolisation*. Dunod.

Brun, A. (2019). Les logiques du jeu dans les médiations thérapeutiques. *Psicologia Clínica, 31*(2), 231-257. https://dx.doi.org/10.33208/PC1980-5438V0031N02A02

Brusset, B. (2013). *Au delà de la nevrose: vers une troisiéme topique*. Dunod.

Cintra, E. M. U., & Figueiredo, L. C. (2004). *Melanie Klein: Estilo e pensamento*. Escuta.

Coelho, N. (1999). Usos da percepção na psicanálise contemporânea. *Percurso, 23*, 97-106.

Coelho, N. (2001). A noção de objeto na psicanálise freudiana. Ágora: Estudos em Teoria Psicanalítica, *4*, 37-49.

Denis, P. (1997). *Emprise et satisfaction*. PUF.

Denis, P. (2006). *Les phobies*. PUF.

Dias, E. O. (2003). *A teoria do amadurecimento de D. W. Winnicott*. Imago.

Fédida, P. (1978). *L'absence*. PUF.

Fédida, P. (1991). *Nome, figura e memória: a linguagem na situação analítica* (M. Gambini e C. Berliner, trad.). Escuta.

Ferenczi, S. (2011). *Psicanálise II* (A. Cabral, trad., 2. ed.). WMF Martins Fontes.

Freud, S. (1894). As neuropsicoses de defesa. In *Edição Standard Brasileira das Obras Psicológicas de Sigmund Freud* (Vol. 3, pp. 51-72). Imago, 1969.

Freud, S. (1895a). Obsessões e fobias. In *Edição Standard Brasileira das Obras Psicológicas de Sigmund Freud* (Vol. 3, pp. 75-88). Imago, 1969.

Freud, S. (1895b). *Estudos sobre a histeria* (L. Barreto, trad., Vol. 2). Companhia das Letras, 2016.

Freud, S. (1900). A interpretação dos sonhos. In *Obras Completas: 1856-1939* (P. C. de Souza, trad., Vol. 4). Companhia das Letras, 2019.

Freud, S. (1901). *A psicopatologia da vida cotidiana*. São Paulo: Companhia das Letras, 2015.

Freud, S. (1905). Três ensaios sobre a teoria da sexualidade. In *Obras Completas: 1901-1905* (P. C. de Souza, trad., Vol. 6, pp. 13-172). Companhia das Letras, 2016.

Freud, S. (1907). O esclarecimento sexual das crianças. In *Obras Completas: 1906-1909* (P. C. de Souza, trad., Vol. 8, pp. 314-324). Companhia das Letras, 2015.

Freud, S. (1908a). Escritores criativos e devaneio. In *Edição Standard Brasileira das Obras Psicológicas de Sigmund Freud* (Vol. 9, pp. 133-143). Imago, 1969.

Freud, S. (1908c). Sobre as teorias sexuais da criança. In *Edição Standard Brasileira das Obras Psicológicas de Sigmund Freud* (Vol. 9, pp. 189-204). Imago, 1969.

Freud, S. (1909). Análise de uma fobia em um menino de cinco anos. In *Edição Standard Brasileira das Obras Psicológicas de Sigmund Freud* (Vol. 10, pp. 15-133). Imago, 1969.

Freud, S. (1911a). Formulações sobre os dois princípios do funcionamento psíquico. In *Obras Completas: 1911-1913* (P. C. de Souza, trad., Vol. 10, pp. 108-121). Companhia das Letras, 2010.

Freud, S. (1911b). Notas psicanalíticas sobre um relato autobiográfico de um caso de paranoia (Dementia paranoides). In *Edição Standard Brasileira das Obras Psicológicas de Sigmund Freud* (Vol. 12, pp. 15-89). Imago, 1969.

Freud, S. (1912). Totem e tabu. In *Obras Completas: 1912-1914* (P. C. de Souza, trad., Vol. 11, pp. 13-244). Companhia das Letras, 2012.

Freud, S. (1913). A predisposição à neurose obsessiva. In *Obras Completas: 1911-1913* (P. C. de Souza, trad.; Vol. 10, pp. 324-338). Companhia das Letras, 2010.

Freud, S. (1914). Sobre a história do movimento psicanalítico. In *Edição Standard Brasileira das Obras Psicológicas de Sigmund Freud* (Vol. 14, pp. 16-73). Imago, 1969.

Freud, S. (1915). Os instintos e seus destinos. In *Obras Completas: 1914-1916* (P. C. de Souza, trad.; Vol. 12, pp. 51-81). Companhia das Letras, 2010.

Freud, S. (1917). Um suplemento metapsicológico à teoria dos sonhos. In *Edição Standard Brasileira das Obras Psicológicas de Sigmund Freud* (Vol. 14, pp. 225-241). Imago, 1969.

Freud, S. (1920). Além do princípio do prazer. In *Obras Completas: 1917-1920* (P. C. de Souza, trad., Vol. 14, pp. 161-239). Companhia das Letras, 2010.

Freud, S. (1921). A psicologia de grupo e a análise do ego. In *Edição Standard Brasileira das Obras Psicológicas de Sigmund Freud* (Vol. 18, pp. 79-154). Imago, 1969.

Freud, S. (1923). O Eu e o Id. In *Obras Completas: 1923-1925* (P. C. de Souza, trad., Vol. 16, pp. 13-74). Companhia das Letras, 2011.

Freud, S. (1924). A perda da realidade na neurose e na psicose. In *Obras Completas: 1923-1925* (P. C. de Souza, trad., Vol. 16, pp. 214- 221). Companhia das Letras, 2011.

Freud, S. (1925). A negação. In *Obras Completas: 1923-1925* (P. C. de Souza, trad., Vol. 16, pp. 276-282). Companhia das Letras, 2011.

Freud, S. (1926). Inibição, sintoma e angústia. In *Obras Completas: 1926-1929* (P. C. de Souza, trad., Vol. 17, pp. 13-123). Companhia das Letras, 2014.

Freud, S. (1927). O futuro de uma ilusão. In *Edição Standard Brasileira das Obras Psicológicas de Sigmund Freud* (Vol. 21, pp. 15-63). Imago, 1969.

Freud, S. (1930). O mal-estar na civilização. In *Obras Completas: 1930-1936* (P. C. de Souza, trad.) (Vol. 18, pp. 13-123). Companhia das Letras, 2010.

Freud, S. (1933). Novas conferências introdutórias à psicanálise. In *Obras completas: 1930-1936* (P. C. de Souza, trad., Vol. 18, pp. 90-188). Companhia das Letras, 2010.

Freud, S. (1937). Construções em análise. In *Edição Standard Brasileira das Obras Psicológicas de Sigmund Freud* (Vol. 23, pp. 275-287). Imago, 1969.

Freud, S. (1942). Personagens psicopáticos no teatro. In *Obras Completas: 1901-1905* (P. C. de Souza, trad., Vol. 6, pp. 361-369). Companhia das Letras, 2016.

Fulgencio, L. (2006). Notas sobre o abandono do conceito de pulsão na obra de Winnicott. *Winnicott e-Prints*, *5*, 85-95.

Fulgencio, L. (2008a). O brincar como modelo do método de tratamento psicanalítico. *Revista Brasileira de Psicanálise*, *42*(1), 124-136.

Fulgencio, L. (2008b). *O método especulativo em Freud*. Educ.

Fulgencio, L. (2010). Um mal-estar na cultura para Freud e para Winnicott. In C. Oliveira (Ed.). *Filosofia, psicanálise e sociedade* (pp. 173-187). Azougue.

Fulgencio, L. (2013). Ampliação winnicottiana da noção freudiana de inconsciente. *Psicologia USP*, *24*(1), 143-164.

Fulgencio, L. (2016a). Os narcisismos e a sexualidade: da experiência narcísica de ser à experiência de investir libidinalmente o eu e os objetos. In J. Birman, L. Fulgencio, D. Kupermann & E. L. Cunha (Eds.), *Amar a si mesmo e amar o outro: narcisismo e sexualidade na psicanálise contemporânea* (pp. 215-224). Zagodoni.

Fulgencio, L. (2016b). *Por que Winnicott?* Zagodoni.

Garcia, C. (2007). O conceito de ilusão em psicanálise: estado ideal ou espaço potencial? *Estudos de Psicologia*, *12*(2), 169-175.

Geissmann, C., & Geismann, P. (1992). *Histoire de la psychanalyse de l'enfant*. Païdos.

Geissmann, C., & Geissmann, P. (2004). *Histoire de la psychanalyse de l'enfant*. Bayard.

Green, A. (1990). *La folie privée*. Editions Gallimard.

Gueller, A. (2002). O brincar na clínica com crianças: as metáforas da construção e do sepultamento. *Revista Percurso*, *29*, 2/2002.

Gurfinkel, D. (2017). *Relações de objeto*. Blucher.

Haag, G. (1986). Adhésivité, identité adhésive, identification adhésive. *Gruppo*, 2, jun, 110-116.

Haag, G. (1991). Nature de quelques identifications dans l'image du corps. Hypothèses. *Journal de psychanalyse de l'enfant*, *10*, 73-92.

Haag, G. (1997). Contribution à la compréhension des identifications en jeu dans le moi corporel. *Journal de la psychanalyse de l'enfant, 20*, 104-125.

Houzel, D. (1991). Identification introjective, réparation, formation du symbole. *Journal de la psychanalyse de l'enfant, 10*, 46-72.

Houzel, D. (2005). *Le concepte d'enveloppe psychique*. Editions in Press.

Houzel, D. (2014). La pulsion de mort… en pratique. *Topique, 127*, 7-18.

Jones, E. (1920) *A teoria do simbolismo*. Originalmente publicado em *British Journal of Psychology, IX*. Republicado em: *Papers on psychoanalysis* (2. ed.; Estanislau Alves da Silva Filho, trad.). Baillière, Tindall & Cox.

Khan, M. (1988). *Quando a primavera chegar* (C. S. Bacchi, trad.). Escuta.

Klein, M. (1923). A análise de crianças pequenas. In *Obras Completas de Melanie Klein: amor, culpa e reparação e outros trabalhos (1921-1945)* (Vol. I, pp. 100-128). Imago, 1996.

Klein, M. (1926). Princípios psicológicos da análise de crianças pequenas. In *Obras Completas de Melanie Klein: amor, culpa e reparação e outros trabalhos (1921-1945)* (Vol. I, pp. 152-163). Imago, 1996.

Klein, M. (1927). Simpósio sobre análise de crianças. In *Obras Completas de Melanie Klein: amor, culpa e reparação e outros trabalhos (1921-1945)* (Vol. I, pp. 164-196). Imago, 1996.

Klein, M. (1929). Personificação no brincar das crianças. In *Obras Completas de Melanie Klein: amor, culpa e reparação e outros trabalhos (1921-1945)* (Vol. I, pp. 228-239). Imago, 1996.

Klein, M. (1930). A importância da formação de símbolos no desenvolvimento do ego. In *Obras Completas de Melanie Klein: amor, culpa e reparação e outros trabalhos (1921-1945)* (Vol. I, pp. 249-264). Imago, 1996.

Klein, M. (1946). Notas sobre alguns mecanismos esquizoides. In *Obras completas de Melanie Klein: inveja e gratidão e outros trabalhos (1946-1963)* (Vol. III, pp. 17-43). Imago, 1991.

Klein, M. (1952). As origens da transferência. In *Obras completas de Melanie Klein: inveja e gratidão e outros trabalhos (1946-1963)* (Vol. III, pp. 70-79). Imago, 1991.

Klein, M. (1955). A técnica psicanalítica através do brincar: sua história e significado. In *Obras completas de Melanie Klein: inveja e gratidão e outros trabalhos (1946-1963)* (Vol. III, pp. 150-168). Imago, 1991.

Klein, M. (1921). O desenvolvimento de uma criança. In *Obras Completas de Melanie Klein: amor, culpa e reparação e outros trabalhos (1921-1945)* (Vol. I, pp. 21-75). Imago, 1996.

Klein, M. (1968). *Envie et Gratitude*. Gallimard, 2005.

Kupermann, D. (2008). Presença sensível: a experiência da transferência em Freud, Ferenczi e Winnicott. *Jornal de Psicanálise, 41*, 75-96.

Laplanche, J. (1987). *Novos fundamentos para a psicanálise*. Edições 70, 1988.

Laplanche, J., & Pontalis, J.-B. (1986). *Vocabulário da psicanálise*. Martins Fontes.

Laplanche, J., & Pontalis, J.-B. (2001). *Vocabulário da psicanálise*. Martins Fontes.

Leite, E. B. P. (1996). Ressonâncias do objeto. O brincar e o espaço analítico: Fédida, Winnicott e o fort-da. *Percurso, 16*, 91-100.

Lejarraga, A. L. (s.n.). Ilusão amorosa em Freud e Winnicott. In *IV Congresso Internacional de Psicopatologia Fundamental e X Congresso Brasileiro de Psicopatologia Fundamental*. http://www.fundamentalpsychopathology.org/pagina-mesasredondascompletas-527.

Lheureux-Davidse, C. (2018). Angoisses spatiales et création de l'espace dans la clinique de l'autisme. *Le coq-heron*, *235*, 50-60.

Loparic, Z. (2006). De Freud a Winnicott: aspectos de uma mudança paradigmática. *Revista de Filosofia e Psicanálise Natureza Humana*, *8* (Especial 1), 21-47.

Melsohn, I. (1996). *Crítica à noção de inconsciente*. In B. Sister & M. Taffarel, *Isaías Melsohn: a psicanálise e a vida*. Escuta.

Melsohn, I. (1996). *Sobre a consciência*. In B. Sister & M. Taffarel, *Isaías Melsohn: a psicanálise e a vida*. Escuta.

Meltzer, D., Bremner, J., Hoxter, S., Weddell, D., & Wittenberg, I. (2002). *Explorations dans le monde de l'autisme*. Payot.

Meltzer, D. (2006). Avant Propos. In A. Briggs et al. *Un espace pour survivre: l'observation du nourrisson selon Esther Bick: articles cliniques et derniers développments*. Collection Tavistock Clinic. Éditions de Hublot.

Milner, M. (1987). *A loucura suprimida do homem são*. Imago.

Petot, J.-M. (1979). *Melanie Klein I*. Perspectiva.

Phillips, A. (1993). *Beijo, cócegas e tédio. O inexplorado da vida à luz da psicanálise*. Companhia das Letras, 1996.

Phillips, A. (2007). *Winnicott*. Ideias e Letras.

Pontalis, J.-B. (1977). *Entre le rêve et la douleur*. Gallimard.

Roudinesco, E., & Plon, M. (1997). *Dictionnaire de la psychanalyse*. Fayard.

Roussillon, R. (1991). *Paradoxos e situações limites da psicanálise.* Unisinos, 2006.

Roussillon, R. (2004). Le jeu et le potential. *Revue française de psychanalyse, 68,* 79-74.

Roussillon, R. (2019). *Manual da prática clínica em psicologia e psicopatologia* (P. C. de Souza Junior, trad.). Blucher.

Roussillon, R. (2008). *Le transitionnel, le sexuel et la refléxivité.* Dunod.

Saboia, C. (2015). O brincar precoce do bebê como indicador do sofrimento psíquico. *Estilos da Clínica, 20,* 181-193.

Safra, G. (Prod). (1996). *Winnicott e as consultas terapêuticas* [Vídeo]. Sobornost.

Safra, G. (1999). A clínica em Winnicott. *Natureza humana, 1,* 91-101.

Safra, G. (2005a). *Curando com histórias.* Sobornost.

Safra, G. (2005b). *Revisitando Piggle: um caso de psicanálise segundo a demanda.* Sobornost.

Safra, G. (2005c). *A face estética do self. Teoria e clínica.* Unimarco.

Safra, G. (Prod.). (2006a). *Do holding à sustentação da experiência de si: entre o ser e o não-ser* (Módulo I) [Vídeo]. Sobornost.

Safra, G. (2006b). Placement: modelo clínico para o acompanhamento terapêutico. *Psyche, 10*(18).

Segal, H. (1979). *As ideias de Melanie Klein.* Cultrix, 1983.

Segal, H. (1992). *Introduction à l'œuvre de Melanie Klein.* PUF.

Spankie, R. (2015). *Sigmund Freud's desk: an anedcdoted guide.* Freud Museum London.

Tustin, F. (2003). *Les états autistiques chez l'enfant.* Seuil.

Tyson, A., & Strachey J. (1956). A chronological hand-list of Freud's works. *International Journal of Psychoanalysis, 37*(1), 19-33.

Willians, M. (2018). *O desenvolvimento estético*. Blucher.

Winnicott, D. W. (1931). Nota sobre normalidade e ansiedade. In *Da pediatria à psicanálise: obras escolhidas* (pp. 57-76). Imago, 2000.

Winnicott, D. W. (1941). A observação de bebês numa situação padronizada. In *Da pediatria à psicanálise: obras escolhidas* (pp. 112-132). Imago, 2000.

Winnicott, D. W. (1945). Desenvolvimento emocional primitivo. In *Da pediatria à psicanálise: obras escolhidas* (pp. 218-232). Imago, 2000.

Winnicott, D. W. (1953). Tolerância ao sintoma em pediatira: relato de um caso. In *Da pediatria à psicanálise: obras escolhidas* (pp. 168-186). Imago, 2000.

Winnicott, D. W. (1954). A mente e sua relação com o psicossoma. In *Da pediatria à psicanálise: obras escolhidas* (pp. 332-346). Imago, 2000.

Winnicott, D. W. (1955). Aspectos clínicos e metapsicológicos da regressão no contexto psicanalítico. In *Da pediatria à psicanálise: obras escolhidas* (pp. 374-392). Imago, 2000.

Winnicott, D. W. (1958a). O apetite e os problemas emocionais. In *Da pediatria à psicanálise: obras escolhidas* (pp. 91-111). Imago, 2000.

Winnicott, D. W. (1958b). A capacidade para estar só. In *O ambiente e os processos de maturação* (pp. 31-37). Artmed, 1983.

Winnicott, D. W. (1960). Teoria do relacionamento paterno-infantil. In *O ambiente e os processos de maturação* (pp. 38-54). Artmed, 1983.

Winnicott, D. W. (1964). Agressão e suas raízes. In *Privação e delinquência* (pp. 93-110). Martins Fontes, 1999.

Winnicott, D. W. (1965a). Os objetivos do tratamento psicanalítico. In *O ambiente e os processos de maturação* (pp. 152-155). Artmed, 1983.

Winnicott, D. W. (1965b). Enfoque pessoal da contribuição kleiniana. In *O ambiente e os processos de maturação* (pp. 156-162). Artmed, 1983.

Winnicott, D. W. (1967). A localização da experiência cultural. In *O brincar & a realidade* (pp. 133-143). Imago, 1975.

Winnicott, D. W. (1968). O jogo do rabisco [Squiggle Game]. In *Explorações psicanalíticas: D. W. Winnicott* (pp. 230-243). Artes Médicas, 1994.

Winnicott, D. W. (1971a). *O brincar e a realidade* (B. Longhi, trad.). Ubu, 2020.

Winnicott, D. W. (1971b). *Consultas terapêuticas em psiquiatria infantil* (J. M. X. Cunha, trad.). Imago, 1984.

Winnicott, D. W. (1971c). O conceito de indivíduo saudável. In *Tudo começa em casa* (pp. 3-22). Martins Fontes, 1999.

Winnicott, D. W. (1977). *The Piggle. Relato do tratamento psicanalítico de uma menina*. Imago, 1987.

Winograd, M., & Mendes, L. C. (2009). Qual corpo para a psicanálise: breve ensaio sobre o problema do corpo na obra de Freud. *Psicologia: Teoria e Prática, 11*, 211-223.

Série Psicanálise Contemporânea

Adoecimentos psíquicos e estratégias de cura: matrizes e modelos em psicanálise, de Luís Claudio Figueiredo e Nelson Ernesto Coelho Junior

O brincar na clínica psicanalítica de crianças com autismo, de Talita Arruda Tavares

Budapeste, Viena e Wiesbaden: o percurso do pensamento clínico-teórico de Sándor Ferenczi, de Gustavo Dean-Gomes

Clínica da excitação: psicossomática e traumatismo, de Diana Tabacof

Do pensamento clínico ao paradigma contemporâneo: diálogos, de André Green e Fernando Urribarri

Do povo do nevoeiro: psicanálise dos casos difíceis, de Fátima Flórido Cesar

Em carne viva: abuso sexual de crianças e adolescentes, de Susana Toporosi

Escola, espaço de subjetivação: de Freud a Morin, de Esméria Rovai e Alcimar Lima

Expressão e linguagem: aspectos da teoria freudiana, de Janaina Namba

Fernando Pessoa e Freud: diálogos inquietantes, de Nelson da Silva Junior

O grão de areia no centro da pérola: sobre neuroses atuais, de Paulo Ritter e Flávio Ferraz

Heranças invisíveis do abandono afetivo: um estudo psicanalítico sobre as dimensões da experiência traumática, de Daniel Schor

Histórias recobridoras: quando o vivido não se transforma em experiência, de Tatiana Inglez-Mazzarella

A indisponibilidade sexual da mulher como queixa conjugal: a psicanálise de casal, o sexual e o intersubjetivo, de Sonia Thorstensen

Interculturalidade e vínculos familiares, de Lisette Weissmann

Janelas da psicanálise: transmissão, clínica, paternidade, mitos, arte, de Fernando Rocha

O lugar do gênero na psicanálise: metapsicologia, identidade, novas formas de subjetivação, de Felippe Lattanzio

Os lugares da psicanálise na clínica e na cultura, de Wilson Franco

Luto e trauma: testemunhar a perda, sonhar a morte, de Luciano Bregalanti

Metapsicologia dos limites, de Camila Junqueira

Os muitos nomes de Silvana: contribuições clínico-políticas da psicanálise sobre mulheres negras, de Ana Paula Musatti-Braga

Nem sapo, nem princesa: terror e fascínio pelo feminino, de Cassandra Pereira França

Neurose e não neurose, 2. ed., de Marion Minerbo

A perlaboração da contratransferência: a alucinação do psicanalista como recurso das construções em análise, de Lizana Dallazen

Psicanálise de casal e família: uma introdução, com organização de Rosely Pennacchi e Sonia Thorstensen

Psicanálise e ciência: um debate necessário, de Paulo Beer

Psicossomática e teoria do corpo, de Christophe Dejours

Razão onírica, razão lúdica: perspectivas do brincar em Freud, Klein e Winnicott, de Marília Velano

Relações de objeto, de Decio Gurfinkel

Ressonâncias da clínica e da cultura: ensaios psicanalíticos, de Silvia Leonor Alonso

Sabina Spielrein: uma pioneira da psicanálise – Obras Completas, volume 1, 2. ed., com organização, textos e notas de Renata Udler Cromberg

Sabina Spielrein: uma pioneira da psicanálise – Obras Completas, volume 2, com organização, textos e notas de Renata Udler Cromberg

O ser sexual e seus outros: gênero, autorização e nomeação em Lacan, de Pedro Ambra

O tempo e os medos: a parábola das estátuas pensantes, de Maria Silvia de Mesquita Bolguese

Tempos de encontro: escrita, escuta, psicanálise, de Rubens M. Volich

Transferência e contratransferência, 2. ed., de Marion Minerbo

GRÁFICA PAYM
Tel. [11] 4392-3344
paym@graficapaym.com.br